Martin Zimmermann

J. Saatweber
Kundenorientierung durch Quality Function Deployment

Jutta Saatweber

Kundenorientierung durch Quality Function Deployment

Systematisches Entwickeln von
Produkten und Dienstleistungen

Carl Hanser Verlag München Wien

Die Autorin:
Jutta Saatweber, 61350 Bad Homburg

Die Deutsche Bibliothek - CIP Einheitsaufnahme

Kundenorientierung durch quality function deployment :
systematisches Entwickeln von Produkten und Dienstleistungen / Jutta
Saatweber. - München ; Wien : Hanser
  ISBN 3-446-19011-2
Buch. 1997
  Gb.
Diskette. 1997

© 1997 Carl Hanser Verlag München Wien
Internet: http://www.hanser.de
Umschlaggestaltung: Susanne Kraus, München unter Verwendung von Bild Nr. 58, Die große
Utopie; Olga Rosanowa, Gegenstandslose Komposition, 1916
Gesamtherstellung:
Printed in Germany

Geleitwort

Qualität beginnt nicht erst in der Werkstatt und endet auch nicht dort. Diese Erkenntnis hat zu einer neuen Sicht des komplexen Problems Qualitätsmanagement geführt. Vor allem sind die der Produktion vorgelagerten Prozesse Gegenstand großer Aufmerksamkeit geworden. Hier werden die Weichen gestellt und die wichtigsten qualitätsrelevanten Entscheidungen getroffen. Qualität heißt ja bekanntlich nicht nur die Sachen richtig zu machen, sondern auch die richtigen Sachen zu machen.

Diese Aufgabe muß mit Methoden angegangen werden, deren Kenntnis leider immer noch nicht zu den selbstverständlichen Voraussetzungen erfolgreicher Entwicklungs- und Planungsarbeit in warenerzeugenden und Dienstleistungsunternehmen gehört. Um so dankenswerter ist es, daß im vorliegenden Werk diese Denkansätze nicht nur theoretisch, sondern anhand von Beispielen auch praktisch übersichtlich dargestellt werden. Je eher sie zum kleinen Einmaleins der entwickelnden und planenden Ingenieure und Techniker werden, desto besser, nicht nur für die Unternehmen und damit für den Industriestandort Deutschland, sondern auch persönlich für sie selbst.

Prof. Dr. Walter Masing
Erbach, Dezember 1996

Danksagung

Herzlichen Dank den Firmen, die durch das Bereitstellen von Daten, Folien und Fallbeispielen zur Entstehung dieses Buches beitrugen, insbesondere den Firmen Mercedes Benz, Sharp Electronic, Rank Xerox und Hewlett Packard GmbH.

Dankenswertes geleistet haben der Geschäftsführer der Metabo GmbH, Dr. Manfred Mack und der Produktmanager Wolfgang Bührle, die das QFD-Fallbeispiel zur Verfügung stellten.

Ganz besonders danken möchte ich Prof. Masing für das Geleitwort.

Dank auch an meine Familie, die mein zeitweises „Abtauchen" tolerierte. Silke und Jürgen sei für das Korrekturlesen und Ingo für das Formatieren des Textes gedankt.

Vorwort

Als mich der amerikanische QFD-Experte Bob King 1993 fragte, ob ich nicht ein *deutsches* QFD-Buch schreiben wolle, war das Samenkorn für dieses Buch gelegt. Mein Tagesgeschäft (Qualitätsmanagementseminare, Schulungen und Unternehmensberatung, u.a.) ließ mir aber vorerst keine Zeit, diese Idee umzusetzen.

Nachdem ich nun einige Jahre später erkenne, daß sich auch in Deutschland immer mehr Unternehmen mit QFD befassen und den großen Vorteil von QFD erkennen, möchte ich einen Leitfaden als Hilfsmittel zur *praktischen* Anwendung zur Verfügung stellen. In den letzten Jahren führte ich viele QFD-Trainings für Industrieunternehmen im Bereich der Produktion und der Dienstleistungsentwicklung durch, diese Praxiserfahrung möchte ich hier einfließen lassen.

Einen *typisch deutschen* oder typisch amerikanischen „Zugang" zu QFD kann es nicht geben, *jedes Unternehmen muß seinen eigenen Zugang finden.* Der einzige Unterschied, der mir aufgefallen ist, ist der, daß die Japaner im Gegensatz zu uns mit dem „Werkzeug" QFD in der Darstellungsweise kreativer und spielerischer umgehen. Die Folien, die Professor Akao 1993 beim ersten QFD-Symposium in Sindelfingen zeigte, verdeutlichten diesen Unterschied. Mit der von ihm benutzten Symbolik (z.B. bedeutete ein Elefantenfuß „schwer") hätten deutsche Ingenieure vermutlich Probleme, sie würden Zahlenwerte bevorzugen. Die japanische Bildersprache fesselt das Auge hingegen wesentlich mehr und Bilder prägen sich besser ein. „Ein Bild sagt mehr als tausend Worte" sagt ein chinesisches Sprichwort. Nach dieser Devise verfahre auch ich in diesem Buch, es enthält 164 Abbildungen, die zum Teil selbsterklärend sind und langatmige Texte ersetzen. Dies war mir auch insofern wichtig, da ich nicht ein wissenschaftliches Buch, sondern einen Praxisleitfaden für kleine und mittelständische Unternehmen schreiben wollte, denen in der Regel kein großer Etat für Seminare und Schulungen zur Verfügung steht. Sie müssen mit ihren eigenen Mitarbeitern die Entwicklungsprozesse optimieren. Diese Unternehmen führten bisher kaum Kundenbefragungen durch und wissen nicht, wie sie die Forderungen der Kunden sinnvoll erfassen sollen. Aus diesem Grund wird in Kapitel 2 die Informationsbeschaffung sehr ausführlich behandelt.

Auch der fehlenden Kommunikation im Unternehmen, die heute zu den meist beklagten Defiziten zählt, ist ein ganzes Kapitel gewidmet. Bis zu einer bestimmten Betriebsgröße funktioniert Kommunikation noch „auf Zuruf". Aus offensichtlichen Gründen scheitert dieses „Kommunikationsmodell" in größeren Hierarchien; hier muß erneut eine Kommunikationskultur entwickelt werden, die den Menschen wieder in den Mittelpunkt stellt. Alle Qualitätsprogramme, insbesondere auch QFD, können nur dann funktionieren, wenn sich *alle* Mitarbeiter des Unternehmens um die Entwicklung oder Wiederentdeckung dieser Kultur bemühen.

Mich persönlich überzeugt die QFD-Methode durch ihre Systematik im Vorgehen, die durch die Darstellungsweise in der „House of Quality"-Matrix, dem sogenannten HoQ [3] erreicht wird. Sie überzeugt mich, weil ich in vielen Unternehmen die Vorteile bei der Anwendung von QFD erlebe. QFD fördert nicht nur die Kreativität der Mitarbeiter sondern belebt auch deren Innovationsgeist. Ich wünsche mir deshalb eine Verbreitung dieses Planungsverfahrens in deutschen Unternehmen. Der konsequente Einsatz von QFD führt zur Verkürzung der Entwicklungszeiten, zur Reduzierung der Kosten, zur besseren Kommunikation im Unternehmen, zur absoluten Kundenorientierung und damit zu einem Wettbewerbsvorteil des anwendenden Unternehmens und somit letztlich auch zur Sicherung von Arbeitsplätzen am Standort Deutschland.

Nutzen Sie liebe Leserin, lieber Leser, die Chancen, die Ihnen QFD bietet und widerlegen Sie die japanische Prognose, die lautet:

> „Im nächsten Jahrhundert werden
> die Amerikaner den Weizen,
> die Europäer die Antiquitäten und
> die Asiaten High-Tech verkaufen."

Ich wünsche allen Leserinnen und Lesern viel Erfolg bei der praktischen Anwendung von QFD.

Jutta Saatweber
Bad Homburg, im März 1997

Inhaltsverzeichnis

Danksagung V
Geleitwort Prof. Dr. Walter Masing VI
Vorwort VII
Inhaltsverzeichnis IX

Wie sollte dieses Buch benutzt werden? 1
Einleitung 3

1 Einführung in Quality Function Deployment **7**
1.1 Was bedeutet QFD? - Kurzbeschreibung 7
1.2 Entstehung, Herkunft und Verbreitung von QFD 10
1.3 Was sind die Ziele von QFD? 13
1.4 Zusammenhang von QFD und TQM 15
    1.4.1 QFD als Planungsprinzip 16
1.5 Kundenorientierung und QFD 18
1.6 Anwendungsgebiete für QFD 23
1.7 Erfahrungen einiger QFD-Anwender Gründe für die
    Einführung von QFD 26
1.8 Verkürzung der Entwicklungszeit durch QFD 29
1.9 Zusammenfassung Kapitel 1 34

2 Der QFD - Prozeß **35**
2.1 Das House of Quality (HoQ) 35
2.2 Übersicht zu den QFD-Phasen 0 - I - II - III - IV 40
2.3 Phase 0: Informationsbeschaffung 43
    2.3.1 Wie erfaßt man die „Stimme des Kunden"? 43
        2.3.1.1 Das Sphärenmodell 44
        2.3.1.2 Das Kano-Modell 47
        2.3.1.3 Wie findet man die „begeisternden Faktoren" bei der
        Informationsbeschaffung? 53
    2.3.2 Methoden der Informationsbeschaffung 55
        2.3.2.1 Wer sind die Kunden? 55
        2.3.2.2 Welche Zielgruppe will ich erreichen? 58
        2.3.2.3 Wie können Unternehmen vorgehen, die eine Befragung selbst
        durchführen wollen? Wie wird die Stichprobe
        (Sample) errechnet? 61
    2.3.3 Wie und wo erhält man *interne* Kundeninformationen? 65
        2.3.3.1 Beschwerdemanagement 67
        2.3.3.2 Wie können die internen Daten erfaßt werden? 68
    2.3.4 Externe Informationsquellen Wie kann die „Stimme des Kunden"
    erfaßt werden? 70
        2.3.4.1 Schriftliche Kundenbefragung 70
        2.3.4.2 Persönliche Interviews 77

2.3.4.3 Telefoninterview / Telefonbefragungen 77
2.3.4.4 Kunden-Foren und Messen 81
2.3.4.5 Expertengespräche 81
2.3.4.6 Kundenbesuche 82
2.3.4.7 Benchmarking - Warum wird heute Benchmarking betrieben? 83
2.3.4.8 Patente / Patente externer Erfinder 94
2.3.4.9 Datenbanken 95
2.3.4.10 Trendforschung und Lifestyle Planning 96
2.3.5 Zusammenfassung Kapitel 2.3.1 bis 2.3.4 102
2.3.6 Auswertungsverfahren für Kundenbefragungen 104
2.3.6.1 Einkomponentenbefragung - Durchschnittswerte 104
2.3.6.2 Zweikomponentenbefragung 105
2.3.6.3 Situationsfeldanalyse zur Auswertung 108
2.3.6.4 Die Darstellung der Befragungsergebnisse 111
2.3.7 Vorbereitung der Phase I:
Die Strukturierung der Kundenanforderungen 113
2.3.7.1 Praxisbeispiel Heiztherme
Struktur der Kundenanforderungen 122
2.4 Phase I: Kundenforderungen in Produktmerkmale
übersetzen und bewerten 126
2.4.1 Die 10 Vorgehensschritte im ersten Haus am Beispiel Bild 62: 126
2.4.2 Interpretation nach Abschluß des ersten Hauses:
Zusammenfassung der Schritte 1-10 151
2.4.3 Praxisbeispiel zu Phase I - Gas-Heiztherme 152
2.4.4 Verkaufsschwerpunkte und Durchbruchziele 154
2.5 Phase II: Baugruppen -, Teile -, Komponentenplanung 158
2.6 Phase III: Prozeßplanung 165
2.7 Phase IV: Produktions- bzw. Verfahrensplanung 167
2.8 Zusammenfassung 170

3 Praxisbeispiele **175**
3.1 Praxisbeispiel Kamerahersteller 175
3.1.1 Strukturierung der Kundenforderungen
in primäre, sekundäre und tertiäre Anforderungen 178
3.1.2 Übersetzung d. tertiären Kundenforderungen in d. Sprache der Technik .. 183
3.2 Praxisbeispiel Dienstleistung 192
3.3 Praxisbeispiel - Leuchtdiode (LED) 200

4 Einführung von QFD im Unternehmen **204**
4.1 Voraussetzungen für die Einführung von QFD 204
4.1.1 Die Arbeit am ersten QFD-Projekt 206
4.2 Vorgehensweise bei der Einführung von QFD 207
4.2.1 Zeitbedarf bei der Einführung von QFD 208
4.2.2 Ermittlung des Schulungsbedarfs 210
4.2.3 Hilfsmittel zur Arbeit mit QFD 211
4.3 Teambildung 212

4.4 Anforderungen an QFD-Moderatoren 215
4.5 Kommunikation als vierte Qualitätsdimension..218
    4.5.1 Die 4 Seiten bzw. Aspekte einer Nachricht 220

5 QFD und die Zertifizierung nach DIN EN ISO 9001.................... **225**

6 QFD und Fehlermöglichkeits- und Einfluß-Analyse (FMEA)....................**232**
6.1 Herkunft und Nutzen der FMEA 233
6.2 Vorteile der FMEA..234
6.3 Die FMEA im QM-System (DIN EN ISO 9001)...235
6.4 Das FMEA-Formblatt und die FMEA-Schritte 237
    6.4.1 Das Vorgehen bei der Risikoanalyse..237
    6.4.2 Die Bewertungsskalen für RPZ - Risikoprioritätszahl......................238

7 Hilfsverfahren: Pugh-Diagramm und der paarweise Vergleich.................**243**
7.1 Pugh-Verfahren - Variantenvergleich...243
    7.1.1 Das Pugh-Diagramm zur Konzeptauswahl 245
7.2 Der paarweise Vergleich 248

8 Kostenbetrachtungen im QFD-Prozeß **251**

9 Praxisbeispiel Metabowerke GmbH **261**
9.1 Vorstellung des Unternehmens 261
9.2 Warum QFD?...261
9.3 Projektbeschreibung..262
9.4 Projekterfahrungen 265
9.5 Integration von QFD bei zukünftigen Entwicklungsprojekten.....................268

10 Literatur- und QFD-Software **269**
10.1 Quellenangaben..269
10.2 Anschriften von QFD Softwarelieferanten..271
10.3 Datenbanken (Stand Dezember 1996) 272
    10.3.1 Provider...272
    10.3.2 Patentdatenbanken 272
    10.3.3 Wirtschafts- und Marktinformationen 273

11 Abkürzungen und Begriffe...**274**

12 Abbildungsverzeichnis..**277**

13 Anhang **282**

14 Sachregister **295**

Wie sollte dieses Buch benutzt werden?

Hinweise für die Benutzung des Buches verlangen nach einer „Klassifizierung" der Leserin und des Lesers:

1. QFD-Neulinge   ohne   Marketingerfahrung
2. QFD-Neulinge   mit   Marketingerfahrung
3. QFD-Erfahrene   ohne   Marketingkenntnisse
4. QFD-Experten   mit   fundierter Marketingerfahrung

zu 1. QFD-Neulinge ohne Marketingerfahrung

Diese Lesergruppe sollte das gesamte Buch lesen und durch die im Literaturverzeichnis angegebenen Werke ergänzen. Eine kurze Zusammenfassung zum schnellen Überblick finden Sie unter:
Kapitel 2.1 und 2.4.1, Seite 35 und 126

zu 2. QFD-Neulinge mit Marketingerfahrung

Der QFD-Anfänger, dem alle erforderlichen Marktdaten und die Ergebnisse aus Kundenumfragen vorliegen, kann die Kapitel der Phase 0 Kundenanforderungen auslassen. Diese sind:
Kapitel 2.3, Seite 43 bis 125

zu 3. QFD-Erfahrene ohne Marketingkenntnisse

Der QFD-Kenner, der selbständig eine Marktuntersuchung durchführen muß, sollte die Kapitel der Phase 0 - Kundenforderungen intensiv lesen und durch die angegebene Literatur von Meffert [33] und Unger [34] ergänzen.
Intensives Lesen von:
Kapitel 2.3, Seite 43 bis 125

zu 4. QFD-Experten mit fundierter Marketingerfahrung

QFD-Experten, die bereits über fundierte Marketingkenntnisse verfügen, lesen zuerst die Kurzfassung am Anfang jedes Schrittes der Phase I (Kapitel 2.4) und kopieren sich die Arbeitsblätter von der beiliegenden Diskette.
Weiteres Vorgehen:

- Diskette mit Arbeitsblättern für QFD-Workshopteilnehmer kopieren
- START des 1. QFD-Workshop
- Training on the job

Auf dieser Diskette finden die Leser alle erforderlichen Arbeitsblätter im DIN-A4-Format (QFD-Arbeitsblätter für die Phase I, II, III, das FMEA-Arbeitsblatt, Funktionsbaum, Matrix für den paarweisen Vergleich, Pugh-Diagramm).

Anmerkung

Dieses Buch ist in männlicher Form geschrieben. Die männliche und weibliche Schreibweise hätte den Text um etliche Seiten verlängert und das Lesen erheblich erschwert. Der Kompromiß „LeserInnen" gefiel mir in einem Fachbuch nicht. Ich achte die Leserinnen und Leser dieses Buches in gleicher Weise und bitte Sie um die Akzeptanz meiner Entscheidung.

Kurzbiographie

Jutta Saatweber war nach dem Studium der Elektrotechnik in verschiedenen Industrieunternehmen tätig, zuletzt bei der Firma Hartmann & Braun im Vertrieb für meß - und regelungstechnische Anlagen. 1981 machte sie sich mit einem Ingenieurbüro/Consulting in Bad Homburg selbständig.
Schwerpunkte ihrer Arbeit sind u.a. Kundenumfragen, Qualitätsmanagementschulungen und Beratungen bei der Einführung von Qualitätsmanagementsystemen, sowie firmeninterne und externe Seminare für Unternehmen aller Branchen und Bildungsträger. Sie trainiert die QFD-Methode und coacht Teams bei der Umsetzung von QFD und anderen Qualitätsmethoden.

Einleitung

In einer Zeit des sich permanent verschärfenden Wettbewerbs auf transparenten und gesättigten Märkten ist es wichtig, *Kundenerwartungen* zu erfassen und auf diese Forderungen schnell zu reagieren. Bei immer kürzer werdenden Innovationszyklen müssen deutsche Unternehmen sich wesentlich schneller an technologische Veränderungen anpassen und Innovationen in kürzester Zeit in Produkte und Dienstleistungen umsetzen, wenn sie am Standort Deutschland überleben und erfolgreich weiter produzieren wollen.

Die Ansprüche der Konsumenten erhöhen sich permanent und der Wettbewerbsdruck, insbesondere durch die asiatische Konkurrenz, nimmt immer mehr zu. Die Wettbewerbssituation wird heute mehr denn je bestimmt durch die Faktoren: *Qualität - Kosten - Zeit.* Das bedeutet: Wir sind gezwungen, die Entwicklungszeiten stetig zu verkürzen und bei steigender Qualität die Kosten zu senken. Qualitätsverantwortung muß daher von *jedem* Mitarbeiter und von *jeder* Mitarbeiterin in allen hierarchischen Ebenen übernommen werden.

Kostensenkung durch Auslagerung der Produktion in Billiglohnländer kann das Überleben des Wirtschaftsstandortes Deutschland nicht sichern. Wenn hingegen am Kundenbedarf orientierte innovative Produkte und Dienstleistungen nach kurzer Entwicklungszeit auf den Markt kommen, erreicht man zeitlich begrenzt einen Wettbewerbsvorteil. D.h., es muß mehr als bisher in Innovationen investiert werden. Da die Entwicklungszeit heute von so ausschlaggebender Bedeutung ist, muß der gesamte „time to market"-Prozeß erheblich beschleunigt werden, um den gewünschten Wettbewerbsvorteil zu erzielen. Quality Function Deployment ist hierzu ein geeignetes Planungsverfahren.

Entwicklungserfolge werden durch die Motivation der beteiligten Ingenieure und Marketingspezialisten, durch deren Kreativität, Flexibilität und Qualifikation und durch die vom Unternehmen zur Verfügung gestellten Hilfsmittel begünstigt, das Management muß dementsprechend reagieren und das erforderliche Umfeld zur Verfügung stellen. Die aktive Unterstützung durch das Management stellt einen ganz wesentlichen Faktor dar. Auch der im Unternehmen praktizierte Führungsstil hat erheblichen Einfluß auf die Motivation der Mitarbeiter. Die folgende

Grafik zeigt, daß auf diesem Gebiet heute noch einiges im argen liegt. Fast 70% der Mitarbeiter bezeichnen den Führungsstil ihrer Vorgesetzten als autoritär, während die Manager sich selbst überschätzen, denn nur 29% glauben, daß sie diesen Führungsstil praktizieren. Für die erfolgreiche Einführung von QFD ist ein partnerschaftlich kooperativer Führungsstil erforderlich und wichtig, er kann die erfolgreiche Einführung und Umsetzung von QFD-Projekten begünstigen.

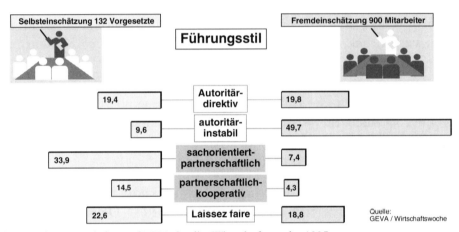

Bild 1: Führungsverhalten - GEVA-Studie, Wirtschaftswoche 1995

Führungskräfte sollten begreifen und verstehen, was ihre Mitarbeiter motiviert. Wenn im Entwicklungsprozeß die Faktoren Motivation, Kommunikation, Information, Qualifikation und Eigeninitiative gleichzeitig zusammentreffen, werden die Erfahrungs- und Wissenspotentiale der Mitarbeiter optimal genutzt. Leider mangelt es heute häufig an dem Vertrauen des Managements in das Human-Kapital, in die Mitarbeiter. In Japan hat man sehr früh erkannt, von welch großer Wichtigkeit die optimale Erschließung des Mitarbeiterpotentials ist. Der vor kurzem verstorbene japanische Konzernchef Konsuke Matsushita sagte 1989 vor amerikanischen Industriellen: *„Nur unter Ausnutzung der kombinierten Denkleistung aller Mitarbeiter kann sich ein Unternehmen den Turbulenzen und Zwängen erfolgreich stellen und überleben. Für uns besteht Management exakt in der Kunst, das intellektuelle Potential aller Mitarbeiter des Unternehmens zu mobilisieren und zusammenzubringen. Das Überleben der Unternehmens wird letztlich von der alltäglichen Aktivierung des letzten Gramms von Intelligenz abhängen.“* [1]

Welche Chancen ergeben sich für Deutschland ?

Wenn es der deutschen Industrie gelingt, im Hochlohn- bzw. Hoch-kostenland Deutschland erfolgreich, d.h. am Kundenwunsch orientiert zu entwickeln, zu produzieren und die Qualität der Produkte und Prozesse zu beherrschen, dann gibt es für sie eine Überlebenschance. Wie die folgende Grafik zeigt, sind die Märkte für einfache Produkte inzwischen verloren (vgl. die Zeitachse in Abb. 2), aber mit komplexen Produkten, die auch eine hohe Komplexität der Prozesse erfordern (z.B. High-Tech-Produkte), steigen die Chancen der deutschen Unternehmen, sofern sie in der Lage sind, das logistische Fehlerpotential zu minimieren. Das logistische Fehlerpotential bezeichnet die Eintretenswahrschein-lichkeit von „Übergabefehlern" an Schnittstellen. Mangelnde Koordi-nation und Kommunikation zwischen verschiedenen an der Produktent-wicklung und -herstellung beteiligten Abteilungen führt unweigerlich zu einer Erhöhung der logistischen Fehler. Die Zunahme der Schnittstellen in komplexen Prozessen (siehe rechter Bildteil) bedingt somit eine über-proportionale Zunahme des logistischen Fehlerpotentials, während das technische Fehlerpotential heute weitgehend beherrschbar ist.

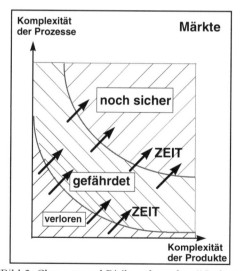 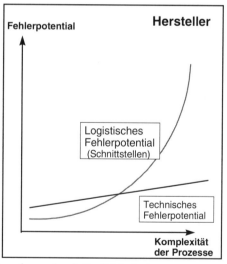

Bild 2: Chancen und Risiken der „alten" Industrienationen (nach Prof. Masing)

Gelingt es den Unternehmen, komplexe Produkte und intelligente Dienstleistungen marktgerecht, am Kundenwunsch orientiert zu ent-wickeln und in kürzester Zeit fehlerfrei zu produzieren, dann sind deutsche Unternehmen für das 21. Jahrhundert gut gerüstet.

Die deutsche Industrie muß die alten Gleise verlassen, sie braucht Produkt- und Dienstleistungsinnovationen, mit denen sich neue Märkte erschließen lassen. QFD kann hierbei ein nützliches Instrument sein, denn es verlangt die Ausrichtung an den jeweiligen Kundenforderungen und hilft die Wertschöpfungskette zu optimieren.

In einer Untersuchung von Globus: „Fit für den Wettbewerb", die 1995 veröffentlicht wurde, äußerten 88% der Befragten aus mittelständischen Unternehmen, daß sie dem Wettbewerbsdruck zukünftig durch *verstärkte Kundenorientierung* begegnen wollen. 76% der Unternehmen wollen die Qualität der Produkte verbessern und 61% die Kosten senken, und nur 8% sahen einen Ausweg in der Verlagerung der Produktion in Billiglohnländer.

Den Unternehmen, die die Kundenorientierung verbessern wollen kann geholfen werden, wenn sie ihre zukünftigen Produkt- und Dienstleistungsplanungen mittels QFD durchführen. QFD erzwingt geradezu Kundenorientierung, denn die „Stimme des Kunden" mündet in den Eingang des ersten QFD-Hauses, wie Sie im Laufe des Buches erfahren werden.

Die kritischen Aussagen und Forderungen der Kunden an Produkte und Dienstleistungen sind für die Entwicklungsprozesse von allergrößter Bedeutung. Nicht die nach Meinung des Unternehmens beste Lösung, sondern die vom Kunden als beste anerkannte und akzeptierte zählt. Wenn der Kunde wirklich König werden soll, dann muß er am Markt abgeholt werden und schon sehr früh, nämlich bei der Produktplanung ins Spiel kommen. Wenn wir lernen zuzuhören und künftig die „Stimme des Kunden" intensiver an unser offenes Ohr dringen lassen, werden wir erfolgreich sein.

Heute erweisen sich etwa 70% aller Neuentwicklungen als Flop. Ein konsequentes Zuhören und Erfassen der Kundenanforderungen, d.h. des momentanen Kundenbedarfs, kann dies verhindern, denn es ist *das Einzige, was zu vollkommener Kundenorientierung führt!*

1 Einführung in Quality Function Deployment

1.1 Was bedeutet QFD? - Kurzbeschreibung

Der Begriff *Quality Function Deployment* hat sich trotz seiner Mehrdeutigkeit durchgesetzt. QFD kann sinngemäß übersetzt werden als Instrument zur Planung und Entwicklung von Qualitätsfunktionen entsprechend den vom Kunden geforderten Qualitätseigenschaften. Im gesamten Text wird das Akronym QFD benutzt, das sich inzwischen in der Fachwelt etabliert hat.

Der militärische Begriff *deployment* beschreibt mit „Aufstellen der Truppen" oder „in Stellung bringen" eine Seite des QFD, nämlich das Zusammenführen aller am Gesamtprozeß der Produktentstehung beteiligten Fachbereiche des Unternehmens zu gemeinsamer Arbeit. *Deployment* kann auch Aufgliederung und Untergliederung der Qualitätsmerkmale bedeuten, in diesem Fall das „Aufdröseln" der Qualitätsmerkmale, wie sie der Kunde erlebt, über die dazu erforderliche Spezifikation bis hin zu den Qualitätsmerkmalen der Entwicklung und Konstruktion, der Produktion, des Kundendienstes, des Verkaufs, ja selbst bis in die Gestaltung der Bedienungsanleitung. Die „Stimme des Kunden" wird dabei in Qualitätsmerkmale übertragen, d.h. in die Sprache des Unternehmens (bzw. bei technischen Produkten in die Sprache des Ingenieurs).

In Verbindung mit *Quality* beleuchtet *deployment* die Zielrichtung des QFD: Qualitätsentwicklung von Anfang an bis zur Nutzung der Leistung durch den Kunden.

Es geht darum, die Produkte oder Dienstleistungen so zu definieren, zu entwickeln, zu konstruieren, zu produzieren, zu liefern, zu installieren und bei Bedarf zu warten, daß die Wünsche und Forderungen der Kunden voll erfüllt werden. QFD dient also der Transformation der Kundenanforderungen in die unternehmensspezifischen Fähigkeiten und der Mobilisierung aller Bereiche des Unternehmens zur Erfüllung der Kundenwünsche. Es ist darauf zu achten, daß die „Stimme des Kunden" in die „Sprache des Lieferanten" so übersetzt wird, daß der Sinngehalt der Kundenstimmen nicht verfälscht wird.

Es gilt, die *Stimmen der Kunden* derartig in erfolgreiche Produkte und Dienstleistungen umzusetzen, daß Mißerfolge und Verluste präventiv ausgeschlossen werden können.

Weitere QFD-Definitionen:

Q - Quality: Instrument zur Planung und Entwicklung von Qualitätsfunktionen.

F - Function: Die Fachbereiche: Qualitätsentwicklung durch Zusammenarbeit aller Bereiche und verantwortliche Sicherung der Qualitätsmerkmale.

D - Deployment: Die „Truppen" in Stellung bringen einerseits, und die Untergliederung der geforderten Qualität in die abteilungsspezifischen Qualitätsbeiträge andererseits.

HIN SHITSU	KI NO	TEN KAI
Qualität	Funktion	Verteilung
Merkmale	Mechanisierung	Diffusion
Attribute	Tätigkeit	Entwicklung
Gütekennung		Evolution

Bild 3: „Japanische Version von QFD"

Definition von Yoji Akao:
„QFD ist die Planung und Entwicklung der Qualitätsfunktionen eines Produktes entsprechend den von den Kunden geforderten Qualitätseigenschaften."

Definition von ASI - American Supplier Institute:
„QFD ist ein System, um Kundenforderungen in entsprechende firmenseitige Erfordernisse zu übersetzen, für jede Phase der Entwicklung von der Forschung über Produktentwicklung und Fertigung bis hin zu Marketing und Verkauf."

Definition von FORD-EQUIP (1992)
„QFD ist eine Planungstechnik, die dazu dient, die vom Kunden geforderten Qualitätsmerkmale (d.h. Bedürfnisse, Wünsche, Erwartungen) in geeignete Produkt- bzw. Dienstleistungsmerkmale zu übersetzen."

Definition des Steinbeis Transfer Zentrums (TQU), Ulm
„QFD ist ein System aufeinander abgestimmter Planungs- und Kommunikations-
prozesse mit dem Ziel, die Stimme der Kunden in die Qualitätsmerkmale der
Produkte, Prozesse oder Dienstleistungen zu übersetzen und einzuplanen, welche der
Kunde erwartet und benötigt, und die dem Wettbewerbsdruck standhalten."

Definition der Autorin:
QFD dient der Zusammenarbeit der Funktionsbereiche bzw. der Prozesse der
Unternehmen zur verlustfreien Transformation der Kundenforderungen in markt-
führende Produkte und Dienstleistungen.
Die Ziele sind: Begeisterte Kunden, begeisterte Mitarbeiter und begeisterte Aktionäre.

Wie man sieht, ist der Interpretationsspielraum groß, wobei die
Kundenzufriedenheit stets im Mittelpunkt der Betrachtungen steht.

Das Q im Quality Function Deployment signalisiert eine Zuordnung
unter die Qualitätswerkzeuge. Da der eigentliche Sinn von QFD aber
darin besteht, Merkmale in Funktionen umzuwandeln, ist QFD in erster
Linie ein Planungswerkzeug in der Produkt- und Dienstleistungsentwicklung. Daß es heute dennoch in den Qualitätsabteilungen ange-
siedelt ist, liegt an der bereichsübergreifenden Tätigkeit dieser
Abteilungen, denn auch QFD arbeitet über die Bereiche hinweg und
fördert die sinnvollen und notwendigen Aktivitäten zur Sicherung hoher
Kundenzufriedenheit.

QFD bietet somit ein Planungsinstrumentarium zur durchgängigen
Entwicklung attraktiver und kundenorientierter Leistungen.

1.2   Entstehung, Herkunft und Verbreitung von QFD

Das Konzept des QFD wurde 1966 von Yoji Akao erstmalig in der Bridgestone Kurume Factory in Japan eingesetzt. Bei Matsushita gab es 1969 Konzeptüberlegungen und 1972 gelang der erste Durchbruch des QFD auf den Schiffswerften der *Mitsubishi Heavy Industries* in Kobe, Japan. Die Werften erhielten damals einen Regierungsauftrag zum Bau von Kriegsschiffen.

Im Jahre 1974 begann Toyota mit der Anwendung und erfolgreichen Weiterentwicklung von QFD im Automobilbau. Das Ergebnis dieser Arbeiten ist auch als „Rost-Studie" bekannt. Toyota konnte bei der Entwicklung von Kleintransportern die Anlaufkosten ganz erheblich reduzieren. Die erste QFD-Entwicklung führte zu einer 20%igen Anlaufkostenreduzierung, beim zweiten Modell wurden bereits 38% Einsparungen erzielt und bei der dritten Serie 61%. Die Anzahl der Änderungen ging um 50% zurück.

Das in den USA sehr beliebte und erfolgreiche PKW-Modell „Lexus" ist eine spätere QFD-Entwicklung von Toyota (vgl. Kapitel 2.3.4.10).

1978 erschien Akaos Buch „Quality Function Deployment" [2] in Japan. 1980 erhielt die Firma Kayaba (Bau von Einkaufszentren, Schwimmhallen, U-Bahnhöfen, Wohnhäusern) den Demingpreis für eine Weiterentwicklung von QFD.

1983 machte Akao QFD in den USA (Chicago) bekannt. In der frühen Hälfte der 80er Jahre begann in den USA die Firma *Ford Motor Company* (Don Clausing) mit der Anwendung der Verfahren. Das aus diesen Anfängen hervorgegangene *American Supplier Institute ASI* [3] beschrieb QFD unter dem Titel *House of Quality (HoQ)* mit leichten Veränderungen der Schwerpunkte.

Die amerikanischen Firmen Kodak, Hewlett Packard AG und Digital Equipment setzten die QFD-Methode ab Mitte der 80er Jahre für ihre Entwicklungsprozesse ein.

Ishikawa und JUSE (Japanese Union of Scientists and Engineers) schulten QFD 1983 bei Ford Motors & Co. Die Firma Ford führte QFD einige Jahre später weltweit ein, ASI trainierte auch die deutschen Mitarbeiter.

Ford benutzte QFD für Neuentwicklungen und Produktverbesserungen, z.B. „bessere Schaltbarkeit des Getriebes."
Der Ford „Mondeo" ist ein QFD-Produkt. Die Ei-Form entspricht offenbar dem Zeitgeschmack der neunziger Jahre, denn auch das „Mazda"-Ei ist eine QFD-Entwicklung.

Der Amerikaner Don Clausing [4] vermittelte bei XEROX im Jahre 1984 die QFD-Technik. Seine QFD-Publikation in *der Harvard Business Review* aus dem Jahre 1988 über die Autotür geistert noch heute durch die hiesigen QFD-Abhandlungen und wird als „aktuelles" QFD-Beispiel immer wieder gern zitiert.

Bob King, ein Schüler Akaos, stellte 1987 QFD in seinem Werk *Better Design in half the Time* [5] anwendungsbezogen als „Kochbuch-Ansatz" vor, der den japanischen „Puzzle-Ansatz" überwinden helfen soll. Er schränkt als QFD-Praktiker den Begriff „Kochbuch" aber ein, da es kein allgemeingültiges Rezept zum Vorgehen nach QFD geben kann, denn jede Firma muß ihren eigenen Zugang zu QFD finden. Hierzu bietet Bob King ein nützliches „Tool Kit" an.

Die dreißigjährige QFD-„Geschichte" wird in der folgenden Abbildung zusammengefaßt:

QFD
Ursprung und Verbreitung

1966	Konzept/Entwurf von Yoji Akao
1969	Konzeptüberlegungen bei Mathsushita
1972	1. Durchbruch Anwendung bei Mitsubishi Heavy Industries in Kobe, Japan
1974	Toyota*)
1978	erscheint Akaos Buch
1980	starke Verbreitung durch Firma Kayaba (Schwimmhallen, Kaufhäuser, Einkaufszentren u.a. in Japan)
1984	QFD in USA - Ford
1985	QFD-Verbreitung in USA durch Verbesserungen von ASI und Ford
1987	erste Anwendungen in Deutschland

*) Toyota 1977 - 1984 - bei 3 Kleintransportern wurden die Anlaufkosten reduziert. Anlaufkosten minus 20%, -38%, -61%

Bild 4: QFD-Ursprung und Verbreitung

In Deutschland wurde QFD etwa in der zweiten Hälfte der 80er Jahre bekannt. Das Steinbeis-Transferzentrum Qualitätssicherung Ulm [6] hat sich, auch in Zusammenarbeit mit der Gesellschaft für Management und Technologie, für seine Verbreitung in den deutschsprachigen Ländern eingesetzt und 1993 das erste und bisher einzige QFD-Symposium in Sindelfingen [7] durchgeführt. Yoji Akao und Bob King waren Teilnehmer dieses Symposiums.

In den USA hingegen wurde 1996 bereits das achte QFD-Symposium mit ca. 300 Wissenschaftlern und Firmenvertretern aus den USA, Kanada, Japan, Korea, Taiwan, Australien, Schweden, Italien, Israel und Deutschland durchgeführt.

In Deutschland gibt es seit 1996 ein „QFD Institut Deutschland" (QFD-ID), das sich mit der Verbreitung von QFD im deutschsprachigen Raum befassen will [9].

1.3   Was sind die Ziele von QFD?

QFD steht nicht als Begriff für eine einzelne Methode, sondern setzt sich wie eine Dienstleistung aus drei Komponenten zusammen: dem Produkt, dem Prozeß und dem Ergebnis.

- QFD als *Produkt* beschreibt das methodische Vorgehen anhand eines Leitfadens.
- Der QFD-*Prozeß* wird vom Projektteam nach diesem Leitfaden ausgestaltet.
- Das *Ergebnis* des QFD-Prozesses ist der vollständige Qualitätsplan.

QFD ist als Arbeitsphilosophie und Arbeitsstil zu verstehen, der die volle Kundenzufriedenheit anstrebt und das Wissen und Können aller Mitarbeiter in die Strategien und Maßnahmen zu dieser Zielerreichung einzubinden versucht. QFD bietet hierzu ein Paket von Vorgehens-empfehlungen, deren Ziel die exakte Ermittlung der Kundenanfor-derungen an das Produkt und an die Dienstleistung ist, um sicher-zustellen, daß das Endprodukt genau dem Kundenwunsch entspricht. Dadurch werden Fehlentwicklungen vermieden und am Ende des QFD-Prozesses steht das Ziel jeder unternehmerischen Tätigkeit: Kunden zu gewinnen und zufriedenzustellen sowie dadurch einen angemessenen Gewinn zu erwirtschaften.

Im weitesten Sinn ist QFD ein Instrument der Unternehmensplanung zur Potenzierung der Fähigkeiten aller im Unternehmen Tätigen. QFD hilft, betriebsinterne Mauern niederzureißen und das abteilungsbezogene Denken durch Denken in Prozessen zu ersetzen. Durch die Beseitigung der innerbetrieblichen Schranken wird die Umsetzung der Total-Quality-Management-Philosophie (siehe Kap. 1.4, Bild 5) ermöglicht. QFD wird bei firmenweiter Anwendung zum Kommunikations- und Informations-instrument zur Überwindung des häufig beklagten Defizits an Information und Zusammenarbeit in den Unternehmen.

Durch QFD können in kürzerer Zeit durch weniger Änderungen und gute Dokumentation marktfähige Produkte und Dienstleistungen entwickelt werden.

Die Hauptziele von QFD sind:

> *Erfolg für die Kunden,*
> *Erfolg für die Mitarbeiter,*
> *Erfolg für den Unternehmer*

Die Unterziele, die dazu verfolgt werden, sind:

- Eine kundenbezogene Entwicklung, um begeisterte Kunden durch absolute Kundenorientierung zu erreichen.

- Die Intensivierung der Zusammenarbeit im Unternehmen, um die Mitarbeiter zum Mitdenken und Handeln zu motivieren;

- eine offene Kommunikation und Information;

- abgestimmte, klare und meßbare Ziele, sowie Verlustreduzierung in der gesamten Prozeßkette durch präventive Planung der Produkte und Dienstleistungen

- Verkürzung der Entwicklungs- und Umsetzungszeiten (Time to market-TTM);

- eine gut nachvollziehbare und verständliche Dokumentation, die dann auch für spätere Produktverbesserungen einsetzbar ist. Durch die übersichtliche Darstellung der komplexen Zusammenhänge kann das Auge jederzeit über die „QFD-Landkarte" wandern;

- die Konzentration von Expertenwissen;

- ein durchgängiges Qualitätsmanagement (TQM), sowie die im Team abgestimmte Qualitätsentwicklung.

1.4   Zusammenhang von QFD und TQM
Total Quality Management

QFD baut auf der Philosophie und den Methoden und Strategien des TQM auf, dies ist der Nährboden für QFD. Ist TQM als Voraussetzung für die Anwendung von QFD überhaupt nicht oder in nicht befriedigendem Umfang gegeben, so sollte das QFD-Team eine Einführung in die TQM-Ziele erhalten. Ein Unternehmen, in dem der Qualitätsgedanke nur rudimentär praktiziert wird, würde bei der Einführung von QFD vermutlich scheitern. Wenn Qualität ein wesentlicher Bestandteil der Firmenphilosophie ist, wird die Anwendung von QFD zu einem praktizierten TQM führen.

QFD kann ein TQM unterstützen, aber nicht eine Bewußtseinsänderung herbeiführen, wenn nicht zumindest ein Ansatz zum Paradigmenwechsel vorhanden ist.

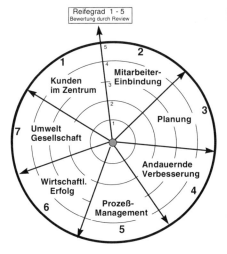

Segment	Vorgehen	Bewertung
1 Kunden	Kundenforderungen und Meinungen erfassen + analysieren	% Verteilung der Kunden- zufriedenheit
2 Mitarbeiter	Ziele erarbeiten, Verantwortung übertragen, am Erfolg beteiligen	% Beteiligung an Projekten
3 Planung	Chancen ermitteln Ziele, Strategien und Maßnahmen planen Struktur-Plan / QFD	% Korrekturen am Plan % neue Leistung mit Gewinn
4 Verbesserungen	Chancen umsetzen Methodisches Vorgehen Ziel: Null-Fehler	% Erfolgreiche Projekte
5 Prozeß-Management	Sicherung der Abläufe	% Verlustkosten
6 Wirtschaftlicher Erfolg	Marktsicherung Markterweiterung	% Marktanteil % Gewinn
7 Umwelt Gesellschaft	Schutz + Schonung Arbeitsplätze	% Recycling % Wachstum

Regelmäßige Reviews zu den Elementen

Bild 5: Die 7 Segmente des TQM und der Reifegrad des Unternehmens

Die wesentlichen Elemente des TQM werden in Bild 5 dargestellt. Unternehmen verfolgen auf der Basis ihrer Firmengrundsätze die sieben Strategien (Segmente) in ihrem Geschäft mit aller Konsequenz. QFD unterstützt alle Elemente im vorstehenden TQM-Kreis, insbesondere die drei ersten Elemente, Kunden im Zentrum, Mitarbeitereinbindung, Planung.

Durch die Arbeit mit QFD im „House of Quality" werden Schwach-stellen sichtbar, die mit Qualitätswerkzeugen (Ursache-Wirkungs-diagramm u.a.) weiterbearbeitet werden können. *QFD kann daher als integraler Baustein oder Bestandteil des TQM bezeichnet werden.*

1.4.1 QFD als Planungsprinzip

Das Grundprinzip guter Planungs- und Verbesserungsprozesse beginnt mit der Formulierung eines Zieles, zu dem geeignete Strategien und zu diesen wiederum geeignete Maßnahmen („taktische Schritte") zu erarbeiten sind. Das Netzwerk aller Maßnahmen soll das Erreichen der Strategie sicherstellen und diese müssen wiederum zum Ziel führen. Dieses Prinzip gilt sowohl für jedes große Vorhaben (z.B. Start einer Weltraumrakete), als auch für persönliche Ziele (Hausbau).

Genau dies ist auch die Vorgehensweise bei QFD: Zu dem gesetzten Ziel (QFD: Was) werden die Strategien planerisch mit allen Details der Einzelschritte (Unterfunktionen) beschrieben. Dies gelingt um so besser, je klarer die einzelnen Funktionen bei QFD die Wie's - mit ihren charak-teristischen Zielwerten beschrieben werden. Die folgende Abbildung verdeutlicht diesen Zusammenhang.

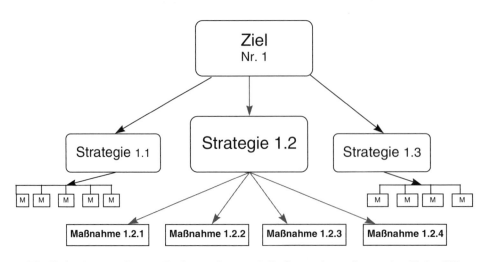

Die Maßnahmen müssen die Strategien, und die Strategien müssen das Ziel erfüllen

Bild 6: Das QFD-Planungsprinzip SPP - Strukturierter Planungsprozeß o. „Hoshin Kanri"

Der Begriff des „Deployment" in QFD zeigt hier das „Aufdröseln" eines Ziels in seine Strategien (Unterziele) bis hin zu der Entwicklung notwendiger Einzelmaßnahmen. Man bezeichnet dieses Vorgehen auch als strukturierten Planungsprozeß (SPP) oder Hoshin Kanri.
Hoshin Kanri bedeutet im japanischen goldener Kompaß, dies symbolisiert die Vorgehensweise, wie sie im folgenden Bild dargestellt ist. Alle Kompaßnadeln zeigen in die gleiche Richtung, durch horizontale und vertikale Abstimmung weiß jeder im Unternehmen, welche Ziele verfolgt werden und welches sein Beitrag zur Erfüllung dieses Zieles ist.

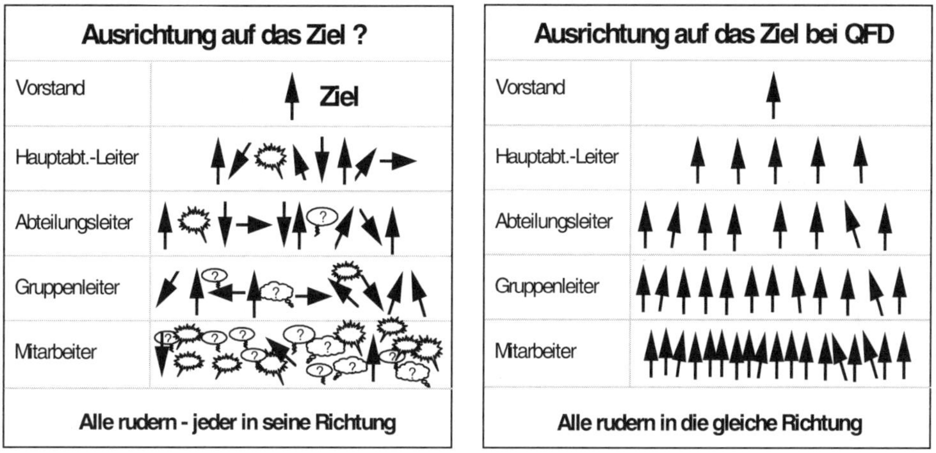

Bild 7: Die Ausrichtung auf das Ziel, Hoshin Kanri und QFD

QFD unterstützt durch geordnete Fragestellung den Bearbeitungsprozeß und ermöglicht eine gute bildhafte Darstellung der Ergebnisse auf einem Arbeitsblatt (siehe QFD-Matrix: Bild 79).
Zusammenfassend kann festgestellt werden: QFD ist ein mehrstufiger Planungsprozeß, der die Kunden und alle Prozesse des Lieferanten in die Planung einbezieht. QFD stellt einen Planungsleitfaden zur durchgängigen Qualitätsentwicklung dar.

1.5   Kundenorientierung und QFD

„Alles fließt." Auf diese kurze Formel hat Heraklit die Einsicht gebracht, daß das einzig Beständige der Wandel ist. Diese griechische Erkenntnis war in Europa über lange Jahrhunderte verpönt, nichts durfte sich bewegen. So ist es nicht verwunderlich, wenn wir die ständigen Veränderungen als beklagenswert empfinden und unter dem Eindruck „nichts ist so beständig wie der Wandel" leiden [10]. Nur wer den ständigen Wandel in seiner Kultur bewußt akzeptiert und daraus intelligente Handlungen ableitet, hat Chancen als Sieger im Wettbewerb zu überleben. Dem Streben asiatischer Industrien, die Chancen des Wandels zu nutzen, fielen in nur zwei Jahrzehnten im Westen ganze Industriezweige zum Opfer (Fotoindustrie, Videogeräte, Fernseher, Computer, Fax-Geräte, Unterhaltungselektronik, etc.).

Um trotz unserer Kultur Verbesserungen zu erreichen, sind Methoden und Arbeitsweisen erforderlich, die über die traditionelle Qualitätssicherung westlicher Denkart hinausgehen. Präventive Planungsverfahren wie z.B. Fehler- Möglichkeits- und Einflußanalyse (FMEA, siehe Kapitel 6) und Planungsmethoden wie QFD haben sich hier als vorteilhaft erwiesen.

Wir, in der westlichen Welt, fordern und produzieren als Ausweg laufend neue Gesetze und Verfahrensregeln - und stöhnen unter deren Joch - anstatt unsere Einstellung und unser Verhalten zu ändern. Wir fragen allzu leicht: Was will die „Oberste Leitung"? (ISO 9000) anstatt zu fragen: Was wollen die Kunden, was ist ihnen wichtig und wie lösen wir die Aufgabe gemeinsam?

Bild 8: Einstellungen Westen - Osten

Sprachregelungen beeinflussen das Denken und Verhalten - und umgekehrt. Der Begriff „Oberste Leitung" aus der DIN ISO 9000 ist ein Beispiel hierfür (August 1994 geändert in „Leitung"). TQM und QFD überwinden das von der ISO 9000 oftmals geprägte „Kästchendenken" nach alter „Tayloristenart". Die damit verbundenen Einstellungen und Verfahrensregeln können leicht zu einem kundenunfreundlichem Verhalten führen.

QFD als Qualitätsentwicklungssystem fragt nach den Kundeninteressen und bindet das Management in den Prozeß des Kundendienstes im weitesten Sinne ein.

Bild 9: Die hierarchische Organisation

Die übliche Darstellung der Organisationspyramiden ist für die Mitarbeiter ein deutliches Signal zur Anpassung ihres Verhaltens: Der Vorstand thront auf dem Gipfel, ihm ist zu dienen. Diese Pyramiden zeigen nicht, auf wen es ankommt: *die Kunden.*

Das Sprichwort „Der Kunde ist König" liegt uns als Kunden stets auf der Zunge. Allerdings werden häufig die daraus abzuleitenden Verhaltens- und Umgangsformen über Bord geworfen. Kunden werden meistens als störend und lästig empfunden, weil sie nicht bereit sind, sich den Prozeduren des Lieferanten zu unterwerfen. Die Arroganz mancher Organisationen feiert Triumphe; das Erstaunen ist groß und die Folgen bitter, wenn die Kunden ihre Macht zeigen und einfach wegbleiben.

Die nach TQM arbeitende Organisation zeigt die Pyramide umgedreht. Das allerwichtigste Element steht hier obenan: Der Kunde. Alle leben vom Kunden, nur er entscheidet, ob er die Rechnung bezahlt und ob er uns auch weiterhin als Lieferant berücksichtigt. Firmen, die dies erkennen und praktizieren, sind erfolgreicher als andere.

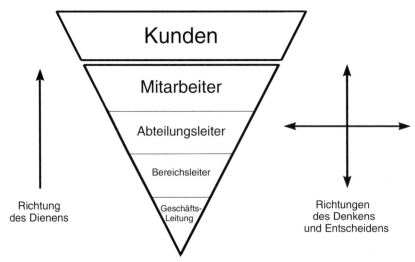

Bild 10: Die kundenorientierte Aufbauorganisation nach Tom Peters

Als John Young, bis 1992 Firmenpräsident der Hewlett Packard AG, nach dem Erfolgsgeheimnis seiner Firma befragt wurde, antwortete er: „Satisfying customers is the only reason we're in business." Der Erfolg gab ihm Recht.

Unternehmen können heute nur dann überleben, wenn sie sich durch absolute Kundenorientierung auszeichnen. Kundenorientierung und Dienst am Kunden sind in Deutschland lange Jahre vernachlässigt worden. Die daraus resultierenden Folgen sind bekannt.

Das Wort „dienen" ist in unserem Sprachgebrauch leider immer noch sehr negativ belegt, man denkt dabei an Dienstmädchen und an den Dienstmann, also an Personen, die die „niederen Dienste" verrichten. Daß sich Friedrich der Große als „erster Diener seines Volkes" verstand, ist heute wahrscheinlich nur noch wenigen bekannt.

Die Firma Mercedes Benz führte im August 1993, als sich der Konzern in der Krise befand, ein Managementtraining mit der Bezeichnung „Werkstatt des Wandels" durch. Der Vorstand wollte die Umsetzung des „Mercedes Benz - Erfolgsprogramms" fördern und begleiten. Wichtig war insbesondere die Förderung der mentalen Neuorientierung im Unternehmen mit dem Ziel, eine Verhaltensänderung *zum Dienen* zu erreichen. Der Mercedes-Manager Erich Krampe beschwor die anwesenden Manager, Dienen nicht als Ausdruck der Unterwürfigkeit zu sehen, sondern den Dienst am Kunden als oberstes Gebot zu erkennen. „Eine kompromißlose Kundenorientierung ist erforderlich", so Krampe. Er erinnerte daran, daß im Wappen des Prince of Wales die Worte stehen: *„I serve".*

Mercedes Benz unterstützte das „MB-Erfolgsprogramm" auch durch Merkzettel, die an die Mitarbeiter verteilt und an Plakatwänden im Unternehmen veröffentlicht wurden.

Der Merkzettel 1 enthält folgenden einprägsamen Text:

> *„Wenn wir die Wünsche der Kunden nicht mehr ernst nehmen,*
> *werden die Kunden uns nicht mehr ernst nehmen."*

Wie wahr! Denn Kunden, die unsere Waren und Dienstleistungen kaufen, entscheiden, ob sie in Zukunft weiterhin Geschäfte mit uns tätigen oder zur Konkurrenz wechseln. Dies verdeutlicht Mercedes Benz mit dem treffend formulierten Merkzettel 2:

> *„Unzufriedene Mercedes-Fahrer kann man überall finden.*
> *Bei BMW, bei Jaguar, bei Audi, ..."*

Aus einer Untersuchung des Research Institute of America ist bekannt, daß ein Kunde mit 8-16 anderen über seine Unzufriedenheit spricht, aber nur mit ca. 3 anderen über seine Zufriedenheit. Der daraus entstehende Multiplikationseffekt ist enorm hoch, und der entstandene Schaden kann auch nicht durch noch so aufwendige Werbekampagnen und Marketing-mätzchen wettgemacht werden.

Wenn der Kunde hingegen, auch auf eine Reklamation hin, voll zufriedengestellt wird, kauft er in Zukunft wieder beim gleichen Unternehmen, hierin liegt für alle Firmen eine große Chance.

Die hohen Kosten des Kundenverlustes

■ Hinter jedem reklamierenden Kunden stehen 26 weitere, die schweigen.

■ Der unzufriedene Kunde spricht mit 8 bis 16 anderen.

■ Die Kosten zum Gewinn eines neuen Kunden sind 5 mal höher als der Erhalt eines vorhandenen Kunden.

■ 91% der unzufriedenen Kunden kaufen nicht mehr bei uns.

■ Aber 90% der nach Reklamationen voll zufriedengestellten Kunden kaufen wieder bei uns.

Bild 11: Kundenverluste - Unzufriedenheitsmultiplikatoren

Die Unternehmen sollten erkennen, daß sich die meisten Kunden eine langfristige Zusammenarbeit mit ihrem Lieferanten wünschen. Deshalb ist es wichtig, die Erwartungen der Kunden zu kennen und zu erfüllen. Die „Stimme des Kunden" muß von allen Mitarbeitern des Lieferanten gehört werden.

Unternehmen, in denen die Philosophie des TQM gelebt wird, werden alle Maßnahmen ergreifen, um ihre Kunden zufriedenzustellen und zu begeistern.

1.6   Anwendungsgebiete für QFD

Die Anwendungsfelder für QFD sind vielfältig. QFD ist ein Planungsleitfaden, der in der Produktion, im Dienstleistungsbereich (siehe das
Beispiel im Kapitel 3.2), in allen administrativen Bereichen und im
privaten Umfeld eingesetzt werden kann. Die Anwendungsfelder sind in
Bild 12 verkürzt dargestellt:

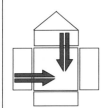

Anwendungsfelder für QFD

Produkt - Verbesserungen

Produkt - Neuentwicklungen

Dienstleistungen aller Art

Geschäftsprozesse

Öffentliche Verwaltung

*. . . und überall dort, wo Leistungen für Kunden
erbracht werden.*

Fragen Sie: Wer sind meine Kunden und was benötigen sie wirklich?

Bild 12: Anwendungsfelder für QFD

Die QFD-Anwendungsgebiete sind vielfältig.
QFD wird darüber hinaus eingesetzt:

- bei der Weiterentwicklung von Produkten und Dienstleistungen und
  bei der Überarbeitung vorhandener Produkte und Dienstleistungen.
- bei der Neuentwicklung von Produkten und Dienstleistungen von der
  Konzeptionsphase bis zur Produktionsplanungsphase (projektbegleitend).
- in allen Branchen, vom Schiffsbau über das Transportwesen, der
  Bauindustrie, dem Maschinenbau, der Touristik, der Versicherungs-
  branche bis hin zum Gesundheitswesen mit seinen Einrichtungen.
- beim Aufbau eines wirksamen QM-Systems.

- bei der Planung und Bearbeitung von Geschäftsprozessen.
- in der Politik und der öffentlichen Verwaltung mit Staatsdienstleistungen aller Art, hier liegen heute noch ungeahnte Ressourcen begraben.

Wir können QFD heute als „Werkzeugkasten" zur Beseitigung der vielfältigen Probleme und zur Gestaltung der Zukunft nutzen, wenn wir die Werkzeuge permanent schärfen und sie kreativ für die vor uns stehenden Aufgaben weiterentwickeln.

QFD kann überall dort eingesetzt werden, wo Menschen an der Erfüllung von Zielen für externe oder auch interne Kunden arbeiten. QFD bietet hier eine nützliche Unterstützung. Denn neben den drei Grundproblemfeldern aller Firmen oder Organisationen,
- attraktive Leistungen (Qualität)
- im richtigen Moment (Zeit)
- zu einem fairen Preis (Kosten, Verluste) anbieten und liefern zu können, wird die vierte Dimension,
- *der Mensch*, als Dreh- und Angelpunkt im QFD-Geschehens ernst genommen und aktiv beteiligt. Die Abbildung 13 zeigt, im Mittelpunkt des magischen Dreiecks aus Kosten-Zeit-Qualität die Einbindung der Menschen (Kunden, Mitarbeiter, Management) im Unternehmen.

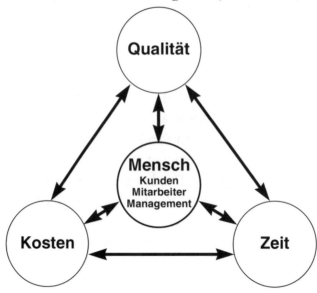

Bild 13: Die vier Chancenfelder, der Mensch im Mittelpunkt

Der Grad der *Verbreitung von QFD* ist nicht genau bekannt, da die meisten QFD-Projekte der Geheimhaltung unterliegen und in den Panzer-schränken der Unternehmen verschwinden. Aus dem gleichen Grunde erscheinen kaum Veröffentlichungen in der Fachpresse zu konkreten Projekten. Einige Anwender seien hier genannt:

QFD-Anwender in Deutschland
- Agfa, München
- Behr Automobiltechnik GmbH & Co., Stuttgart, Automobilzulieferer (Motorkühl- und Klimaanlagen, Kondensatoren/Verdampfer)
- Black & Decker, Idstein, Bohrmaschinen
- Boehringer in Mannheim, im Bereich Medizintechnik (Blutanalysegeräte)
- Bosch, Stuttgart, Autozubehörteile
- Du Pont, Bad Homburg
- 3M Deutschland GmbH, Neuss, Babywindeln; QFD wird auch als Analysewerkzeug für Kennzahlen eingesetzt
- Flachglas AG (Pilkington), Gelsenkirchen, Glasherstellung
- Ford, Köln, PKW-Entwicklung (Mondeo), Getriebeverbesserungen
- Grundig Home Security Systems GmbH, funkgesteuertes Einbruchmeldesystem
- Hewlett Packard GmbH, Böblingen - im Bereich Medizintechnik, Dienstleistungen, Voltmeter, Leuchtdioden, u.a.
- Kodak, Stuttgart, Fotokopierer
- MAN Roland, Offenbach, Konstruktion neuer Bogen-Druckmaschinen
- Mannesmann Rexroth, Lohr, Ventile
- Mercedes Benz in Berlin, bei der Planung von Geschäftsprozessen
- Mercedes Benz im Werk Sindelfingen in der Automobilentwicklung (z.B. Sidebag der E-Klasse in der Türinnenverkleidung und Getriebe)
- METABO, Nürtingen, Hersteller von Elektrowerkzeugen für die Industrie und den Heimwerker, setzt bei der Neuentwicklung und Produktverbesserung QFD ein.
- Siemens in München, auch zur Planung von Geschäftsprozessen
- Siemens-Nixdorf, Berlin, elektronische Registrierkassen
- SWF Auto-Electric, Bietigheim, Automobilzulieferteile
- tesa-Beiersdorf AG, Hamburg, Etiketten
- Telenorma GmbH, Bosch Telecom, Sicherheits- und Zeitsysteme
- Union Special GmbH, Stuttgart, Industrienähmaschinen, Muttergesellschaft ist JUKI Corporation, Tokio (Textilmaschinen, Sackmaschine für die Verpackungsindustrie)
- VW Braunschweig, Fahrkomponenten
- VW Wolfsburg und Kassel, Viergangautomatikgetriebe (QFD-Pilotprojekt), umweltgerechte Produktplanung (ökologische Ziele in der Produktions-, Nutzungs- und Entsorgungsphase, Mobilität und ressourcenschonende Energiequellen, Umwelt, Verkehr)
- XEROX Deutschland, Fotokopierer

Im folgenden Kapitel sind Erfahrungsberichte von QFD-Anwendern wiedergegeben.

1.7 Erfahrungen einiger QFD-Anwender
Gründe für die Einführung von QFD

Die Firma Black & Decker, die QFD seit Ende der 80er Jahre für die Entwicklung neuer Produkte einsetzt, nannte auf dem QFD-Symposium in Sindelfingen 1993 folgende Gründe für die Einführung von QFD:

1. Der Hauptzweck ist es, die Kundenerwartungen an das Produkt sicher zu erfüllen.
2. QFD hilft aus verbalen Kundenwünschen eine klare technische Spezifikation zu erstellen.
3. Mit QFD wird in allen beteiligten Bereichen (Marketing, Arbeitsvorbereitung (AV), QS, Entwicklung, Konstruktion, etc.) ein sehr detailliertes Produktwissen aufgebaut.
4. Mit QFD wird die betriebliche Zusammenarbeit gefördert, da die Matrix gemeinsam von den verschiedenen Abteilungen bearbeitet wird.
5. QFD ist nützlich, um Entwicklungszeiten zu verkürzen, da der spätere Änderungsaufwand reduziert wird, und es hilft, sich auf wesentliche Punkte zu konzentrieren.
6. Mit QFD werden Fehlentwicklungen, die am Markt vorbei gehen, sicher vermieden.
7. Mit QFD werden die Produktkosten und Investitionen auf das notwendige Maß reduziert.
8. Mit QFD wird eine richtig durchgeführte Produkt- und Konkurrenzanalyse unterstützt.
9. Durch die systematische Anwendung von QFD entstehen Checklisten für die Konstruktionsabteilung.

Lt. G. Sieber „wird QFD bei Black & Decker nicht um seiner selbst willen angewendet, sondern als Entwicklungswerkzeug aufgefaßt. Die QFD-Systematik ist ein natürlicher Prozeß, da die Matrix „nur" die Denkvorgänge der Projektteam-Mitglieder systematisiert und dokumentiert". [7]

Die Volkswagen AG, Wolfsburg führte QFD Anfang der 80er Jahre ein. Die damalige Aufgabe war nach dem VW-Mitarbeiter Ludwig Prüß [8] die Entwicklung der Getriebesteuerung des 4-Gang-Automatikgetriebes (AG-4). Mit dem Entschluß, QFD einzuführen, waren bei VW drei Hauptziele verbunden, nämlich Funktionsziele, mitarbeiterbezogene Ziele und ein Globalziel.

Diese sind im einzelnen:

1. Funktionsziele:

- optimale Funktionserfüllung nach den Erfordernissen des Marktes und der Zielgruppen;
- Reduzierung von Schwachstellen und Mängeln;
- Erhöhung der Kundenzufriedenheit;
- Vermeidung von Over-Engineering;
- weniger Änderungen bei Serienanlauf.

2. Mitarbeiterbezogene Ziele:

- verstärkte Kundenorientierung während des Entwicklungsprozesses;
- bereichsübergreifende, interdisziplinäre und streng zielorientierte Projektarbeit;
- erlernen der Vorgehenssystematik von QFD durch „Training on the Job.‟

3. Globalziel:

- Akzeptanz für die Methode QFD schaffen.

„Das Ergebnis der QFD-Arbeit war eine Vorstandsvorlage, deren hohe Argumentationssicherheit zu einem schnellen Beschluß führte", so Ludwig Prüß. Das Resultat der Umsetzung des QFD-Projektes bestätigte die Akzeptanz der Innovation im PKW-Antrieb durch die Kunden. Nach der Umsetzung ist die Einstufung der Kunden für VW-Automatik-getriebefahrzeuge im Bereich der Marktführerschaft angezeigt. Das innerbetriebliche Resultat bestand darin, daß angesichts des komplexen Produktes die Schnittstellenproblematik (Maschinenbau-, Elektrik-, Elektronikkomponenten) durch den QFD-Leitgedanken erkannt wurde. Nach 3-4 Teamsitzungen entstand bereits eine konstruktive Arbeits-atmosphäre. Die Dominanz der Techniker konnte auf das Erkennen und Akzeptieren der Kundenwünsche gelenkt werden. Prüß zufolge hat sich die Methode QFD in diesem Projekt bewährt und wird für Neukon-struktionen empfohlen. Seit Anfang 1993 findet sich das erste QFD-Resultat als erfolgreiches Antriebskonzept in Fahrzeugen des VW-Konzerns wieder. Hier konnte erstmals das Prinzip einer Gruppen-schaltung realisiert werden. Das synchrone Ansprechen und Abschalten von zwei Schaltgliedern ohne Zugkraftunterbrechung zum Zweck eines

Gangwechsels war das entscheidende Merkmal. Es bedeutete, daß diesem kritischen Getriebekonzept der entscheidende Durchbruch für einen höchsten Schaltkomfort und somit eine der bedeutendsten Erfüllungen marktgerechter Anforderungen gelungen war.

Auch andere Firmen zeigten die Vorteile von QFD auf, 3M in Neuss nennt folgende QFD-Vorteile [7]:

- Konzentration auf für den Kunden wichtige Produkte;
- Arbeit an den wichtigsten Eigenschaften des Produktes;
- weniger Designänderungen und besseres Design für den Kunden;
- Reduzierung der Einführungskosten;
- reduzierte Garantiekosten;
- Förderung der Sozialstruktur im Team.

Trotz der positiven Ergebnisse gab es auch Probleme. So setzte sich QFD im Unternehmen nur langsam durch. Es mußten immer wieder Diskussionen geführt werden, um die Widerstände abzubauen, wie: „Die Probleme bleiben, aber immer neue Methoden erschweren und verzögern die Arbeit." Oder: „Wer andere Seminare besucht, kommt mit neuen Heilslehren nach Hause."

Als *Nachteile* nannten einige Unternehmen:

- einen höherer Zeitaufwand, wenn das erste Projekt zu komplex ist;
- Schwierigkeiten bei der Ermittlung von zukunftsorientierten Kundenwünschen, weil Unsicherheit bei der Ermittlung und der Datenerfassung bestand;
- es konnten keine geschulten Leute für das Projekt abgestellt werden;
- die Teamzusammensetzung war nicht immer ideal, es fehlte die soziale Kompetenz;
- die Teamdisziplin litt bei häufigem Wechsel des Projektleiters (Leaders) oder durch mangelhafte Moderation;
- das Abteilungsdenken überdeckte den erforderlichen Teamgeist;
- es fehlte an der Unterstützung durch das Management.

Die genannten „Nachteile" sind unschwer als hergebrachte Firmenprobleme zu erkennen, die in keinem Zusammenhang mit QFD stehen. Sie wurden bewußt, als sich die Firmen erstmals mit QFD beschäftigten. Betriebliche „Systemprobleme" dürfen nicht die QFD-Vorteile überdecken.

1.8   Verkürzung der Entwicklungszeit durch QFD

Zeitliche Aspekte im QFD-Prozeß

Die Erkenntnis Heraklits, daß alles fließt, können wir ergänzen, denn der Wandel hat sich heute so beschleunigt, daß zwar *alles fließt, nur viel schneller.* Durch eine Befragung untersuchte das Fraunhofer Instituts FhG-IAO in Stuttgart Möglichkeiten zur Verkürzung von Entwicklungszeiten. Folgende Maßnahmen sind in der Reihenfolge zu den erforderlichen Ursachen genannt worden:

68,4 % frühes Einbinden der Abteilungen
52,9 % Projektmanagement
46,3 % intensive Planung
39,0 % Pragmatismus statt Over-Engineering
27,9 % gute Kommunikation
26,5 % Parallelisierung des Konstruktionsprozesses

QFD bindet alle am Entwicklungsprozeß Beteiligten von Anfang an in die Planung ein, dadurch können die vorstehend genannten Forderungen vollständig erfüllt werden. Da die einzelnen Projektphasen simultan ablaufen, wird die Entwicklungszeit minimiert. Die konsequente Erfassung des Kundenwunsches vermeidet Over-Engineering, der Kunde erhält in kurzer Zeit das von ihm gewünschte Produkt bzw. die gewünschte Dienstleistung.

Die ständige Veränderung des Umfeldes, die Globalisierung der Märkte und konjunkturelle Einflüsse zwingen Unternehmen zur schnellen Anpassung ihrer Arbeitsweise an die Forderungen des Marktes. Insbesondere in High-Tech-Märkten mit stetiger Verkürzung der Produktlebenszyklen gewinnt eine schnelle Realisierung komplexer Technologieentwicklung an Bedeutung.

Das alte Sprichwort: "Übung macht den Meister" gilt auch für QFD-Projekte in Bezug auf die Qualität der Ergebnisse und den zeitlichen Aufwand. Der zeitliche Aufwand sinkt von 100% für das erste QFD-Projekt auf etwa 50% für die spätere Arbeit nach QFD. Der absolute Zeitaufwand ist abhängig von der Anzahl der zu bearbeitenden Kundenforderungen und den zu untersuchenden Merkmalen. Für das erste Projekt sollten deshalb 20 Kundenanforderungen nicht überschritten werden. Der Lerneffekt und die Nutzung der Daten aus vorhergehenden

Projekten reduzieren den Aufwand bei regelmäßiger Anwendung ganz erheblich.

Durch die Diskussion im QFD-Team, wie in Bild 14 dargestellt, wird das Ziel: die Umsetzung des angestrebten Ergebnisses schneller erreicht.

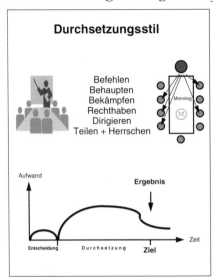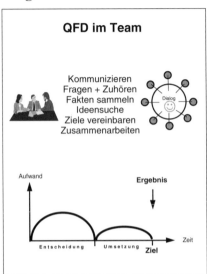

Bild 14: Zeitliche Aspekte: Entscheidungen im Team

Der zeitliche Aufwand für die Sammlung von Ideen und Fakten ist anfangs höher, aber wenn die Entscheidungen gefallen sind, weiß jeder im Team, was zu tun ist. Die Umsetzungsphase wird dann wesentlich verkürzt und das angestrebte Ziel schneller erreicht. Wenn hingegen, wie im linken Bildteil dargestellt, eine schnelle Entscheidung ohne ausreichende Diskussion erzwungen wird, wird das Ziel verfehlt. Die bekannten Folgen sind Unzufriedenheit und Frustration. Dies kann vermieden werden, wenn das Team nach konstruktiver Diskussion eine gemeinsame Entscheidung fällt, die von allen akzeptiert wird. Bei einem Konsens über das weitere Vorgehen kann dann die zügige Umsetzung erfolgen.

Bild 15 zeigt einen weiteren zeitlichen Aspekt, den der schnellen Markteinführung durch präventive Planung und höhere Investitionen zum Beginn der Entwicklung. Wird in der Anfangsphase mehr investiert, so sind nach der Produktentwicklung zum Zeitpunkt der Markteinführung (T_0) die Kosten für Verluste und Nachbesserungen sehr gering, das Unternehmen kann schneller Geld verdienen und erreicht einen zeitlichen Vorsprung.

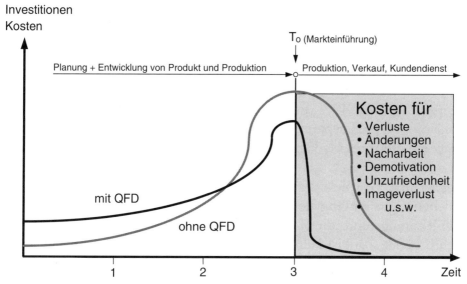

Bild 15: Die Vorteile kreativer und präventiver Planung

Der japanischen Industrie gelang durch diese präventive Planung und frühzeitige Investition eine erhebliche Verkürzung der Entwicklungszeiten. Sie erreichten dies insbesondere durch das frühe Erfassen der Kundenbedürfnisse, die sie in die gewünschten Produkte hineinentwickelten. So läßt sich eine hohe Akzeptanz erreichen und es gibt weniger Fehlentwicklungen. Dabei stellt die QFD-Systematik sicher, daß jede Aktivität im Hinblick auf ihren Nutzen und mögliche Folgen durchdacht ist und so geplant wird, daß keine Überraschungen auftreten.

Die folgenden Beispiele zeigen die kurzen Entwicklungszeiten einiger Unternehmen, die durch den Einsatz von QFD erreicht wurden.

Eine Hewlett Packard Division in den USA benötigte für die Entwicklung eines neuen Voltmeters 400-500 Stunden für das gesamte Team. Das waren ca. 40-50 Stunden pro Teammitglied.

Die Grundig Security Home Systems GmbH entwickelte in 18 Monaten ein funkgesteuertes Einbruchmeldesystem. Diese Zeitangabe beinhaltet die Kundenbefragung (Polizei, Sicherheitsdienste, Händler), die Verdichtung der Befragungsergebnisse und einen zweitägigen Workshop für alle Teilnehmer zur Einführung in die Methodik des Vorgehens [6].

Metabo in Nürtingen benötigte für die Entwicklung einer neuen Heckenschere inklusive Kundenbefragung nur 4-5 Monate.

Die Firma Ford, die ihre Entwicklungszeit von 52 auf 48 Monate (ange-
strebt sind 30 Monate) reduzieren konnte, erreichte gleichzeitig eine
Zeitersparnis um 40% und eine Kostenreduzierung von 30% pro
Applikation. Der Einspareffekt tritt hier erst später auf, da der generische
Ansatz ein erhöhtes Maß an Zeit beansprucht.

Zwei negative Beispiele:
Ford benötigte Anfang der 80er Jahre 2.500 Ingenieurstunden für das
QFD-Training und die Einführung in allen Fachabteilungen. Diese
abschreckende Zahl ist kein Maßstab, denn das QFD-Training wurde auf
Anordnung der amerikanischen Konzernzentrale in englisch durch-
geführt, was anfangs einige Probleme mit sich brachte. Die Ford-
Mitarbeiter beherrschen die englische Sprache, aber die eindeutige
Übersetzung der „Stimme des *deutschen* Kunden" erwies sich als
schwierig.

Bei General Motors arbeiteten dreißig Ingenieure ein halbes Jahr lang an
einem QFD-Entwicklungsprojekt. Die Ingenieure fanden zu 100
Anforderungen 200 Designcharakteristika, so daß im House of Quality
eine Matrix mit 100 x 200 = 20.000 Matrixpunkten bearbeitet werden
mußte. Hier ließ sich Bob Kings Titel „Better design in half the time"
negieren in „Better design in double the time."

Man sollte immer bedenken, daß nur die wichtigsten Anforderungen, d.h.
die mit der höchsten Bedeutung *für den Kunden,* geplant werden sollten,
denn der starke Wettbewerb forciert kürzere Produktlebenszyklen und
zwingt die Unternehmen eine schnelle Produktverfügbarkeit durchzusetzen.
Hinter den oft zitierten „neudeutschen" Worten Time to market (TTM),
Time compression verbergen sich die Bemühungen der Industrie, die
Entwicklungszeiten zu beschleunigen. Schnelle Reaktionen auf die
Forderungen des Marktes sind ebenso wichtig für die Absatzfähigkeit
eines Produktes wie das richtige Preis/Leistungsverhältnis. Je schneller
neue Produkte auf den Markt kommen, um so größer ist der damit
erzielbare Verkaufserfolg. Der erste Anbieter, der dem Kunden den

Nutzen aufzeigen kann, ist solange im Vorteil bis die anderen nachziehen. Der Chairman von 3M, L.D. De Simone, sagte zur Beschleunigung in der Entwicklung: „Time compression zusammen mit besten Erfahrungen multinationaler Teams und Quality Function Deployment könnten möglicherweise bestimmen, ob 3M ein führendes Unternehmen bleibt oder in die Durchschnittlichkeit abfällt."

Die 1989 unter dem Titel „Die zweite Revolution in der Autoindustrie" erschienene MIT-Studie von Womack, Roos und Jones [11] ließ die Industrienationen aufhorchen. Die schlanke Produktion sahen die Experten des Massachusetts Institute of Technology als die japanische Geheimwaffe im Wirtschaftskrieg an. Die Japaner zeigten, daß sie ein Auto in 16 Stunden herstellen können, während europäische und amerikanische Firmen zum damaligen Zeitpunkt noch 32 Stunden benötigten. Die MIT-Autoren stellten fest, daß die japanischen Produzenten so erfolgreich sind, weil sie sehr darauf achten, ihre fortgeschrittene Technologie nicht von der Tagesarbeit des Unternehmens und den bestehenden Marktbedürfnissen zu isolieren. Sie haben erkannt, daß Entwicklungen in die marktorientierten Aktivitäten des Unternehmens eingebunden sein müssen, um Erfolg zu haben; dieses ist auch das Ziel von QFD.

Eine 1995 von PRMT [12] bei 210 High-Tech-Unternehmen unterschiedlicher Branchen durchgeführte Studie „Produktentwicklung" belegte, daß neue Produkte von den Unternehmen immer schneller zur Marktreife und Markteinführung gebracht werden. Time to market wurde zwischen 1992-95 durchschnittlich um 10% reduziert. Bis 1998 wollen die befragten Unternehmen diese Zeit um weitere 21% senken. Brian Gribbs, Direktor von PRTM sagt dazu: „Die herausragende Stellung in der Entwicklung konnte nur durch die Arbeit funktionsübergreifender Kernteams, gut dokumentierter Entwicklungspläne und umfassend genutzter Entwicklungstechniken erreicht werden."
Zu den Entwicklungstechniken, die dies ermöglichen, gehört QFD.

1.9   Zusammenfassung Kapitel 1

QFD entwickelte sich vor dreißig Jahren in Japan, es gelangte in den 80er Jahren in die USA und beginnt sich seit den 90er Jahren auch in deutschen Unternehmen durchzusetzen. Die Unternehmen, die QFD inzwischen einsetzen sind von den Vorteilen überzeugt. Sie erkennen, daß QFD vom Geist und der gemeinsamen Arbeitskultur seiner Anwender lebt und daß QFD die Kommunikation im Unternehmen fördert, da fachsprachliche Barrieren abgebaut und Mißverständnisse beseitigt werden. QFD setzt einen gruppendynamischen Prozeß in Gang, bei dem viel Kreativität freigesetzt, Wissen potenziert und fachübergreifendes Denken erreicht wird. QFD fördert das Verständnis der Mitarbeiter für das gemeinsame Projekt, überbrückt Abteilungsmauern und überwindet damit den bisherigen „over the wall approach."

Das Ziel von QFD ist die Einbeziehung der Kundenforderungen in die Entwicklungsphase, dadurch werden aufwendige Änderungen und Korrekturen vermieden. Dies minimiert nicht nur die Anlaufkosten sondern reduziert auch die Entwicklungszeit durch die Parallelisierung der Abläufe, d.h. die gesamte Wertschöpfungskette wird optimiert.

Die übersichtliche Darstellung der QFD-Arbeitsergebnisse im House of Quality (HoQ), das im nächsten Kapitel vorgestellt wird, ermöglicht dem Auge jederzeit über die QFD-„Landkarte" zu schweifen und aufgrund der transparenten Dokumentation Verbesserungen zu erkennen.
Unternehmen, die ihre Kunden in die Entwicklung der Produkte und Dienstleistungen einbeziehen, werden erfolgreich sein, denn volle Kundenorientierung läßt keine Fehlentwicklungen zu. Es wird ein Vertrauensverhältnis zum Kunden aufgebaut, das durch Kundenbindung und durch Kundentreue honoriert wird. Zusammenfassend kann festgestellt werden:

QFD   schafft eine gemeinsames Verständnis für das Ziel des Unternehmens, QFD kann schnell erlernt werden und es verhindert Mehrfacharbeiten.

QFD   hilft die Marktchancen zu nutzen, weil neue Produkte und Dienstleistungen in kürzester Zeit zur Verfügung stehen.

2   Der QFD - Prozeß

2.1   Das House of Quality (HoQ)

QFD begleitet den Produkt- und Dienstleistungs-Entstehungsprozeß von der Entwicklungsphase bis zur Serienreife. Dabei dient das „*House of Quality*" (HoQ®) der gut nachvollziehbaren Dokumentation der Denk- und Planungsergebnisse. Die Matrizen in Bild 16 und 17 zeigen die stark vereinfachte Übersicht des ersten „Hauses" der QFD-Phase I.

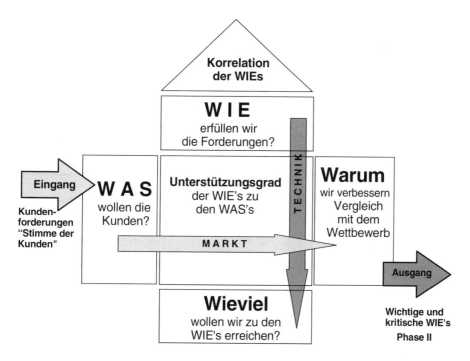

Bild 16: Querschnitt des ersten QFD-Hauses, Phase I

Die Pfeile des Bildes zeigen zum einen die horizontale Hauptachse, die auf den *Markt*, d.h. auf den Kunden ausgerichtet ist und zum anderen die vertikale Achse, die anzeigt, wie das Unternehmen bzw. die *Technik* die Forderungen des Kunden erfüllen will.

Die „Stimme des Kunden" bildet im Feld 1 (Abb. 17) die Eingangsgröße des ersten Hauses.

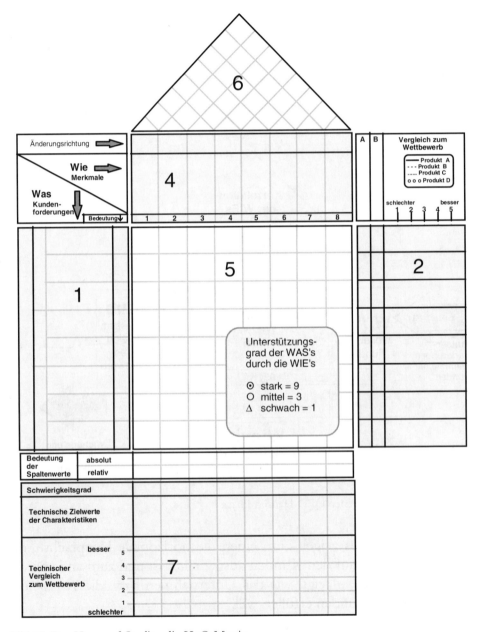

Bild 17: Das House of Quality, die HoQ-Matrix

In der vertikalen Achse ist zu entscheiden:

- *Wie* erfüllen wir diese Kundenforderungen, hierzu sind im Feld 4 die Merkmale festzulegen;
- *wieviel* soll getan werden (Festlegen eines meßbaren Zielwertes zu den Merkmalen im Feld 7).
- *Wie stark* unterstützt jedes Merkmal (Wie) die Kundenanforderung (Was)? Diese Bewertung erfolgt im Feld 5.

Der Unterstützungsgrad der Merkmale zu den Kundenanforderungen kann stark, mittel oder schwach sein. Die Symbole zur Bewertung (siehe Abb. 18) werden in das Matrix-Feld 5 eingetragen. In der Praxis haben sich die nachstehenden Bewertungsstufen bewährt, die durch die Ziffern 9, 3, 1 oder Symbole ausgedrückt werden:

Korrelation	Punkte	Symbol
Stark	9	⊙
Mittel	3	○
Schwach	1	Δ
Keine	0	ohne

Bild 18: Symbole für die Bewertung

Im Dach des Hauses sind die einzelnen Merkmale (Wie's) miteinander zu vergleichen, um die positiven und negativen Korrelationen zu ermitteln. So wird eine systematische Vorgehensweise erreicht, weil das „House of Quality" in fest definierte „Zimmer" eingeteilt ist, die nach den in Kapitel 2.4.1 beschriebenen 10 Schritten zu durchlaufen sind. Damit ist sichergestellt, daß keines der Zimmer vergessen wird. Begonnen wird im Eingang (1) des Hauses mit den Kundeninformationen der Marketing-abteilung (Was will der Kunde?), die dann im zweiten Schritt in die Sprache des Unternehmens umgesetzt werden (Wie lösen wir die Kundenanforderung?).

Die QFD-Matrix bzw. eine Qualitätstabelle wird erstellt, in dem
1. eine strukturierte Tabelle der Kundenforderungen erstellt wird.
2. die Kundenforderungen in Qualitätsmerkmale übersetzt werden.
3. die Matrixfelder mit den Symbolen (Abb. 18) gekennzeichnet werden.

Die in Abbildung 17 vorgestellte Matrix des American Supplierer Institut (ASI) [3] hat sich für die Dokumentation in der Praxis bewährt. Es besteht jedoch kein dogmatischer Zwang zur Anwendung dieser Matrix. Jeder kann sein eigenes QFD-Haus „bauen", die Experimentierfreude sollte nicht gebremst werden. Akao liefert dazu in seinem Buch [2] anschauliche Beispiele von Qualitätstabellen.

Das Vorgehen nach QFD ist letztlich ein konsequentes Frage- und Antwortspiel mit den zwei Grundfragen: *WAS ?* und *WIE ?* Was erwarten die Kunden? Wie erfüllen wir die Kundenforderungen? Die sich daraus ergebenden Zusatzfragen: wieviel?, wann?, wo?, wozu?, was, wenn nicht? und wer mit wem womit? zeigen die Chancen zu einem vernetzten Miteinander auf. Genau dies ist auch das Ziel von TQM. Damit wird der Zweck des QFD-Prozesses, die Umsetzung der Kundenbedürfnisse in abgestimmte Planungsziele, erreicht.

Der QFD-Ablauf in vier Phasen

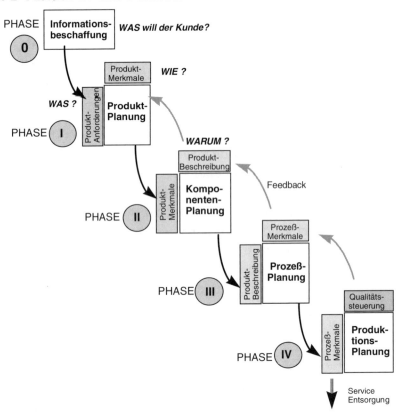

Bild 19: Die vier QFD-Phasen (nach Macabe)

Wenn die Vorbereitungsphase 0, die Phase der Informationsbeschaffung („Was will der Kunde?") abgeschlossen ist, erfolgt der weitere Ablauf in den vier Phasen:

- Phase I   - Produktplanung bzw. Dienstleistungsplanung
- Phase II   - Teile- oder Komponentenplanung
- Phase III   - Prozeßplanung
- Phase IV   - Produktions- und Fertigungsplanung

Diese einzelnen Planungsschritte werden in leicht verständlichen und nachvollziehbaren Darstellungen dokumentiert. Für jede der vier Phasen gibt es spezielle Arbeitsblätter zur Dokumentation, die im Anhang des Buches (Kap. 13) und auf der zum Buch gehörenden Diskette vorliegen.

Die Vorgehensweise zu den QFD-Phasen und die Erfassung der „Stimme des Kunden" wird in den nun folgenden Kapiteln ausführlich beschrieben.

2.2 Übersicht zu den QFD-Phasen 0 - I - II - III - IV

Der QFD-Prozeß wird hier mit den meist gebräuchlichen vier Phasen
(ASI-Modell) , die in Gestalt einer Kaskade ablaufen, beschrieben.

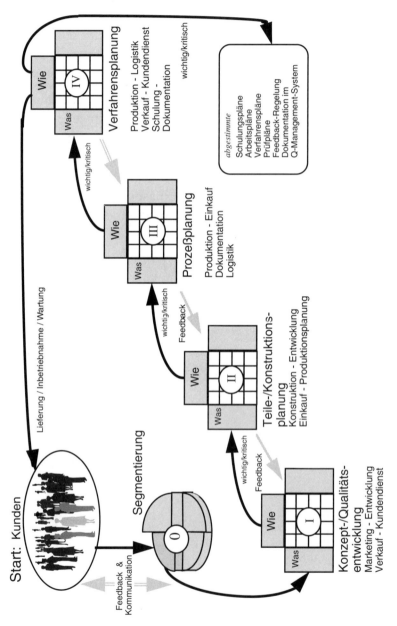

Bild 20: Der QFD-Prozeß und seine Phasen

Die Phasen des QFD-Prozesses in Bild 20:

Phase 0   Kundenphase - Erfassen der Kundenforderungen:
In dieser Phase erfolgt die Segmentierung der Kundenforderungen und Strukturierung der Kundenkommentare (wie unter 2.3 beschrieben). QFD zeigt den Zusammenhang zwischen Eingangs- und Ausgangsgrößen und zwar für die Phasen I, II, III und IV. In jeder der folgenden Phasen wird gefragt: Was wird gefordert? Wie wird die Forderung erfüllt?

Phase I   Konzeptplanungsphase - Produktplanung:
In der Phase I beginnt die Produkt- bzw. Dienstleistungsplanung. Im Eingang dieses ersten „Hauses" sind die Kundenforderungen einzutragen und in die Sprache der Technik, bzw. des Unternehmens zu übersetzen (eine ausführliche Beschreibung hierzu erfolgt unter Phase I - Schritt 1). Zum Schluß sind in Phase I die kritischen und bedeutenden WIE-Kriterien auszuwählen und als „WAS" zur weiteren Bearbeitung in die QFD-Matrix Phase II zu übertragen.

Phase II   Teile - und Komponentenplanungsphase:
Bei einem Produkt-QFD befassen sich die Arbeiten während der Phase II mit den Teile-Merkmalen. Die als kritisch oder als schwierig definierten Teile bedürfen tieferer Untersuchungen mit bewährten Qualitätswerkzeugen (z.B. FMEA).

Phase III   Prozeßplanungsphase:
Zu den Teile-Merkmalen im Eingang von QFD-Haus III sind nun die maßgebenden Prozeßcharakteristiken zu entwickeln. Es wird beschrieben, welche Parameter die Prozesse erfüllen müssen, um die erforderliche Qualität der Teile, Komponenten und letztlich des Produktes zu erreichen.

Phase IV   Produktions-, Verfahrensplanungsphase:
Phase IV dient der detaillierten Beschreibung der Verfahren bis hin zu den Arbeitsanweisungen. Es werden die Schulungsmaßnahmen für den Außendienst festgelegt und Dokumentationen erstellt, sofern dies nicht bereits in Phase III erfolgte.

Nach Abschluß der Phase IV sollte ein Feedback (Phase V) erfolgen.

QFD beginnt in der Phase 0 mit einer sorgfältigen Erfassung aller Kundenwünsche, zu denen in der Phase I die erforderlichen Produkt- bzw. Dienstleistungseigenschaften zu bestimmen sind, die eine Erfüllung der Kundenforderungen sicherstellen müssen. Alle Arbeitsergebnisse werden dann in die HoQ-Matrix (vgl. Abb. 17) übertragen.

Die Fragen nach dem „Was ist gefordert?" finden wir jeweils im Eingang der Häuser in der linken Spalte, *die Antworten* zu der Frage „Wie erfüllen wir die Forderungen?" trägt die Arbeitsgruppe in die Spalten für die *design characteristics* oder *Qualitäts- bzw. Produktmerkmale* ein.

Das wichtigste Ergebnis aus dem ersten Haus wird in den Eingang des II. Hauses übernommen, und stellt hier das Was dar, zu dem wiederum die entsprechenden Wie-Kriterien gesucht werden.

In Bild 20 wird die kaskadierte Folge der QFD-Phasen und die Teamzusammensetzung in den einzelnen Phasen gezeigt. Die Teams sollten aus ca. 5-8 Teilnehmern bestehen. Sie können, wenn erforderlich, in den einzelnen Phasen durch Fachspezialisten ergänzt werden. Ein Teilnehmer oder eine Teilnehmergruppe aus der jeweils nächsten Phase ist vertreten, um die Erkenntnisse und das Wissen weiterzutragen. Hierdurch ist sichergestellt, daß die Verantwortlichen der nächsten Phase die Entscheidung der Vorphase nicht nur verstehen, sondern auch durch ihren Rat und Fachwissen beeinflussen können.

In den folgenden Kapiteln (2.4 und 3) werden die einzelnen QFD-Phasen und Schritte ausführlich erläutert. Die Eingangsgröße für das erste QFD-Haus wird in der „Phase 0" (Kap. 2.3) festgelegt, dies ist die Vorarbeit für den „Bau" des „House of Quality". Die Informationsbeschaffung ist die wichtigste Voraussetzung für den QFD-Planungsprozeß.

2.3   Phase 0: Informationsbeschaffung

Die Ermittlung der Kundenanforderungen ist die Grundvoraussetzung für QFD. Insbesondere die Kundenkommentare, d.h. „die Stimmen der Kunden" müssen für QFD-Projekte erfaßt werden. Kunden haben ganz unterschiedliche Anforderungen an Produkte und Dienstleistungen, die im folgenden Kapitel an unterschiedlichen Modellen untersucht werden sollen.

2.3.1   Wie erfaßt man die „Stimme des Kunden"?

Das Sphärenmodell und das Kano-Modell
Die Anwendung des Kano-Modells

Jetzt beginnt die wichtigste Arbeit im QFD-Vorfeld, die Informationsbeschaffung. Dieser Teil wird im folgenden sehr umfassend beschrieben, weil es gerade auf diesem Gebiet in den meisten Unternehmen große Defizite gibt.
Beim Start eines QFD-Projektes (Phase I) sollten diese Informationen möglichst vorliegen, damit der Prozeßablauf selbst zügig erfolgen kann. QFD ist auf die „Stimmen der Kunden" angewiesen. Die Erfassung der Kundenwünsche und die Transformation in geeignete Spezifikationen entscheiden über den Erfolg (oder Mißerfolg) eines QFD-Projektes. Bei der Kundenbefragung und insbesondere bei der Erfassung der Kommentare der Kunden ist daher wichtig, daß

- der bewußte Bedarf für Leistungsverbesserungen herausgefunden wird;
- der unbewußte Bedarf für zukünftige Leistungen entdeckt wird;
- die Prioritäten der Bedürfnisse ermittelt werden.

Wenn es gelingt, die Bedürfnisse zu identifizieren die den Kunden zukünftig begeistern, werden die Kunden zufrieden sein.
Zur Identifizierung dieser Bedürfnisse und der „begeisternden Faktoren" und gibt es unterschiedliche Modelle, zwei dieser Modelle werden in den folgenden Kapiteln vorgestellt: Das *Sphären-Modell* und das *Kano-Modell.*

Heute gehen Kundenanforderungen an die Qualität der Produkte und Dienstleistungen weit über das hinaus, was die deutsche Norm in der DIN 55 350 beschreibt. Die Norm spricht im Zusammenhang mit dem Begriff Qualität von den „festgelegten und vorausgesetzten Erfordernissen".

> Qualität ist die Beschaffenheit einer Einheit bezüglich ihrer Eignung, festgelegte und vorausgesetzte Erfordernisse zu erfüllen.

Bild 21: Qualitätsdefinition nach DIN 55350, 1987

Die volle Erfüllung „festgelegter und vorausgesetzter Erfordernisse" ist eine selbstverständliche Voraussetzung für die Bezahlung der Rechnung durch den Kunden. Wer aber nur diese Erfordernisse erfüllt, darf noch nicht davon ausgehen, daß die Kunden auch zufrieden sind.
Behörden und Monopolgesellschaften orientieren ihren Leistungsgrad noch an diesen Kriterien. Kunden hingegen erwarten heute mehr. Leistungsorientierte Lieferanten, die von ihren Kunden leben, haben dieses Mehr zu entwickeln, zu produzieren und zu liefern.

Was unterscheidet das „Mehr" von den oben zitierten „Erfordernissen" ? Dies wird in den nächsten Abschnitten an zwei Modellen näher untersucht.

2.3.1.1 Das Sphärenmodell

Das Sphärenmodell ordnet die „Erfordernisse" der Norm DIN 55350 dem *Kernleistungsfeld*, d.h. den Standardeigenschaften einer Leistung zu. Die Kernleistung umfaßt in diesem Modell sowohl die unbewußt vorausgesetzten als auch die ausdrücklich spezifizierten Produkteigenschaften und deren Funktiontüchtigkeit.

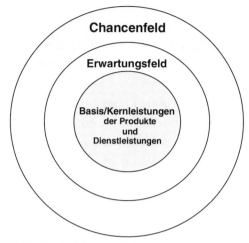

Bild 22: Das Sphärenmodell

Kunden setzen die Erfüllung der Kernleistungen als selbstverständlich voraus. Sie erwarten z.B. im Restaurant genau die Beilagen auf dem servierten Teller, die in der Speisekarte zu dem bestellten Gericht angegeben sind. Bei der Lieferung des neuen Autos erwarten sie den Motor mit der bestellten Leistung.

Nach dem Erfüllungsgrad der Kernleistungen brauchen Kunden nicht gefragt zu werden. Eine ganz andere Frage ist, welche *Erwartungen* der Kunde mit dem Essen oder mit dem Auto verknüpft, die nicht in der Speisekarte spezifiziert oder im Datenblatt des Autos ausgedruckt sind, die ihm aber durchaus bewußt sind.

Wie serviert der Kellner das Essen? Knallt er den Teller lieblos auf den Tisch, oder serviert er mit einer freundlichen Geste? Sind die Speisen richtig temperiert? Ist das Tischtuch sauber oder fleckig?

Wonach beurteilt der Käufer den Motor seines neuen Wagens? Am Geräusch? Welche Kunden bevorzugen ganz bestimmte Motorgeräusche?

Derartige Fragestellungen ordnen wir dem *Erwartungsfeld* zu und müssen durch Befragung herausfinden, wie die Bedürfnisse der Kunden gelagert sind, um Verbesserungen gezielt planen zu können sowie Trends in der Veränderung der Erwartungen frühzeitig zu erkennen.

Das Erwartungsfeld des Kunden bezieht sich sowohl auf den Nutzen eines Produktes als auch auf den reibungslosen und angenehmen Prozeßablauf zwischen Kunde und Lieferant. Ein wichtiger Aspekt ist

das gesamte Leistungsumfeld des Lieferanten und auch der Prozeß der Leistungserbringung. Wie empfindet der Kunde die „Schnittstellen" zu dem Lieferanten? Ist dieser z.B. telefonisch leicht erreichbar?
Findet der Kunde unkompliziert seinen Weg durch die Geschäftsräume zu den gesuchten Waren?
Beantworten die Prospekte oder Datenblätter fundiert die Fragen der Interessenten? Sind unsere Bedienungsanleitungen eine nützliche Hilfe für den Kunden? Kurzum, machen wir es dem Kunden leicht, mit uns Geschäfte zu tätigen?
Das Erwartungsfeld umfaßt den gesamten Zeitraum der Nutzungsphase eines Produktes: Schließen die Autotüren auch nach vier Jahren noch leicht und leise, sind sie noch dicht?
Wird die Spülmaschine auch nach zehn Jahren noch qualifiziert und schnell repariert?

Die dritte Sphäre, das *Chancenfeld* ist das Potential für die Zukunft. Die heute besten Firmen in ihrer Branche nutzen die Erkenntnisse aus diesem Feld zur Entwicklung innovativer Leistungen. Die Kunden erwarten derartige Leistungen heute (noch) nicht, sind aber begeistert, wenn das Produkt einen innovativen Anteil enthält, der im Moment der Lieferung als nützliches Extra oder als komfortabel vom Kunden wahrgenommen wird. Die Kunden erleben die Realisierung eines bis dahin unbewußten Wunsches.

Für QFD benötigen wir von unseren Kunden qualifizierte Anforderungskriterien, deren Rangfolge der Kunde selbst bestimmt. Die Bereitschaft der Kunden, uns ihre Wünsche mitzuteilen, steigt proportional mit dem Interesse der Kunden an uns als Lieferanten.
Wer sich heute bereits einer hohen Kundenbindung erfreuen kann, die meist mit einem hohen Image und einer als gut empfundenen Kommunikation einhergeht, wird einen aufgeschlossenen Kundenkreis vorfinden, der gerne die benötigten Informationen bereitstellt. Ist die Kundenbindung eher schwach ausgeprägt, mit z.B. 30% jährlichem Kundenverlust, so ist zu erwarten, daß sich die „Stimmen der Kunden" mehr mit den Basisfaktoren (Kernleistungen) als mit den innovativen Aspekten befassen werden.

2.3.1.2 Das Kano-Modell

Das Kano-Modell (vgl. Abb. 23), benannt nach dem japanischen Professor und Unternehmensberater Noriaki Kano, unterscheidet ebenfalls drei Zufriedenheitsfaktoren für Produkte und Dienstleistungen, deren Erfüllungsgrad unterschiedliche Auswirkungen auf die Zufriedenheit der Kunden hat. Diese Faktoren sind:

- Die Basisfaktoren;
- die Leistungsfaktoren;
- die begeisternden Faktoren.

Der Unterschied des Kano- zum Sphärenmodell wird in der folgenden Tabelle aufgezeigt.

Kano-Modell:		Sphärenmodell:
Basisfaktoren	entsprechen	*Kernleistungen*
Leistungsfaktoren	entsprechen	*Erwartungsfeld und Kernleistungen*
Begeisternde Faktoren	entsprechen	*Chancenfeld*

Hier sind die Kernleistungen des Sphärenmodells differenziert nach Basisfaktoren und spezifizierten Leistungsfaktoren über dem Grad ihrer Erfüllung und dem Grad des daraus resultierenden Zufriedenheitsniveaus aufgetragen. Der wichtigste zusätzliche Faktor im Kano-Modell ist die *Zeit*, die unaufhaltsam die heutigen begeisternden Faktoren in den Bereich der Leistungsfaktoren und schließlich in das Feld der Basisfaktoren drängt. Der Zeitfaktor stellt hohe Anforderungen an die Anpassungsfähigkeit und die Kreativität eines Unternehmens.

Die drei Zufriedenheitsfaktoren im Kano-Modell und deren Erfüllungsgrad haben eine völlig unterschiedliche Auswirkung auf die Kundenzufriedenheit, was in der bildlichen Darstellung der drei Kanofaktoren erläutert wird (vgl. Abb. 23 und 24).

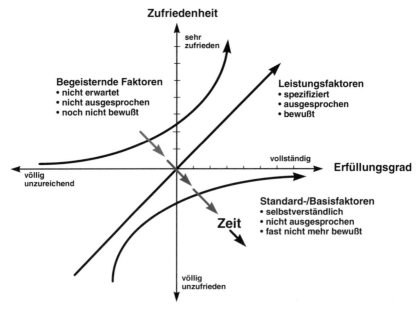

Bild 23: Kano-Modell

Basisfaktoren sind die Standardfaktoren, die der Kunde als ganz selbstver-ständlich voraussetzt und die er erwartet, über die er gar nicht mehr spricht, die für ihn aber existentiell wichtig sind. Ihr Fehlen würde ihn allerdings sehr verärgern.

Betrachtet man die Basisfaktoren am Beispiel des Personenkraftwagens, so würden wir das Lenkrad, die vier Räder, den Motor, also alles was zur Fahrbereitschaft des PKW gehört, unter den Basisanforderungen ein-ordnen. Die Basisanforderungen erzeugen auch bei einem vollen Erfüllungsgrad keine Steigerung der Kundenzufriedenheit, weil sie als ganz selbstverständlich erwartet werden.

Leistungsfaktoren sind die vom Kunden ausgesprochenen Erwartungen (Spezifikationen) und Forderungen zur „Sonderausstattung" an das Produkt oder die Dienstleistung, wie zum Beispiel die Klimaanlage im PKW oder besondere Radkappenverkleidungen. Leistungsanforderungen werden von Kunden nachgefragt, sie sind damit auch leicht erfaßbar. Leistungsanforderungen beeinflussen nach dem Grad ihrer Erfüllung die Kundenzufriedenheit, und umgekehrt wächst die Unzufriedenheit bei Nichterfüllung. Wenn aber die bestellten Zusatzteile so aussehen und so funktionieren wie es sich der Kunde vorstellt, ist er mit der Lieferung zufrieden.

Begeisterungsfaktoren sind die, die der Kunde als nützliche und angenehme Überraschung empfindet, die er aber noch nicht erwartete. Der Wunsch nach zur Begeisterung führenden „Überraschungen" schlummert vermutlich latent in allen Kunden, aber die Kunden sind (noch) nicht in der Lage, diese Wünsche verbal auszudrücken. Begeisternde Faktoren sind neue, bisher noch nicht vorhandene Eigenschaften, die sich wert- oder prestigeerhöhend auswirken. Diese Merkmale tragen in ganz erheblichem Maß zur Kundenzufriedenheit bei.

Am Beispiel Automobil können die begeisternden Faktoren Ausstattungsmerkmale sein, die heute noch nicht per Katalog angeboten werden. Vielleicht sind es phototrope Scheiben, die sich bei blendendem Tageslicht automatisch abdunkeln, oder auch nur eine brauchbare Kartenablage oder ein technisches Merkmal, das der Wettbewerber zu diesem Zeitpunkt noch nicht anbieten kann. Begeisternde Faktoren sind keine Spielereien, sie müssen dem Kunden einen wirklichen Nutzen bieten, hierzu zählt auch ein Prestigegewinn.

So gehörten zu den begeisternden Faktoren im Automobilbau vor einigen Jahren ABS-Systeme oder Airbag. Diese sind inzwischen auf der Kano-Zeitachse in den Bereich der Leistungs- bzw. Basisanforderungen gerutscht.

Kano wählte als Beispiel die Dienstleistung einer Fluggesellschaft. Als typische *Basisanforderung* kann hier die Sicherheit beim Fliegen angesehen werden. Kein Kunde fragt nach der Wartung und Instandhaltung des Flugzeuges, dies ist eine unausgesprochene Erwartung. Wäre diese Basisanforderung allerdings nicht erfüllt, so würde das vom Kunden bemerkt, die Folge ist ein Imageverlust der Fluggesellschaft oder ein Wechsel zu einem anderen Unternehmen. Ist eine Fluggesellschaft hingegen besonders pünktlich und schnell in der Abfertigung, dann sind die *Leistungsanforderungen* erfüllt. Je reibungsloser diese Abläufe sind, um so zufriedener ist der Passagier. Kommt es während des Fluges zu außergewöhnlichen Serviceleistungen, seien es besondere Speisen, bequeme Sitzmöglichkeit oder audiovisuelle Technik an Bord, so sind diese den *Begeisterungsfaktoren* zuzurechnen. Diese unausgesprochenen, unbewußten Wünsche (unspoken requirements) sind schwer zu ermitteln. Der Kunde kennt sie selbst nicht, weil sie bei der Konkurrenz noch nicht zu finden sind.

Die asiatische Fluggesellschaft Cathay Pacific wirbt mit dem Lächeln ihres Personals. Die Passagiere sind angenehm überrascht, wenn ihnen beim Einchecken nicht nur ein Lächeln entgegengebracht wird sondern die lächelnde Dame den Gast mit seinem Namen anredet. Hier wird der Kunde ernst genommen.

Wer an die Spitze der Lieferanten gelangen oder bleiben möchte, muß seine Produkte und Dienstleistungen mit Begeisterungsfaktoren ausstatten und immer wieder nach den Faktoren suchen, die Kunden auch in Zukunft begeistern. Kano stellte fest, daß derjenige, der seinen Kunden heute nicht die besonderen Extras liefert, morgen einer unter vielen sein wird.

Die Praxis zeigt aber, daß Kunden auf Fragen nach zukünftig wichtigen, innovativen Leistungen nur selten eine verwertbare Antwort finden. Die Ursache hierfür mag darin liegen, daß nur ein kleiner Prozentsatz (ca. 3%) der Menschen wirklich kreativ begabt ist und ein nur wenig höherer Prozentsatz über die Einengungen im Umgang mit heutigen Produkten nachdenkt. Nur wenige Menschen registrieren bewußt die vielen kleinen Schwierigkeiten im Umgang mit einem Gerät, um daraus Ideen abzuleiten, die sie mit Forderungen gegenüber dem Lieferanten artikulieren können. Daraus läßt sich schließen, daß der Lieferant gefordert ist, ständig nach den begeisternden Faktoren zu suchen, um im Augenblick des bewußtwerdenden Bedarfs, dem Kunden die gewünschte Leistung bieten zu können.

Der Lieferant sollte seine Kunden gelegentlich vor Ort bei der Handhabung seiner Produkte/Dienstleistungen beobachten, um Verbesserungsmöglichkeiten frühzeitig aufzuspüren. Nur wer dem Kunden regelmäßig über die Schulter schaut, kann erkennen, worüber er sich ärgert, womit er sich behilft, was ihn begeistert und wovon er träumt.

In dem Praxisbeispiel „Heckenschere" der Firma Metabo (Kapitel 9.4) wird beschrieben, welche Manipulationen Kunden vornehmen, um eine Sicherheitsvorschrift zu umgehen. Durch die Fixierung eines Sicherheitsschalters wurde der Zwang zur Zweihandbedienung der Heckenschere außer Kraft gesetzt. Durch die Vorort-Beobachtungen der Metabo-Mitarbeiter bei deren Kunden wurde das Problem erkannt und technisch so gelöst, das die Kunden von der innovativen Lösung begeistert sind (siehe Bild 151).

Auslöser für Begeisterung sind aber nicht nur die materiellen Leistungen, sondern auch die immateriellen Faktoren (z.B. unkomplizierte Geschäftsabwicklungen) leisten einen erheblichen Beitrag zur Zufriedenheit des Kunden.

Die *Zeitachse* des Kano-Modells zwingt immer wieder zu schnellem Handeln und innovativen Verbesserungen, denn alle begeisternden Faktoren finden wir nach einer kurzen Zeit unter den Leistungsanforderungen und später unter den Basisanforderungen wieder. QFD ist dabei ein nützlicher Leitfaden, denn durch die Dokumentation der Entwicklungsschritte kann auf dem Erst-Modell aufgebaut werden. Bei Produktverbesserungen liegen bereits Daten vor, und es ist nachvollziehbar, warum man sich zum damaligen Zeitpunkt der Entwicklung für diese Lösung so entschieden hat. Der gesamte Entwicklungsprozeß wird dadurch erheblich beschleunigt.

Gerade beim Automobil erlebten wir in den letzten Jahren viele rasante Entwicklungen. Die ersten Wirtschaftswunder-Käfer von VW hatten noch herausklappbare Winker zur Richtungsanzeige und eine vorsintflutliche Scheibenwaschanlage mit Fußpumpe. Die heutigen Limousinen können hingegen mit sensorgesteuerten Scheibenwischern und automatisch rückschaltbaren Blinkern gekauft werden.
Daraus wird erkennbar, wie wichtig der Zeitfaktor bei den Entwicklungsprozessen ist. Die Komplexität aller zu untersuchenden Einflußfaktoren erfordert die Arbeit in ressortübergreifenden Teams mit Mitarbeitern aus Marketing, Vertrieb, Konstruktion, Produktion, Einkauf und Qualitätswesen. QFD ist eine in idealer Weise geeignete Methode, all diese Aktivitäten zu kanalisieren, um simultan zu entwickeln, und um den Time to market-Prozeß erheblich zu beschleunigen.

Die Anwendung des Kano-Modells

Bild 24 zeigt die Anwendung des Kano-Modells und die Bedeutung der einzelnen Faktoren im QFD-Prozeß. Die Erfassung der begeisternden Faktoren ist besonders schwierig, aber wichtig bei der Informationsbeschaffung, um Kunden das „Mehr" gegenüber der Konkurrenz zu bieten. Nur die vollständige Kenntnis aller Faktoren kann den Marktanteil des Unternehmens zeitlich begrenzt halten bzw. erhöhen. Nur wer die *Begeisterungsfaktoren* frühzeitig erkennt und sein Produkt bzw. Dienstleistung zum richtigen Zeitpunkt liefert, kann Marktführer werden.

Am Beispiel Briefpost und Leuchtröhre sind die drei Kano-Faktoren aufgezeigt. Daß der in den Briefkasten geworfene oder am Schalter abgegebene Brief überhaupt ankommt, ist eine Basisanforderung. Eine Auslieferung des Briefes am nächsten Tag innerhalb Deutschlands ist eine Leistungsanforderung (Postbezeichnung „E+1"), die aber heute nur zu 80% erreicht wird. Begeistern würde den Postkunden, wenn der Brief vom Boten mitgenommen und frankiert würde, wie dies in den USA möglich ist.

Die Leistungsanforderung an die Leuchtröhre ist ein Sortiment mit fünf Spektren. Begeistert wären Kunden bei einer einstellbaren Lichtfarbe und dimmbarer Helligkeit.

Faktor:	Begeisterung	Leistung	Basis
Erfassung	Sehr schwierig Aufwendig Einfühlen Beobachten	Einfach	Schwierig Nachfragen Ältere Produkt- spezifikationen
Strukturierung	Wichtig	Wichtig	Wichtig
Umsetzung	Oft mentales Problem beim Hersteller	Frage der Kunden- orientierung beim Hersteller	Frage des Quali- tätsbewußtseins beim Hersteller
Bedeutung im QFD- Prozeß	Maximale Bedeutung, wenn Leistung/Basis sehr gut erfüllt	Fundamental	Fundamental
Bedeutung für den Lieferanten	Sehr hoch, wenn Nutzen erkannt wird	Fundamental	Fundamental
Beispiel Dienstleistung: **Briefpost**	Briefpost wird zum Versand vom Boten mitgenommen und auf Wunsch frankiert	Briefauslieferung nächster Tag bis 12 Uhr bei Abgabe bis 15 h am Vortag	Brief kommt unbeschädigt an
Beispiel Produkt: **Leuchtröhre**	Lichtfarbe einstellbar Helligkeit dimmbar	Sortiment mit 5 Spektren	Röhre entspricht der Spezifikation

Bild 24: Anwendung Kano-Modell, Beispiel Briefpost und Leuchtröhre

Das Erfassen der *Leistungsanforderungen* bereitet in der Regel keine Schwierigkeiten. Dagegen lassen sich die begeisternden Faktoren nur schwer aufspüren, weil sie dem Kunden selbst noch nicht bewußt sind. So läßt sich der Wunsch nach einer Klimaanlage im Auto leicht ermitteln. Aber das „Marktfenster" im richtigen Moment zu treffen, das heißt mit dem richtigen Produkt am richtigen Ort genau zur richtigen Zeit zu sein, erfordert eine besonderes Gespür und eingehende Analysen. Eine zu früh eingeführte Innovation kann sich daher als Flop erweisen, wenn die Akzeptanz vom Markt her noch nicht vorhanden ist. Das erlebte beispielsweise die Post vor einigen Jahren bei der Einführung von Btx. Erst heute, nachdem das gesamte Umfeld verbessert wurde, wird Btx von weiten Kreisen genutzt, obwohl der allgemeine Trend inzwischen auf das Internet abzielt.

Das Erkennen der *begeisternden Faktoren* ist von sehr hoher Bedeutung, weil die Kunden durch die Erfüllung dieser Faktoren zu Fans werden. Durch Kundenbegeisterung (customer delight) erreicht man eine hohe Kundenbindung, einen hohen Marktanteil und damit letztlich auch einen hohen Gewinn. Dieser Erfolg ist so lange gewährleistet, bis die Konkurrenz nachzieht. Wenn Gleichstand mit der Konkurrenz erreicht ist, sollten bereits neue Begeisterungsfaktoren (Innovationen) erkannt und bis zur Marktreife entwickelt sein.

2.3.1.3 Wie findet man die „begeisternden Faktoren" bei der Informationsbeschaffung?

Wer die eigenen Produkte und Dienstleistungen (z.B. die Hotline oder Reparaturannahme) selbst benutzt, sollte sich fragen:
Bin ich mit der durch mein Unternehmen erbrachten Leistung zufrieden? Was müßte verbessert werden?
Informationen erhält ein Unternehmen auch dann, wenn es seine Kunden bei der Anwendung der Produkte und Dienstleistungen beobachtet, um zu erkennen:

- Welche Schwierigkeiten belasten den Kunden?
- Welche Fehler entstehen beim Kunden bei der Benutzung der gelieferten Produkte oder Dienstleistungen?
- Wie behilft sich der Anwender zur Vermeidung dieser Fehler?

Damit sind die Möglichkeiten der Suche nach den begeisternden Faktoren aber nicht erschöpft. Weiterhin können die Anwender von Konkurrenzprodukten beobachtet und Reparaturberichte sowie Kundendienststatistiken und Berichte des Beschwerdemanagements, soweit sie für QFD verwertbar sind, analysiert werden.

Die Firma Schiebel (Stellantriebe) bezeichnet die Informationen ihrer weltweit reisenden Monteure als unschätzbares Potential und verarbeitet diese Informationen.

Weitere Beispiele für die Suche nach Informationen und *begeisternden Faktoren*:

- Durch welche konstruktive Maßnahme hätten die fünf häufigsten Schäden vermieden werden können?
- Durch Anrufe im eigenen Haus als getarnter Kunde nach Informationen fragen: Wie oft wurden Sie weiterverbunden, abgewimmelt oder unzureichend informiert?

Schauen Sie sich in befreundeten Firmen anderer Branchen um; was macht diese erfolgreich? Was macht den Besten der Branche zum Besten (Benchmarking, Kapitel 2.3.4.7)?

Die Wahl der Maßnahmen zur Informationsbeschaffung kann organisationsabhängig sein. Alle Möglichkeiten dieses hochsensiblen Prozesses sollten genutzt werden.

Werden auf der Suche nach Begeisterungsfaktoren Projekte im Unternehmen initiiert, so sollten die Vorgesetzten jeden Abend mit den Mitarbeitern die Beobachtungen aus den eingeleiteten Projektmaßnahmen besprechen. Durch Notizen (z.B. jede einzelne Notiz als Zettel auf einer Pinwand) werden Hinweise dokumentiert und visualisiert. Die Mitarbeiter sind zu ermuntern, ergänzende Themen „anzupinnen". Im Team können die Vorschläge bewertet und die Prioritäten der Themen festgelegt werden.

Die Mitarbeiter der Projektteams sollten dem Geschäftsführer oder Werksleiter das Ergebnis der Arbeit der jeweils letzten Projektphase im nächsten Managementmeeting vorstellen. In diesem Meeting sollte dann auch festgelegt werden, welche der wichtigsten Themen von wem und mit wem (Projektteam) nach welchen Zielkriterien bearbeitet werden.

Zum wichtigsten Thema wird stets der Punkt, der den größten Beitrag zur Steigerung der *Kundenzufriedenheit* leisten kann. Alle von dem Projekt betroffenen Mitarbeiter sind persönlich zu informieren. Mit dem Projektteam sind die Review-Termine festzulegen, an denen die Vorgesetzten persönlich teilnehmen sollten. Die Reaktion der Kunden in Bezug auf die Neuerungen muß gemessen werden.

Der Erfolg eines Projektes ist mit den Mitarbeitern zu feiern und eine Einladung an die wichtigsten Kunden sollte nicht vergessen werden!

2.3.2 Methoden der Informationsbeschaffung

Vor jeder Kundenbefragung müssen folgende Überlegungen angestellt werden:

Wer sind die Kunden?
Welche Zielgruppe soll erreicht werden?
Wieviel Kunden sollen befragt werden?
Wie und wo erhalte ich Informationen?
Welche vorhandenen Daten können genutzt werden?

2.3.2.1 Wer sind die Kunden?

Wer ist der Kunde und welche Erwartungen hat er an das Produkt und die Dienstleistung? Dies ist die wichtigste Frage bei der Informationsbeschaffung, die aber laut einer Untersuchung der WHU - Wissenschaftlichen Hochschule für Unternehmensführung in Vallendar circa 60% der Lieferanten heute nicht beantworten können. Die WHU [14] führte im Auftrag der VDI-Nachrichten im September 1995 eine Befragung bei 1000 Unternehmern und Managern aller Branchen durch. Weniger als 30% aller Firmen gaben an, regelmäßig die Zufriedenheit ihrer Kunden mit der angebotenen Leistung zu messen.

Die Antwort auf die Frage nach den Kunden und deren Gruppierung nach Branchen oder sozialen Bedürfnissen führt im zweiten Schritt nach der Segmentierung zu den Wünschen der einzelnen Gruppen. So ergeben sich ganz unterschiedliche Kundenwünsche. Den Computerhändler interessieren z.B. neben günstigen Konditionen eine einfache Handhabung bei der Lagerung der Produkte. Eine stabile und stapelbare Verpackung ist für ihn von Bedeutung, während dies den Endanwender weniger interessiert. Dieser bevorzugt beim Kauf des Computers eine einfache Bedienungsanweisung für die Installation am individuellen Arbeitsplatz.

Kunden erwarten die Erfüllung oder Übererfüllung ihrer Wünsche (siehe Kano). Die Qualität der Kundenorientierung ergibt sich durch das Maß an Kundenzufriedenheit, das wir erreichen, daher müssen am Anfang jeder Neuentwicklung immer die sieben Fragen stehen:

Die sieben Fragen

1. **Wer sind unsere Kunden ?**

2. **Was erwarten unsere Kunden von uns ?**

3. **Woran messen uns unsere Kunden ?**

4. **Erfüllen wir die Erwartungen ?**

5. **Was ist unser Produkt/Dienstleistung, mit der wir die Erwartungen erfüllen ?**

6. **Mit welchen Prozessen erfüllen wir die Erwartungen ?**

7. **Welche korrigierenden Maßnahmen sind notwendig, um Verbesserungen zu erreichen ?**

 Verbesserungen ohne Prozessveränderung sind nicht langfristig !

Erfolg durch ständige Verbesserung im Team

Jeden Tag einen Schritt besser

Bild 25: Die sieben Fragen auf dem Weg zur besseren Leistung

An zwei Beispielen, dem Fernseher und dem Computer, wird die Differenzierung des Kundenprofils in der Abbildung 26 erläutert: Der Fernsehproduzent, der ausschließlich den europäischen Markt bedienen möchte, und der Computerhersteller, der weltweit tätig sein will.

Auch die Vertriebswege sind in diesem Beispiel festgelegt sowie die Anwender- und Endverbraucherprofile definiert.

Ist der Kunde Endverbraucher, so sind auch die soziodemographischen Daten wie Einkommen, Alter, Geschlecht (siehe Spalte 5 in Bild 26) von Bedeutung für sein Kaufverhalten.

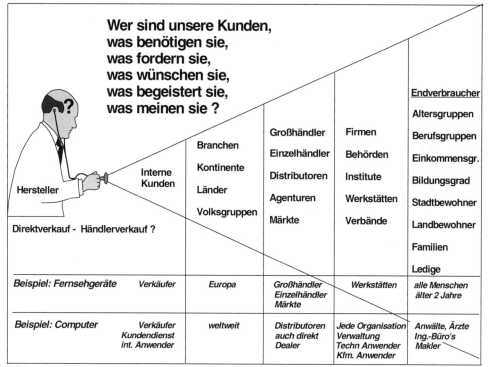

Bild 26: Welche Kunden sind gemeint ?

Die Kundendifferenzierung sei noch anhand zweier weiterer Beispiele vorgeführt (Bild 27). Ein Hersteller medizinischer Geräte, der vorwiegend Krankenhäuser beliefert, muß wissen, wer der Benutzer seines Gerätes im Krankenhaus ist und welchen Nutzen die jeweilige Gruppe erreichen will.

Die Kunden im Krankenhaus haben völlig unterschiedliche Anforderungen an das medizinische Gerät. Der Patient, der alles erdulden und erleiden muß, hat andere Erwartungen als der Pfleger, der dieses Gerät benutzt. Den Pfleger interessiert eine einfache Handhabung, die Ergonomie hat für ihn hohe Priorität. Der Arzt möchte sich unter Umständen mit dem neuen Gerät ein Prestigebedürfnis erfüllen und der Verwalter will möglichst hohe Beträge bei den Krankenkassen abrechnen können.

Das Beispiel Druckmaschine (vgl. Abb. 27) zeigt ebenfalls die unterschiedlichen Kundengruppierungen. Der Druckereibesitzer und sein Einkäufer erwarten einen günstigen Preis und eine lange Lebensdauer. Der Verlag ist an einer hohen Druckqualität interessiert. Der Leser einer

Zeitung interessiert sich hingegen weniger für die technische Ausstattung der Druckmaschine. Sein Wunsch ist es, beim Lesen der Zeitung keine schwarzen Finger zu bekommen.

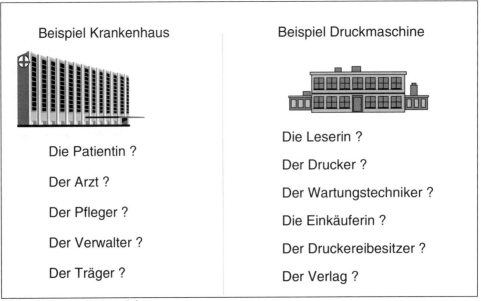

Bild 27: Wer ist der Kunde?

2.3.2.2 Welche Zielgruppe will ich erreichen?
Segmentierung/Situationsfeld-, bzw. Portfolioanalyse

Das Portfolio- bzw. Situationsfeld-Diagramm dient dazu, aus einer unübersichtlichen Fülle von Informationen die Darstellung einer großen Anzahl numerischer Daten, die als Zahlentabellen vorliegen, überschaubar zu machen und verdeckte Strukturen aufzudecken. Dabei werden die Informationen weiterverarbeitet, die zuvor in Tabellen erfaßt wurden. Anstatt beispielsweise in einer Matrix von der Größe 30x30 insgesamt neunhundert Zahlen zu betrachten, wird diese Datenmenge mittels der Portfolioanalyse (wird auch Matrixdatenanalyse genannt) auf wenige aussagekräftige Gruppen reduziert. Mit Hilfe des Portfoliodiagramms können diese Datengruppen dann als leicht erfaßbare Information visualisiert werden (Bild 29). Die Darstellung macht eine große Zahl numerischer Daten überschaubar und erlaubt einen qualitativen Vergleich von Merkmalen.

Das Portfoliodiagramm wird beispielsweise im Marketing zur vergleichenden Darstellung von Ist-Analysen und auch zur Gegenüberstellung von Ist- und Sollzuständen sowie in der strategischen Planung eingesetzt. Als Privatmenschen benutzen wir das zweidimensionale Portfoliodiagramm zumeist gedanklich in fast jeder Entscheidungssituation, sei es bei der Auswahl eines Hotels oder des nächsten Urlaubsortes.

Entscheidungsobjekt	Dimension 1	Dimension 2
Hotel	Lage (ruhig - laut)	Preis (niedrig - hoch)
Urlaub	Trubel - Einsamkeit	Wildnis - Komfort

Das Portfolio-Diagramm stellt Situationen und/oder Ziele zweidimensional dar und erleichtert das Verständnis der Zusammenhänge. An den folgenden zwei Beispielen soll das Situationsfeld- bzw. Portfolio-Diagramm vorgestellt werden:
1. Bei der Identifizierung der Kunden auf dem Kühlschrankmarkt;
2. im Dienstleistungsbereich (Reisebüro).

Der Hersteller von Kühlschränken beispielsweise, der von einer 98%igen Marktsättigung ausgehen muß, sollte seine Marktchancen und Verkaufsaussichten sehr genau testen und analysieren. Dazu wird im Situationsfeld (Bild 28) auf der x-Achse das Einkommen und auf der y-Achse die Personenzahl der in Frage kommenden Haushalte aufgetragen, um dann entschieden zu können:
Wer ist die *Zielgruppe* meines neuen Kühlschranks? Ist es der Einpersonenhaushalt mit hohem Einkommen? Z.B.
- der Typ „Yuppie"- gutverdienende Einzelperson (im Feld F1)?
- die Rentnerin mit kleinem Einkommen (Feld A1)?
- die Großfamilie mit hohem Einkommen (Feld F6)?

Der zahlungskräftige Yuppie möchte vielleicht ein ausgefallenes Design, während die Rentnerin mit kleinem Einkommen und kleiner Wohnung ein preiswertes, selbstreinigendes und platzsparendes Modell bevorzugen könnte. In der Großfamilie wird der Kühlschrank intensiver genutzt, so daß von einem schnelleren Verschleiß ausgegangen werden kann.
Nun beginnt die Analyse und Recherche der Marketingexperten um die Zielgruppe für das neue Kühlschrankmodell zu ermitteln.

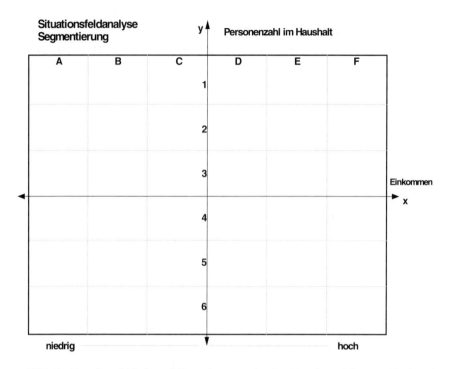

Bild 28: Situationsfeld-/Portfolioanalyse, wer ist der Kunde auf dem Kühlschrankmarkt?

In der folgenden Abbildung (Bild 29) sehen Sie eine einfache An-
wendung der Portfolioanalyse aus dem Dienstleistungsbereich. Die
Quadranten definieren die Marktsegmente, die dem Reiseveranstalter die
Entscheidung erleichtern. Um die richtige Auswahl für seinen
Kundenkreis zu treffen muß er wissen:

- Wer ist mein Zielkunde auf dem Touristikmarkt?
- Welche Bedürfnisse hat er?
- Bevorzugt er Komfort und Ruhe oder Abenteuer und Wildnis?

Vielleicht möchten die Kunden vierzehn Tage lang Trubel und feucht-
fröhliche Feste in Benidorm oder ausgefallene Animationen, die sie von
morgens bis in die Nacht „aktivieren".

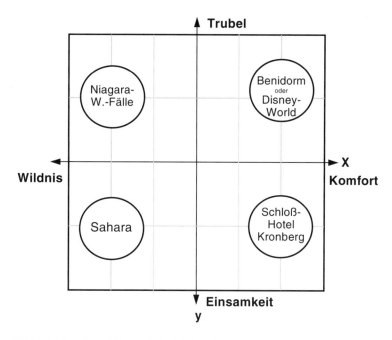

Bild 29: Situationsfeld am Beispiel Tourismus

2.3.2.3   Wie können Unternehmen vorgehen, die eine Befragung selbst durchführen wollen? Wie wird die Stichprobe (Sample) errechnet?

Markt- und Meinungsforschung ist heute öffentlich geworden. Jeden Sonntag werden über n-tv von Emnid die Umfrageergebnisse zu aktuellen Themen vorgestellt. Vor jeder Wahl untersuchen Meinungsforscher unser Wahlverhalten. Nach jeder Wahl treffen wir bei ARD und ZDF auf „Infas" oder die „Forschungsgruppe Wahlen", die uns bereits vor der ersten Hochrechnung die Wahlergebnisse prognostizieren.
Konsumforscher wie z.B. die Gesellschaft für Konsumforschung (GfK) in Nürnberg untersuchen unsere Kaufgewohnheiten, und diese Marktdaten kann man nach Branchen sortiert regelmäßig erwerben. Darüber hinaus werden Umfrageergebnisse von Interessengruppen (Wirtschaftsverbände, Gewerkschaften, Parteien, Verbände) in Zeitungen und Wirtschaftsjournalen veröffentlicht, die in der Regel von Markt- und Meinungsforschern durchgeführt wurden.

Kann bei der *Berechnung der Stichprobe* (n) von einer großen Gesamtheit (N) ausgegangen werden, dann genügt prozentual gesehen eine kleinere Stichprobe. Bei einer kleinen Gesamtmenge muß dagegen die Stichprobe (Sample) prozentual höher ausfallen. Das bedeutet, der Befragungsumfang ist abhängig von der Gesamtzahl der Kunden und der Anzahl der definierten Segmente.

Die Stichprobengröße für Kundenzufriedenheitsumfragen kann auch nach der folgenden Formel errechnet werden:

$$n = \frac{N (\sigma Z)^2}{N d^2 + (\sigma Z)^2} \cdot \frac{1}{R} \qquad \boxed{n = \left(\frac{\sigma Z}{d^2}\right)^2}$$

Bei N > 25.000 wird mit dieser Formel gerechnet

Bild 30: Berechnung der Stichprobengröße

In der Formel bedeuten:

Q	Stichprobe (sample)
N	Gesamtzahl (population)
σ	Standardabweichung (standard deviation) = 1,8*)
Z	Vertrauensfaktor (confidence level factor) = 1,96*)
d	Präzision (precision) = 0,3 (oder 0,2)
R	Rücklaufrate in % (response rate)

Die mit *) gekennzeichneten Werte σ (Standardabweichung) und Z (Vertrauensfaktor, confidential level) basieren auf den Vorjahresumfrageergebnissen.
Faktor d = 0,3 bedeutet, daß eine 30%ige Genauigkeit als hinreichend angenommen wird (bei d = 0,2 = 20%ige Genauigkeit).

Weitere Beispiele zur Errechnung der Stichprobengröße werden von Fritz Unger in „Marktforschung" auf Seite 148 vorgestellt.

In Deutschland genügt es (laut FAZ vom 22.7.1996) 1003 Personen zu befragen, um eine repräsentative Aussage mit einer Genauigkeit von etwa 5% zu erhalten.

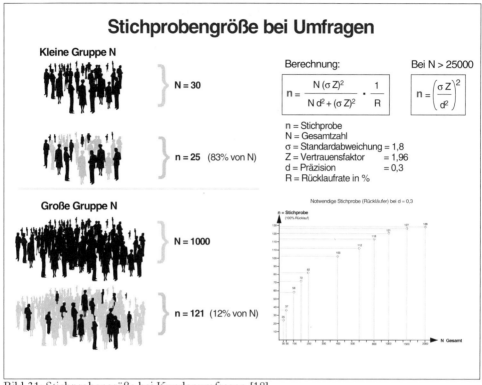

Bild 31: Stichprobengröße bei Kundenumfragen [18]

Die amerikanischen Unternehmen Hewlett Packard, AT&T und XEROX orientieren sich bei der Errechnung des Samples für Kundenbefragungen an der Formel in den Bild 31. Die Werte für die Standardabweichung und des Vertrauensfaktors basieren auf Erfahrungswerten vorheriger Umfragen.

Für vertiefende Untersuchungen zu Stichprobenbestimmungen und Standardabweichungen werden die Bücher von Bronstein [32] und Schwarze empfohlen. Weitere ausführliche Berechnungsbeispiele sind in den Unterlagen von Meffert [33] und Unger [34] zu finden.

Die nach der Formel in Bild 31 errechneten (notwendigen) Stichprobengrößen sind in der Grafik Bild 32 aufgezeigt. Man erkennt, daß bei 2000 zu befragenden Kunden 129 Rückläufer benötigt werden, um ein Ergebnis mit ca. 30% Genauigkeit zu erhalten. Bei einer Gesamtanzahl von nur 50 Personen, müssen hingegen 37 Personen befragt werden.

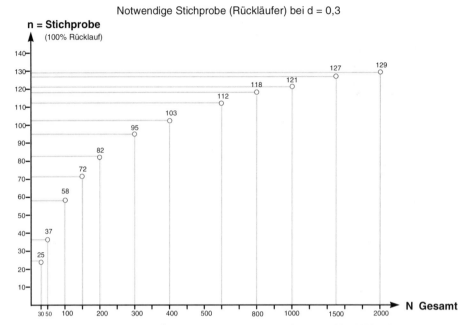

Bild 32: Erforderliche Stichprobengröße bei d=0,3 (nach Formel in Bild 30)

An einem Beispiel - Wahlen in Rußland - wird gezeigt, daß eine Stichprobe aus einer Grundgesamtheit ausreichte, um den Trend frühzeitig zu erkennen. Am 3.7.96 um 20 Uhr wurde in der Tagesschau das Umfrageergebnis eines Forschungsinstitutes vor den Wahlen in Rußland basierend auf der Befragung von n = 9.000 Personen aus einer Gesamtheit von N = 107.000.000 Wahlberechtigten bekannt gegeben.
Es stimmten dabei:

55 %   für Jelzin,

40 %   für Sjuganow,

 5 %   gegen beide. Nach Auszählung von 21% der Stimmen in den Wahllokalen wurde folgendes Ergebnis genannt:

52,3%   für Jelzin und

41 %   für Sjuganow. Das Endergebnis nach Auszählung aller abgegebenen Stimmen sah wie folgt aus:

52 %   für Jelzin und

41 %   für Sjuganow

Hieraus ist zu erkennen, daß das Endergebnis nur um wenige Prozentpunkte von den ersten Umfrageergebnissen abweicht. 9000 Befragungen von insgesamt 107 Millionen Wahlberechtigten waren für eine recht genaue Vorhersage des Wahlausgangs völlig ausreichend.

Firmen, die sich zu einer Umfrage entschließen, können ganz einfach aus der vorstehenden Tabelle die Anzahl der zu befragenden Kunden ablesen, wenn sie die Gesamtmenge (Kunden im Segment) kennen. Eine Totalerhebung ist nur bei ganz kleinen Gruppen (N) erforderlich, ansonsten werden unnötig Zeit und Geld verschwendet.

Die Formel und die Tabelle in Bild 31 erheben keinen wissenschaftlichen Anspruch, sie haben sich in der Praxis bewährt und können daher zur schnellen Orientierung eingesetzt werden. Die Größe der Stichprobe ist auch von der geforderten Genauigkeit abhängig.

Die Marktforscher unterscheiden bei den Auswahltechniken zwischen der *Voll- und Teilerhebung* sowie zwischen den verschiedenen Möglichkeiten der Teilerhebung, den sogenannten Stichprobenverfahren. Bei einer Vollerhebung werden alle Elemente der interessierenden Grundgesamtheit erfaßt, bei einer Teilerhebung lediglich eine Stichprobe aus dieser Grundgesamtheit. Für die praktische Marktforschung stellt sich die ökonomische Frage: „Wie genau müssen die Ergebnisse sein, und welche Fehler sind vertretbar?" Die Antwort ist lt. Unger einfach: „Die Ergebnisse der Marktforschung müssen so genau sein, daß sie gravierende Fehlentscheidungen im Management verhindern." [34]

2.3.3 Wie und wo erhält man *interne* Kundeninformationen?

Kundeninformationen erhält man überall dort, wo es Gelegenheit zur Kommunikation mit Kunden gibt. Das sind zum Beispiel Werbeveranstaltungen, Foren, Messen sowie Informationen aus dem Vertrieb und dem Kundendienst. Sensitivität und Offenheit für die Wünsche der Kunden sind erforderlich, d.h. dem Kunden muß geholfen werden, mit dem Unternehmen zu kommunizieren. Die Mitarbeiter sollten zum Zuhören befähigt werden (siehe Kapitel 4.5 Kommunikation); ihre Kommunikationsfähigkeit ist zu steigern. Auch die Konstrukteure müssen sich gedanklich aus der Welt der Werkstatt herausbewegen, um das kundenorientierte *Lastenheft* in ein technik- und dienstleistungsorientiertes *Pflichtenheft* zu übersetzen.

Die Mitarbeiter sollten häufiger „Feld"-Luft schnuppern, und ihre Kunden vor Ort besuchen, um Informationen „aus erster Hand" zu erhalten. Diese Informationen sind ungefiltert für das QFD-Projekt zu übernehmen, es sind, wie die Marktforscher sagen, *Primärdaten.*

Wie und Wo erhalte ich Kundenanforderungen?
(intern und extern)

Kundenumfragen, Kundeninterviews
Werbeveranstaltungen für Kunden
Prototypvorstellungen
Messen, Kundenforen, Expertengespräche
Fachzeitschriften
Reklamationen, Beschwerdemanagement
Benchmarking
Trendforschung, Lifestyle Planning
Datenbanken

Bild 33: Wie und Wo erhalte ich Kundeninformationen ?

Über Kundenumfragen und Interviews können die Kunden genauso erreicht werden, wie über alle kundennahen Abteilungen des Lieferanten, z.B. die Service- und die Vertriebsabteilung, die in ständigem Kontakt mit den Kunden sind. Bei den Außendienstmonteuren gibt es reichlich nicht erfaßtes Potential. Auch durch Beschwerden und Reklamationen erfährt man, wie sich Kunden fühlen, wie sie denken und welche Befindlichkeiten sie haben. Der firmeneigene Außendienst (Vertrieb) erhält tagtäglich beim Kundenkontakt eine Fülle wertvoller Hinweise, die allerdings erst durch eine sinnvolle Erfassung nutzbar werden.

Leider finden die *internen Informationsquellen* in den meisten Unternehmen heute noch zu geringe Beachtung. Es sollte daher analysiert werden, welche im Unternehmen vorhandenen Daten zukünftig genutzt und wie sie in einer Datenbank (Standardsoftware) gespeichert werden können.

Zu den *internen* Informationsquellen gehören:

- die Informationen des Außendienstes (Kundendienstmonteure, Vertriebsingenieure);
- die Informationen aus Reklamationen, Beschwerden, Ausfallstatistiken, Reparaturberichte.

Lieferanten mit einem Außendienst für Verkauf und Kundendienst sollten die Chancen dieser Quellen gezielt einsetzen. Die Außendienstmitarbeiter sind an der Entwicklung des Verfahrens zu beteiligen, um eine gute Akzeptanz sicherzustellen. Als Medium für die Erfassung der Informationen sind nicht umfangreiche „Besuchsberichte", sondern einfach handhabbare Hilfsmittel vorzusehen z.B. Formularblätter, um eine schnelle Weiterleitung der Informationen an die Marketingabteilung des Unternehmens zur systematischen Auswertung sicherzustellen.
Wenn gewährleistet ist, daß die Außendienstmitarbeiter regelmäßig Feedback zu den Ergebnissen der Auswertung und zu den daraus abgeleiteten Maßnahmen erhalten, sind diese motiviert, den Kunden bewußt „aufs Maul zu schauen" und zumindest wichtige Informationen aus ihrer Kundentätigkeit regelmäßig zu erfassen. Ein derartiges Verfahren bietet die Chance, frühzeitig Trends zu erkennen.

Alle vorstehend beschriebenen Quellen enthalten nützliche Informationen für das Marketing. Auch die Informationen des Kundendienstes und der Reparaturabteilungen über Ausfallraten oder die Auswertungen des Beschwerdemanagements sollten in gleicher Weise genutzt werden.

2.3.3.1 Beschwerdemanagement

Beschwerden zu erfassen und zu beheben dient der Kundenbindung und der Steigerung der Kundenzufriedenheit. Kundenbindung wird in gesättigten Märkten zur unternehmerischen Aufgabe, da die Neukundengewinnung mit weitaus höheren Kosten verbunden ist. „Deshalb kommt es in hohem Maße darauf an, Kundenunzufriedenheit zu entdecken, zu analysieren und mittels gezielter Maßnahmen wieder in Zufriedenheit umzuwandeln". [31]

Die Auswertung von Kundenbeschwerden und die Definition des „Erwartungsstandards" aus Zufriedenheitsbefragungen können als Kundenanforderungen für QFD-Haus nutzbar sein. In Erfassungsblättern sollten die materiellen und immateriellen Beschwerdegründe festgehalten werden, z.B:

- Worüber beschwerte sich der Kunde?

  Differenzierung des Beschwerdegrundes nach

  - Funktionsmängeln,
  - Kosten,
  - Verhalten des Lieferanten (Freundlichkeit, Höflichkeit);

- Werden mit dem neuen Produkt reklamierte Mängel behoben?

- Wie kann der Beschwerdeführer identifiziert und über die durchgeführte Verbesserung oder Veränderung informiert werden?

Diese und weitere für das Unternehmen relevante Fragestellungen sind bei der Erstellung von Erfassungsbögen und Erfassungsmasken bei PC-unterstützter Auswertung zu berücksichtigen. Die Auswertung der erfaßten Daten aus Beschwerden und Ausfallstatistiken können Indikatoren bei der Konzeption neuer Produkte und Dienstleistungen sein.

2.3.3.2 Wie können die internen Daten erfaßt werden?

In allen Unternehmen gibt es Daten aus Ausfallstatistiken, aus Kundenbeschwerden und aus den Gesprächen mit den Kunden. Diese wichtigen Informationen können in einer Datenbank gespeichert, und bei Bedarf abgerufen werden. Das Bestreben des Unternehmens muß es sein, alle verfügbaren wichtigen Daten so aufzubereiten und zu verknüpfen, daß die Informationen bei Bedarf zur Verfügung stehen. Das folgende Bild 34 zeigt nur auf, was an Informationen im Unternehmen vorhanden ist, nicht wie die Verknüpfung erfolgt. Die Strategien 1, 2 und 3 sind so zu verknüpfen, daß den Produktmanagern und der Entwicklungsabteilung alle relevanten Daten zur Verfügung stehen.

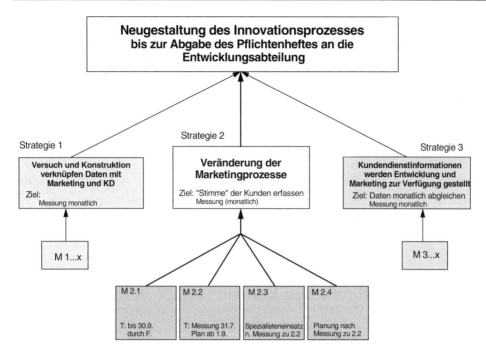

Bild 34: Erfassen interner Informationen

Durch die Datenerfassung (Database Marketing) wird es möglich, das Nachfragepotential, bisherige Käufe, Reklamationen und anderes mehr zu sammeln und zu speichern, um den Kunden wieder individuell ansprechen zu können.

Das Ziel des *Database Marketing* ist:

- den richtigen Kunden
- zum richtigen Zeitpunkt
- mit richtigen Argumenten ein passendes Angebot zu machen.

Die Kunst besteht darin, erfolgversprechende Kunden zu identifizieren, um mit ihnen die für sie geeignete Produkt-, Preis- und Distributionspolitik zu diskutieren. Daraus soll sich eine langfristige und profitable *Kundenbindung* ergeben. Gerade in Zeiten stagnierender Märkte kommt es darauf an, einmal gewonnene Kunden für längere Zeit an das Unternehmen zu binden, weil ein Kunde im Laufe der Zeit immer profitabler wird und die hohen Akquisitionskosten auf diese Weise reduziert werden können.

Diese bereits existierenden Daten werden in der Marktforschung als *Sekundärinformationen (Desk Research)* bezeichnet, sie spiegeln die Vergangenheit wieder. Bei internen Informationen besteht die Gefahr der selektiven Wahrnehmung. Es gilt zu verhindern, daß durch interne Informationen externe Befragungen vordeterminiert werden: „Wir haben zwanzig Jahre Erfahrung und wissen ganz genau, was die Kunden wollen."

Es ist daher ratsam, sich nicht ausschließlich auf Sekundärdaten zu verlassen, sondern auch die *Primärinformationen (Field Research)* aus den externen Informationsquellen einzubeziehen, die man u.a. aus den aktuellen Kundenumfragen erhält.

2.3.4 Externe Informationsquellen
Wie kann die „Stimme des Kunden" erfaßt werden?

Zur Erfassung der „Stimmen der Kunden" sind Verfahren geeignet, die den Befragten motivieren, seine Meinungen und Eindrücke unbefangen zu äußern. Es bieten sich mehrere Vorgehensweisen an, deren Vor- und Nachteile abzuwägen sind:

- *schriftliche Fragebögen,*
- *persönliche Interviews,*
- *Telefon-Interviews,*
- *Kunden-Foren,*
- *Expertengespräche*
- *Kundenbesuche*

2.3.4.1 Schriftliche Kundenbefragung

Befragungen sind laut Meffert die am weitesten verbreiteten Informationsgewinnungsmethoden im Marketing [33]. So sollen ausgewählte Personen zu bestimmten Sachverhalten Auskunft geben und Stellung nehmen. Es lassen sich durch eine Befragung *quantitative* (z.B. Verbrauchsmengen) und *qualitative* (subjektive Wahrnehmungen) *Sachverhalte* gewinnen. Externe Kundenbefragungen sind daher wichtig, sie sollten aber nicht als einzige Informationsquelle - schon allein aus Kostengründen - in Betracht gezogen werden.

Mit Hilfe *periodischer Befragungen* läßt sich einerseits die Wahrnehmung von Verbesserungen durch die Kunden und andererseits auch eine Trendentwicklung kontinuierlich verfolgen. Der Kunde vermittelt dem Unternehmen bei geschickter Fragebogengestaltung die Informationen, die für das Vorgehen nach QFD benötigt werden.

Kundenerwartungen umfassen die Gebiete der Effektivität (Erwartung von Innovationen) und der Effizienz. Eine dauerhafte Kundenbindung wird nur dann erreicht, wenn beide Faktoren erfüllt und permanent verbessert werden. Für die Entscheidung eines Kunden ist nur dessen eigene Beurteilung der Leistung des Lieferanten maßgebend. Er erwartet die Erfüllung seiner ausgesprochenen und unausgesprochenen, stillschweigend vorausgesetzten Erwartungen (siehe Kano-Modell).

Bei QFD ist die Erfassung dieser Wünsche die wichtigste Voraussetzung für den Projekterfolg. Es geht darum, die Befragungen in strukturierter Weise durchzuführen, um daraus

- die Kundenerwartungen zu erfassen;
- die Bedeutung der einzelnen Erwartungen zu ermitteln;
- den bisherigen Erfüllungsgrad abzufragen;
- den eigenen Erfüllungsgrad mit dem Wettbewerb zu vergleichen.

Sollten die zeitlichen Kapazitäten des Unternehmens nicht ausreichen, eine Befragung selbst durchzuführen, so ist es ratsam, seriöse Marktforscher zu beauftragen. Der BVM-Berufsverband der deutschen Markt- und Sozialforscher, sowie die örtlichen Marketing Clubs können Anbieter empfehlen. Die Zeitschrift „planung & analyse", die vom Deutschen Fachverlag in Frankfurt [15] herausgegeben wird, enthält wertvolle Hinweise zum Thema Markt- und Werbeforschung.

Mit Hilfe schriftlicher Fragebögen lassen sich sowohl Fragestellungen zu den *Kernleistungen* als auch zum *Erwartungsfeld* systematisch erfassen. Es werden bei den schriftlichen Fragebögen zwei Arten unterschieden:
1. die gezielt verschickten Fragebögen und
2. die der Ware beigelegten Fragebögen

Die Befragungsbögen sollten so strukturiert sein, daß neben den Zufriedenheits- und Wichtigkeitsbewertungen zu den Leistungsmerkmalen auch freie Kommentare gegeben werden können. Wer regelmäßig Kundenbefragungen durchführt, verfügt meist nicht nur über statistische

Daten sondern auch über Kundenkommentare, deren systematische Auswertung wertvolle Informationen für QFD liefern. Durch die systematische Auswertung der Kommentare besteht die Chance, Hinweise zu Innovationen und *begeisternden Faktoren* zu erhalten.

Der *Vorteil* der schriftlichen Befragung liegt in den relativ günstigen Kosten, es müssen keine speziell geschulten Interviewer eingesetzt werden. Ein weiterer Vorteil ist die gute Vergleichbarkeit der Daten.

Nachteilig ist hingegen die fehlende Möglichkeit der direkten Nachfrage bei Mißverständnissen für den Kunden bei seiner Bearbeitung des Fragebogens. Aus diesem Grund sollte ein neuer Fragebogen vor dem Versand an Kunden immer sorgfältig getestet und überarbeitet werden. Ein weiterer Nachteil schriftlicher Befragungen ist die häufig geringe Rücklaufrate. Die Rücklaufraten schriftlicher Fragebögen schwanken je nach Verfahren und *Grad der Kundenbindung* zwischen 5 und 70 %. Mit einer Nachfaßaktion erreichte das Supportzentrum der Hewlett Packard GmbH in Ratingen aufgrund hoher Kundenbindung im Jahre 1993 bei einer schriftlichen Umfrage eine sehr hohe Rücklaufquote von 70 Prozent.

Es ist ratsam, dem Kunden die Befragungen vorher anzukündigen. Dies kann durch ein kurzes Anschreiben mit Rückantwort zur Anforderung des Fragebogens geschehen oder durch einen Anruf. Dem Kunden sollte auch der Befragungsgrund genannt werden. Wer dem Kunden das Gefühl seiner Wichtigkeit als bedeutende Informationsquelle vermittelt, erfährt eine positive Resonanz.
Bei angekündigten Befragungen gibt es in der Regel keinerlei Akzeptanzprobleme. Eine professionelle Vorbereitung hat immer auch eine positive Imagewirkung.
Die gestellten Fragen sollten sich nicht als „Kreativitätskiller" erweisen, sondern die Phantasie der Befragten anregen und deren Vorstellungskraft beflügeln.

Wie kann eine schriftliche Befragung durchgeführt werden?

Fundierte Befragungen sind die Voraussetzung für den Erfolg von Verbesserungsmaßnahmen. Kunden können gezielt ausgewählt und regelmäßig angeschrieben werden oder per Zufallsgenerator ermittelt werden. Die meisten Computerhersteller führen z.B. regelmäßige Kundenumfragen durch, in der Regel eine schriftliche Befragung pro Jahr, die durch spontane Telefonumfragen ergänzt werden können.

Aus Kapazitätsgründen werden von den Unternehmen häufig externe Institute mit der Befragung beauftragt. Ein externes Institut könnte bei der Durchführung der Befragung in den folgenden sechs Phasen vorgehen:

Phase I: Vorbesprechung mit dem Auftraggeber und Berater zur Erstellung eines Rahmenangebotes:
- Ziel der Befragung festlegen;
- Gegenstand der Befragung;
- Größe der Klientel, Anzahl der Gesamtkunden;
- Segmentierung der Klientel; Wer ist der Kunde?;
- Adreßmaterial, eventuell Aktualisierung der Adressen?
- Art der Auswertung festlegen.

Phase II: Auftrag zur Konzepterstellung für die Gesamtdurchführung
- Präsentation des Konzeptes, Darstellung aller Phasen;
- Angebot für die Durchführung.

Phase III: Erstellung des Fragebogens und aller Hilfsmittel in Abstimmung mit dem Auftraggeber
- Fragebogeninhalt und -layout;
- Druck des Materials/Adressen;
- Versand der Vorankündigung (Brief an Kunden mit der Ankündigung des Fragebogens);
- Postauflassung/Versand der Fragebögen.

Phase IV: Rücklauf und Systemeingabe der Daten/Texte
- Rücklaufkontrolle (täglich);
- Überprüfung der Rückläufer;
- Kodierung der Kommentare;
- Eingabe der Daten und Kommentare;
- Information zu sehr kritischen Fällen (an Auftraggeber);
- Zwischenergebnisse zum Trend;
- rücklauffördernde Maßnahmen (was? wie?);
- Nachfaßaktion bei zu geringer Rücklaufquote einleiten.

Phase V: Gesamtauswertung der Daten und Kommentare
- Tabellenausdrucke zu allen Kriterien und Segmenten/Selektionen;
- Grafiken zu den Ergebnissen;
- Kommentarausdrucke nach Segmenten und Themenkategorien;

Phase VI: Präsentation der Ergebnisse
- Analyse der kritischen Felder;
- Empfehlungen zur weiteren Planung.

Diese Vorgehensweise empfiehlt sich auch dann, wenn die Mitarbeiter des eigenen Unternehmens mit der Durchführung der Befragung beauftragt werden. Das folgend Fragebogenbeispiel in Bild 35 zeigt einige Varianten zum Aufbau und zur Gestaltung von schriftlichen Fragebögen zu Dienstleistungen auf.
Die Rating-Skalen sollten so angelegt sein, daß die Ergebnisse nicht zu stark aggregiert werden, wie zum Beispiel in den in Hotelzimmern ausliegenden Fragebögen mit den drei Smilies.

Bei der Gestaltung des Fragebogens sollten die *Kernfragen* im Mittelpunkt stehen:
- Welches sind aus Kundensicht die wichtigsten Kriterien zur Beurteilung des Lieferanten (Qualität, Preis, Lieferzeit, Umgang, Höflichkeit, Freundlichkeit, Zuverlässigkeit, Service)?
- Wie gut erfüllen wir heute diese Kriterien?
- Wie gut erfüllen unsere wichtigsten Wettbewerber diese Kriterien?

Zweikomponentenbefragungen (multiattributive Verfahren), die nach der Wichtigkeit und Zufriedenheit fragen, sollte der Vorzug gegeben werden, weil sie zu eindeutigeren Aussagen führen als *Einkomponentenbefragungen*. Diese Art der Zufriedenheitsmessung wird heute von vielen Unternehmen angewendet, insbesondere in amerikanischen Firmen und in deutschen Unternehmen mit amerikanischen „Müttern" oder „Töchtern" sind Zweikomponentenbefragungen (Multiattributansatz) etabliert.

Hierbei werden die Kunden gebeten, den Grad der Zufriedenheit für jedes Qualitätsmerkmal (Lebensdauer, Formgebung, etc.) auf einer Skala anzugeben. Dann werden sie nach ihrer Erwartung und Wahrnehmung bezüglich des jeweiligen Qualitätsmerkmals befragt (siehe Kap. 2.3.6, Auswerteverfahren).

Die Bewertung für Wichtigkeit und die Zufriedenheit werden jeweils auf einer Zehner-Skala aufgetragen, wobei

10 = sehr gute Zufriedenheit bzw. hohe Wichtigkeit
 1 = sehr schlechte Zufriedenheit bzw. geringe Wichtigkeit ist.

Für deutsche Unternehmen ist diese umgekehrte Schulnotenskala anfangs gewöhnungsbedürftig, man erkennt aber sehr bald den Vorteil der guten Differenzierung. Ob eine gerade oder ungerade Skala gewählt wird, ist Geschmackssache. In der Literatur der Marketingexperten werden hierzu weitere Beispiele vorgestellt (u.a. Unger, Marktforschung, 1988, S.62, 63 und Meffert, Marktforschung, Gabler Lehrbuch, 1986, S. 23).

Bei der Entwicklung des Fragebogens sollte darauf geachtet werden, daß innerhalb eines Konzerns die gleichen Bewertungsskalen benutzt werden, um eine Vergleichbarkeit der Ergebnisse innerhalb der Werke und auch mit den ausländischen Tochtergesellschaften (Divisions) zu ermöglichen. Den Kunden, die sich an eine Bewertungsskala in der Regel schnell gewöhnen, sollte nicht jährlich ein anderes Bewertungsmodell zugemutet werden.

Bei der Gestaltung des Fragebogens sollte die Frageformulierung so gewählt werden, daß durch Einleitungs-, Kontakt- und sogenannten Eisbrecherfragen den Auskunftspersonen die mögliche Befangenheit genommen wird, um eine gewisse Aufgeschlossenheit für das Interview zu erreichen.

Fragebogenbeispiel

Beispiele für Befragungen

Messung der Qualität von Kfz-Kundendienstleistungen (Volkswagen)
Typ I: einstellungsorientiert, direkt, Einkomponentenansatz

Nachfolgend haben wir verschiedene Eigenschaften zusammengestellt, die eine V.A.G.-Werkstatt haben kann. Bitte geben Sie zu jeder Eigenschaft an, wie stark sie auf die Werkstatt Ihres Betriebes zutrifft.

	trifft genau zu				trifft nicht zu
- Man braucht bei der Reparaturannahme nicht lange zu warten.	☐	☐	☐	☐	☐
- In der Werkstatt dieses Betriebes weiß man sein Fahrzeug in guten Händen.	☐	☐	☐	☐	☐

Messung der Qualität von Fastfood-Restaurants (fiktives Beispiel)
Typ II: einstellungsorientiert, indirekt, Einkomponentenansatz

Bitte geben Sie für die folgenden Kriterien zunächst an, wie diese in Restaurants Ihrer Meinung nach idealerweise beschaffen sein sollten. Beurteilen Sie danach Restaurant xy hinsichtlich der gleichen Kriterien.

	5	10	15	20	25	30	35	40
- Idealerweise sollte man zwischen etwa... Gerichten auswählen können.	☐	☐	☐	☐	☐	☐	☐	☐
- In Restaurant xy kann ich zwischen etwa... Gerichten wählen.	☐	☐	☐	☐	☐	☐	☐	☐

Messung der Qualität des Technischen Kundendienstes (Hewlett Packard)
Typ III: zufriedenheitsorientlert, direkt, Zweikomponentenansatz

Bitte bewerten Sie die Wichtigkeit (unwichtig bis sehr wichtig), die die folgenden Kriterien für Sie haben. Anschließend bewerten Sie bitte Ihre Zufriedenheit (sehr unzufrieden bis sehr zufrieden) mit den erbrachten Dienstleistungen.

	- Wichtigkeit + ☐☐☐☐☐☐☐☐☐☐ 1 2 3 4 5 6 7 8 9 10	- Zufriedenheit + ☐☐☐☐☐☐☐☐☐☐ 1 2 3 4 5 6 7 8 9 10
- Dauer der Instandsetzungsarbeiten bis zur Wiederverfügbarkeit des Systems		
- Verständlichkeit der Aussagen der Kundendienstingenieure über Art und Stand der Arbeiten	☐☐☐☐☐☐☐☐☐☐ 1 2 3 4 5 6 7 8 9 10	☐☐☐☐☐☐☐☐☐☐ 1 2 3 4 5 6 7 8 9 10

Messung der Qualität von Pauschalreisen (in Anlehnung an Lewis/Owtram, 1986)
Typ IV: zufriedenheitsorientiert, indirekt, Einkomponentenansatz

Phase 1 Erwartungs-Befragung **vor** Inanspruchnahme der Leistung:
Bitte markieren Sie im folgenden das Kästchen, das Ihre Urlaubserwartungen am besten trifft.

	sehr wahr- scheinlich				sehr unwahr- scheinlich
- Der Flug wird pünktlich sein.	☐	☐	☐	☐	☐
- Das Hotelpersonal wird freundlich sein.	☐	☐	☐	☐	☐

Phase 2 Zufriedenheits-Befragung **nach** Inanspruchnahme der Leistung:
Wir hatten Sie vor Ihrem Urlaub nach Ihren Erwartungen gefragt. Bitte sagen Sie uns jetzt, inwieweit sich Ihre Erwartungen erfüllt haben.

	stimmt genau				stimmt über- haupt nicht
- Der Flug war pünktlich	☐	☐	☐	☐	☐
- Das Hotelpersonal war freundlich.	☐	☐	☐	☐	☐

Bild 35: Befragungsbeispiel, Quelle: Bert Hentschel, in: „Multiattributive Messung von Dienstleistungsqualität"[19]

2.3.4.2 Persönliche Interviews

Persönliche Interviews stellen sicher, daß der Befragte die Fragen versteht und die Antworten richtig einordnet. Voraussetzung ist, daß der Interviewer die Thematik kennt und mit den Ausdrucksformen der zu untersuchenden Branche vertraut ist. Dies ist insbesondere dann erforderlich, wenn die Kunden ein „Fachchinesisch" benutzen , wie zum Beispiel in der Computerbranche.

Die „Face-to-face"-Interviews sollten telefonisch oder schriftlich angekündigt werden. Es empfiehlt sich, rechtzeitig einen Termin für die Befragung zu vereinbaren. Die Interviewdauer ist nur schwer planbar (30 Minuten bis zu 2-3 Stunden). Sie wird beispielsweise durch die Art der Befragung beeinflußt. So lassen sich Interviews anhand eines vorge-gebenen Fragebogens (*standardisiertes Interview*) zeitlich straffen, während ein Gespräch mit vertiefenden Fragen, ein *freies Interview*, wesentlich mehr Zeit beansprucht. Kombiniert man die beiden Vorgehensweisen des standardisierten und freien Interviews, um eine größere Effizienz zu er-reichen, so spricht man vom *strukturierten Interview*. Hierbei hat der Interviewer einen größeren Freiheitsgrad, er kann das Fragengerüst als Leitfaden benutzen, die Reihenfolge der Fragestellung aber frei wählen.
Ein hoher Informationsgehalt und das Erfassen von Hintergründen sind ein Vorteil persönlicher Interviews. Der Nachteil dieser Erhebungsart sind die hohen Kosten.
Persönliche Interviews sollten auch in der Pilotphase zum Test der schriftlichen und/oder telefonischen Fragebogen durchgeführt werden.

2.3.4.3 Telefoninterview / Telefonbefragungen

Eine Alternative zum persönlichen Interview ist das Telefoninterview. Auch hier ist die Persönlichkeit des Interviewers von hoher Bedeutung, denn es gilt, das Vertrauen des Kunden am Telefon zu gewinnen. Es muß sichergestellt sein, daß der Interviewer über ein gutes Hintergrund-wissen zu den Themenbereichen verfügt.
Die heute häufig von den Telefon-Marketing-Instituten benutzte „Ablesetechnik" durch die Interviewer (Teilzeithilfskräfte) führt zwar zu relativ günstigen Kosten pro Befragung, die Kunden verschließen sich aber, wenn sie den Eindruck eines nicht kompetenten Interviewpartners

gewinnen. Bei der Befragung sollte ganz besonders darauf geachtet werden, daß man in dem jeweiligen Unternehmen den fachlich kompetenten, konstruktiven und kritischen Entscheider befragt.

Befragungen können durch externe Institute oder durch eigene Mitarbeiter durchgeführt werden. Eigene Mitarbeiter sollten vor einer Umfrage geschult werden, denn sie lassen sich durch allzu kritische Kundenkommentare häufig provozieren und nehmen dann eine Verteidigungshaltung ein.

Bei der Befragung sind ein geschultes Ohr und Geduld von allergrößter Wichtigkeit. Die Persönlichkeit des Interviewers entscheidet über den Erfolg der Befragung. Die gehörten Informationen dürfen nicht „geschönt" werden, sie sind neutral zu dokumentieren und vertraulich zu behandeln. Bei allen Befragungsarten ist der Datenschutz zu gewährleisten. Dies sollte den Interviewten auch vor der Befragung mitgeteilt werden.

Der *Vorteil* telefonischer Umfragen liegt in dem zeitlich begrenzten Aufwand, denn die Kosten halten sich für beide Seiten in Grenzen. Telefoninterviews sollten auf ca. 10 bis maximal 25 Minuten beschränkt werden. Die erzielten Ergebnisse sind bei der Benutzung eines strukturierten Fragebogens in der Regel gut vergleichbar und leicht auswertbar. Die aus Kostengründen zeitliche Beschränkung kann sich bei kompliziertem Sachverhalt aber als *nachteilig* erweisen.

Die folgenden Hinweise zum Verhalten am Telefon sind für die Mitarbeiter im Unternehmen gedacht, die die Kundenbefragungen selbst durchführen wollen.

Das Verhalten am Telefon

Die Interviewer müssen sich bewußt sein, daß das Telefonieren ein Kommunikationsprozeß mit eingeschränkten Mitteln ist. Als Kommunikationsmittel stehen hierbei nur die *Stimme* und das *Ohr* zur Verfügung. Alle nonverbalen Kommunikationsmittel, wie Gestik, Mimik, Körperhaltung können beim Telefonieren nicht eingesetzt werden.

Beim Telefonieren

- werden Daten, Fakten und Informationen vermittelt (*Sachaspekt*);
- stellt sich der Interviewer selbst dar (*Persönlichkeitsaspekt*);
- sagt der Interviewer meistens auch etwas über seine Beziehung zum Gesprächspartner (*Beziehungsaspekt*);
- soll in der Regel ein bestimmtes Ziel erreicht werden (*Zielaspekt*). [16]

In einem Gespräch hinterläßt der Interviewer bei seinem Gegenüber einen mehr oder weniger nachhaltigen Eindruck. Die Qualität des Eindrucks hängt davon ab, wie auf der *Sachebene,* der *Beziehungsebene* und der *Persönlichkeitsebene* agiert wird.

Beim Telefoninterview steht das Zuhören an erster Stelle. Dieser Bestandteil der Kommunikation ist aber heute anscheinend verloren gegangen. Der Zuhörer sollte sich ganz bewußt auf sein Gegenüber einstellen. Es hat sich als nützlich erwiesen, vor dem Telefonat viele Informationen über den Gesprächspartner in Erfahrung zu bringen. Eine Analyse ist nicht nur für die Gesprächsvorbereitung wichtig, sondern auch für die Argumentation selbst. Es ist darauf zu achten, was gesagt wird (Sachebene) und wie es gesagt wird (Beziehungsebene).

Beim Telefonieren sollte dem Gegenüber Wertschätzung gezeigt werden, indem folgendes beachtet wird:
- Lächeln schafft ein positives Klima, auch wenn man den Gesprächspartner nicht sehen kann;
- den Namen des Gegenübers verwenden;
- positiv denken („ich bin okay, du bist okay");
- Höflichkeit und Freundlichkeit;
- während des Gesprächs nicht essen, rauchen, oder trinken;
- Mut zur Pause haben;
- Rückfragen einsetzen bei Unklarheiten;
- Türöffner verwenden wie z.B.: „hm, hm...", „das ist sehr wichtig", „ein interessanter Aspekt".

Die Mitarbeiter dürfen sich nicht provozieren lassen und sollten auch dann ruhig und gelassen bleiben, wenn sie persönlich oder das Unternehmen aufgrund schlechter Qualität oder falscher Lieferung massiv angegriffen werden. Der Interviewer muß immer freundlich bleiben, die

Probleme des Kunden sind zu notieren. Die genannten Probleme kann ein QFD-Projektteam aufgreifen und untersuchen, um dann Abhilfe zu schaffen.

Die manchmal sehr deftige „Stimme des Kunden" sollte auf keinen Fall verfälscht werden, denn kritische Äußerungen sind Chancen für Verbesserungsmöglichkeiten. Nicht die Suche nach Schuldigen bringt ein Unternehmen weiter, sondern das Erkennen von Verbesserungen. Das Suchen nach Schuldigen ist Vergangenheitsbewältigung. Nur die Überlegung im Team: Wie können wir die Defizite verändern und verbessern, führt weiter (z.B. KVP). Von Kunden genannte Schwachstellen sind die Fundgruben für erfolgversprechende Verbesserungen, die eine fehlertolerante Organisation nutzen sollte.

Beim Telefonieren ist es wichtig, Sachziele zeitsparend zu erreichen und den Erwartungen und Bedürfnissen der Kunden entgegen zu kommen. Bei einer Kundenumfrage ist darauf zu achten, *was* der Kunde sagt und *wie* er es sagt. Von entscheidender Bedeutung ist hierbei der Ton, die psychologische Qualität der Stimme und der stimmliche Ausdruck.

Wissenschaftliche Untersuchungen weisen darauf hin, daß nach wenigen Sätzen eindeutig die Stimmung des Gesprächspartners erkennbar ist. Auf den Klang der Stimme übertragen sich Wertschätzung, Sympathie und Engagement, sowie Gleichgültigkeit und Aggressivität.

Zu empfehlen ist die Methode von George Walther, vorgestellt in seinem Buch „Phone Power" [17]: *Lächeln.*

Er empfiehlt, einen Spiegel auf den Schreibtisch zu stellen, um den eigenen Gesichtsausdruck beim Telefonieren beobachten zu können. Gestik und Mimik signalisieren mehr oder weniger eindeutig die eigene Stimmungslage. Walther weist in seinem Buch auch auf die Gefahr der zu legeren *Körperhaltung* hin, denn bei einer zu lässigen Haltung leidet die Konzentration und der Ernstcharakter des Gesprächs (z.B. Füße auf dem Schreibtisch). Außerdem wird die Anfertigung von Notizen erschwert, am Arbeitsplatz sollten alle Unterlagen stets griffbereit liegen.

Weitere externe Informationsquellen sind Kundenforen, Kundenbesuche und Expertengespräche, die in den folgenden Kapiteln betrachtet werden.

2.3.4.4 Kunden-Foren und Messen

Ein Forum bietet die Möglichkeit, spontane Informationen z.B. zu einem auf einer Ausstellung oder Messe gezeigten Produkt zu erhalten, mit dem die Besucher „spielen" dürfen. Die Probanden sind vorher zu informieren, daß ihre Meinungsäußerungen auf Band aufgenommen werden, weil man Verbesserungsmöglichkeiten erkennen möchte.
Messen bieten den Unternehmen die Möglichkeit ihre Produkte und Dienstleistungen zu präsentieren und zu demonstrieren. Kunden wird dabei das „Begreifen" komplexer technischer Zusammenhänge erleichtert, es hat häufig etwas mit taktilem Erleben (Anfassen) zu tun.
Messen sind ein wichtiges Marketinginstrument, da potentielle und noch unbekannte Kunden *freiwillig* zu einem persönlichen Gespräch mit dem Anbieter kommen. Die Anbieter sollten diese Kontakte nutzen und in einem Formblatt nicht nur die Messekontakte erfassen sondern auch die verbalen Äußerungen der Besucher, die für QFD verwertbar sind.

Immer mehr Firmen gehen dazu über neben den Image-, Leit- und Fachmessen auch eigene Veranstaltungen durchzuführen. Auf In-house-Messen werden bei Kunden oder im eigenen Hause Präsentationen für ausgewählte Zielgruppen durchgeführt und deren Meinungen erfaßt.

2.3.4.5 Expertengespräche

Expertengespräche und die Zusammenarbeit mit den „Strategischen Partnern" (key-accounts) bieten insbesondere dem Marketing und der Entwicklung die Möglichkeit, Informationen aus erster Hand zu gewinnen. Zu Expertengesprächen werden Kunden aus verschiedenen Anwenderbranchen eingeladen, um unter Moderation eines Mitarbeiters des Lieferanten Aspekte der Produkt- oder Dienstleistungsgestaltung zu diskutieren. Von heute exzellenten Unternehmen wie Hewlett Packard und Mettler Toledo wird dies praktiziert.

2.3.4.6 Kundenbesuche

*„Um Erfolg zu haben, mußt Du den Standpunkt des anderen
einnehmen und die Dinge mit seinen Augen betrachten."*
Henry Ford I.

Den Standpunkt des Kunden einzunehmen ist eine wichtige Erfahrung,
auch für nicht vertriebsnahe Abteilungen. Insbesondere die Entwickler
und Konstrukteure sollten häufiger Schlüsselkunden besuchen, um deren
Nöte zu erfahren, um mit ihnen gemeinsam nach Lösungen zu suchen.
Die Firma Sharp Electronics startete ein Programm unter dem Slogan:
„Look the customer in the eye." Erreicht werden sollte eine Intensivierung
des Kundenkontaktes von den eigenen Mitarbeitern ausgehend und der
Aufbau von Partnerschaften zwischen Kunden und Lieferant, d.h. zum
Vorteil für beide. Das Ziel ist immer nur dann zu erreichen, wenn auch
die Mitglieder der Geschäftsleitung und das Management diese Kunden-
kontakte intensiv durch gegenseitige Besuche pflegen.

Die QFD-Team-Mitglieder der Firma Metabo, Nürtingen, führten im
Sommer 1995 persönliche Interviews mit Kunden in und vor Baumärkten durch, bevor sie mit der Entwicklung neuer Elektrowerkzeuge
begannen. Für alle Teilnehmer war dies zunächst eine große Überwindung, aber auch eine völlig neue Erfahrung. Manche Reaktionen und
Antworten der Kunden hätten die Interviewer so nicht erwartet. Einer
der Teilnehmer meinte nach der Befragungsaktion: „Wir sind nicht mehr
die Gleichen."

Manche Unternehmen lassen sich besuchen, d.h., sie laden ausgewählte
Kunden in das Entwicklungsteam ein. Hierbei sollte bedacht werden, daß
nur solche Kunden beteiligt werden, bei denen absolute Geheimhaltung
vorausgesetzt werden kann. Die Meinung einiger eingeladener Kunden
sollte allerdings nicht als die einzig gültige angesehen werden, denn sie ist
subjektiv. Objektive Daten sind nur durch Marketing unter Berücksichtigung *aller* Kunden im Segment zu erhalten.

Weitere externe Informationsquelle sind das *Benchmarking* und die *Trendforschung*. Für QFD ist Benchmarking dann von Bedeutung, wenn der
Kunde den subjektiven Vergleich zum Wettbewerb in der Kunden-

befragung nicht vornehmen kann. In diesen Fällen sollte auf die Benchmarking-Ergebnisse zurückgegriffen werden, denn in der QFD-Matrix-Phase I (Kapitel 2.4) muß im Schritt 2 diese Bewertung aus Kundensicht vorgenommen werden, um sie dann dem eigenen technischen Vergleich im Schritt 7 der Phase I gegenüberzustellen.

2.3.4.7 Benchmarking (BM) - Warum wird heute Benchmarking betrieben?

> *„Nur ein Idiot glaubt, aus den eigenen Erfahrungen zu lernen. Ich ziehe es vor, aus den Erfahrungen anderer zu lernen, um von vornherein eigene Fehler zu vermeiden."*   *(Reichskanzler Otto von Bismarck)*

Heute bezeichnet man ein solches Vorgehen als Benchmarking. Der Begriff Benchmark stammt aus der amerikanischen Topographie und bedeutet Fest- oder Fixpunkt. Unternehmen suchen heute, ähnlich den amerikanischen Landvermessern nach diesen Fixpunkten, um durch den Vergleich mit den Besten die eigenen Prozesse zu verbessern und Methoden zu entdecken, die im eigenen Unternehmen erfolgreich umgesetzt werden könnten. Man will das Rad nicht zweimal erfinden, sondern vom Erfolg anderer lernen. Mit Benchmarking ist es möglich, Richtgrößen (z.B. Kosten/Umsatzverhältnis, Entwicklungszeit, Lagerumschlag) vergleichbar zu machen, um Schwachstellen zu identifizieren und Verbesserungsmöglichkeiten zu erkennen.

Erfolgreiche Unternehmen verstärken ihre Anstrengungen permanent, um eine Kultur der ständigen Verbesserung in einer lernenden Organisation zu schaffen. Sie wollen besser als die Besten werden, nämlich *Best in class*. Zur Erreichung dieses anspruchsvollen Zieles ist es erforderlich, die Mitspieler und Wettbewerber am Markt genau zu beobachten und unter die Lupe zu nehmen. Durch einen intensiven Vergleich, nicht nur der Produkte, läßt sich erkennen, wo im eigenen Unternehmen noch verborgene Potentiale schlummern. Benchmarking vermittelt Einblicke in die Strategien anderer Unternehmen, auch Mitarbeiterverhalten und Kundenzufriedenheit können verglichen werden. So lassen sich Verbesserungspotentiale in allen Bereichen für das eigene Unternehmen erkennen. Mit Blick auf die weltbesten Praktiken,

Produkte und Dienstleistungen werden die eigenen Leistungen kontinuierlich verglichen und permanent verbessert.

Benchmarking ist in Japan („Dantotsu", d.h. nach dem Besten streben) und in den USA eine seit langen Jahren geübte Praxis.

Die Kienbaum Unternehmensberatung stellte 1995 in einer Studie fest, daß bereits 55% der deutschen „TOP 100" Benchmarking einsetzen. Über 75% der Befragten beurteilten den durch Benchmarking erzielten Projekterfolg mit „sehr gut." In den USA liegt die BM-Nutzungsrate bereits bei über 80%. Bei einer in den USA durchgeführten Umfrage sagten 80% aller befragten Unternehmen: „Benchmarking wird bald zu einer Überlebensbedingung."[13] Anscheinend sehen die amerikanischen und deutschen Automobilbauer das ähnlich, denn sie zwingen ihre Zulieferer bis Ende 1997 zum Nachweis des Benchmarking durch die Zertifizierung nach VDA 6.1(Normenforderung der deutschen Automobilwerke) oder QS 9000 (amerikanische Forderungen).

Zu den erfolgreich Benchmarking praktizierenden Firmen in den USA zählen u.a. Xerox und Hewlett Packard. Rank Xerox Deutschland gewann 1992 den EFQM-European Quality Award, zu dessen Erreichen Benchmarking bereits vorgeschrieben wird. Bei XEROX, dem EFQM-Gewinner, ist daher Benchmarking ein integrierter Bestandteil des „Business Excellence" im Rahmen der XEROX Quality Services.

Mitte der 70er Jahre war Rank Xerox führend auf dem Kopiergerätemarkt. Keine fünf Jahre später, als die Japaner den Markt mit ihren Billiggeräten überschwemmten, sank der Marktanteil von stolzen 86% auf nur noch 17%. Daraufhin startete das Management des US-Anbieters ein umfassendes Qualitätsprogramm, zu dem als wichtiger Bestandteil der Wettbewerbsvergleich durch Benchmarking gehörte. Seitdem gilt in den USA Benchmarking als geeignetes Instrument, Firmen zu Spitzenleistungen zu führen.

Nachdem Xerox Ende der 70er Jahre mit Benchmarking begann, trat ein permanenter Wandel im Unternehmen ein, heute ist die Firma Weltmarktführer in der Dokumentenverwaltung.

Im Jahre 1994 wurde das Programm „Rank Xerox 2000" zur Gewinnung der „world class" Produktivität verkündet, das heißt, der kontinuierliche Wandel durch Benchmarking wird fortgesetzt. Dabei bewirkt die Einbeziehung der Mitarbeiter einen Motivationsschub zum eigenverantwort-

lichen und selbständigen Handeln. Benchmarking ist „the way of doing",
um immer wieder die eigenen Schwächen herauszufiltern, um sie dann an
den Stärken der Klassenbesten auszurichten.

Von Rank Xerox stammt der Ansatz von der allumfassenden Total
Quality Umgebung, wie im folgenden Bild dargestellt. Benchmarking ist
hier ein fester Bestandteil des Qualitätsprogramms und der Qualitäts-
philosophie.

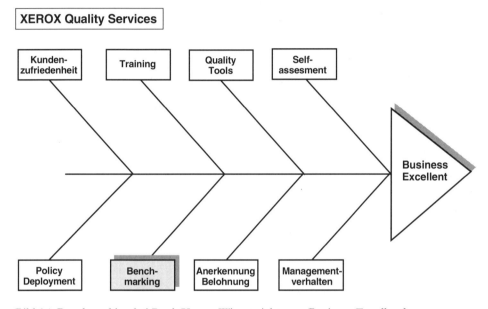

Bild 36: Benchmarking bei Rank Xerox; Wie erreicht man Business Excellent?

Sehr gute BM-Erfahrungen machte Xerox beim Vergleich mit einem
Einzelhandels- und Versandhaus für Sportbekleidung, das ein vorbild-
liches Lagersystem aufgebaut hatte. Durch die Umsetzung der Anre-
gungen aus der Sportartikelbranche konnte die Logistik des Kopierer-
herstellers erheblich verbessert werden.
Benchmarking wird auch bei der Bewerbung zu internationalen
Qualitätsauszeichnungen, z.B. im Malcolm Baldrige Award verlangt.
Deutsche Unternehmen scheuen sich noch vor dem Vergleich mit
anderen, sie sind stark auf sich selbst konzentriert und wollen sich auch
nicht von anderen „in die Karten schauen lassen". Es sind erhebliche
mentale Barrieren zu überwinden, denn häufig werden die Konkurrenten
als Feinde betrachtet, an die man Know-how verlieren könnte. Heute

wird Benchmarking hingegen in aller Offenheit betrieben, es ist ein Prozeß des ständigen Gebens und Nehmens, von dem alle Beteiligten profitieren. So kann der Hersteller von Computerprodukten von den Logistikverfahren eines Versandhauses, ein Hausgerätehersteller von der Automobilindustrie oder Anbieter von Schulungen vom Hotelgewerbe lernen. Die Maxime ist, sich hierbei nicht mit dem Durchschnitt sondern mit den Besten zu vergleichen. Nicht das Schielen auf die Konkurrenz bringt die Firmen weiter, sondern der Vergleich mit dem Weltbesten.

Das Fraunhofer Informationszentrum (IZB) in Berlin, das zum Forschungsinstitut für Produktionsanlagen und Konstruktionstechnik gehört, gibt hierzu ein anschauliches Beispiel. Was können beispielsweise Pralinenbäcker von Chipherstellern lernen? Pralinen sind klein und empfindlich und sie werden in großen Mengen produziert. Sie werden automatisch verpackt und unterliegen strengen hygienischen Auflagen. Diese Prozesse sowie das Reinheitsgebot finden wir auch bei der Chipherstellung, und hier ist es erstklassig gelöst. Insofern kann der Vergleich mit dem „Best of the class" der Elektronikbranche dem Pralinenbäcker helfen, die Ausschußquote zu reduzieren und die Produktion zu beschleunigen. In der Lebensmittelbranche ist die Logistik für die verderbliche Ware meistens optimal gelöst, davon kann der Chiphersteller profitieren und seine Lieferprozesse verbessern.

Auch die deutsche Tochter des Computerherstellers Digital Equipment in Kaufbeuren gehört zu den Benchmarking-Anwendern. Digital konnte auf diese Weise bei gleichbleibender Qualität die Kostendifferenz zum billigsten Anbieter auf 20% und später auf 6% reduzieren. Der Vertriebsdirektor von Digital sagte 1993, „solche Erfolge gelingen nur dann wenn Benchmarking als dynamischer Prozeß verstanden wird, bei dem man selbst nicht stehenbleiben darf, sondern unablässig seine Chancen ausbaut." Durch konsequentes BM konnte Digital Equipment bei der Entwicklung von Computerspeichern eine Kostenreduzierung von 50% und eine Qualitätssteigerung von 400% erreichen.[13]

In den Vereinigten Staaten gibt es mehrere unabhängige Benchmarking-Zentren in Boston und Houston/Texas (BM Clearinghouse von APQC*), deren Mitglieder regelmäßig Leistungsdaten und Kennzahlen austauschen. Ein international anerkannter Verhaltenskodex soll sicherstellen, daß der Erfahrungsaustausch „effizient und ethisch" verläuft.

*) APQC American Productivity Quality Center

Unternehmen, die gegen diese Kodizes verstoßen, werden aus den Dateien gestrichen.

Das 1994 in Berlin gegründete nationale Benchmarking-Zentrum der Fraunhofer Gesellschaft, das seine Benchmarking-Konzepte stark an britische und amerikanische Vorbilder anlehnt, war eine überfällige Entscheidung. Insbesondere Mittelständler sollen hier die Chance erhalten, sich zu informieren. Das Berliner Institut vermittelt die Kontakte zu anderen interessierten Firmen. Es hat sich zum Ziel gesetzt, die Benchmarking-Methode in Deutschland zu verbreiten und Unternehmen bei der Einführung zu unterstützen. Dies kann nur dann gelingen, wenn das obere Management die Methode fördert und der Wille besteht, die neuen Erkenntnisse auch umzusetzen.

Welche Benchmarking-Arten gibt es und wodurch unterscheiden sie sich?

Wie in den folgenden Abbildungen gezeigt, unterscheidet man die verschiedenen Benchmarking-Arten zum einen nach der Wahl des Vergleichspartners in *internes-, wettbewerbs-, funktionales- und allgemeines Benchmarking* und zum anderen nach der Art des Vergleichs (Bild 37 und 39).

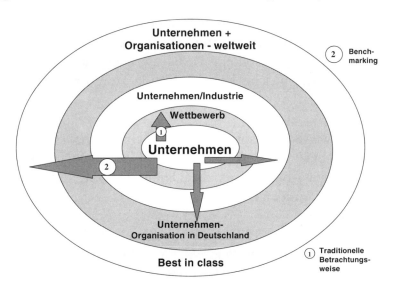

Bild 37: Benchmarking-Vergleichshorizont

Beim *internen Benchmarking*-Vergleich können sich die Unternehmen innerhalb des Konzerns (Zweigwerke) im Inland und/oder mit den Schwesterkonzernen im Ausland vergleichen. Hierbei werden die *ähnlichen Funktionen* (Abläufe) in unterschiedlichen Unternehmenseinheiten untersucht. Das könnte z.B. die Reaktionszeit des Kundendienstes in Europa, Kanada und Asien sein oder die Logistik in den Werken Bochum, Rüsselsheim und Eisenach.

Beim internen Benchmarking ist es wichtig, daß alle Daten und wichtigen Informationen zur Verfügung gestellt werden, und daß keine Vertraulichkeitsprobleme auftreten. Der Vorteil des internen Benchmarkings liegt in der einfachen Erfassung der Daten, allerdings ist der Blickwinkel sehr eingeengt.

Im Bild 37 wird das traditionelle Vorgehen (1), bei dem nur der Vergleich mit dem direkten Wettbewerber erfolgte, dem heutigen Benchmarking-Vorgehen (2), nämlich dem Vergleich mit dem Besten, gegenübergestellt.

Beim w*ettbewerbsorientierten Benchmarking* erfolgt der Vergleich mit dem Konkurrenten oder dem Branchenprimus, hierbei kommt es auf ein faires Geben und Nehmen an. Ein Benchmarking betreibendes Unternehmen kann nicht die eigenen „Schotten" verschließen und vom Benchmark-Geber alle Informationen einheimsen wollen. Den Partnern sollte bewußt sein, daß die Untersuchungen schwerpunktmäßig auf *best practices* ausgerichtet sein sollten. Beide Parteien haben letztlich den Wunsch zu erfahren, welche beste Methode zum Erfolg des anderen beiträgt.

Der Vorteil des wettbewerbsorientierten Benchmarking ist die eindeutige Vergleichsmöglichkeit mit den Praktiken und Technologien der Wettbewerber, nachteilig ist hingegegen die Datenerfassung, die meistens mit Schwierigkeiten verbunden ist.

Hewlett Packard führte 1980 eine Vergleichsstudie der Halbleiterqualitäten durch, um die Fehlerquote der Wettbewerber zu ermitteln. Die Fehlerquote der Wettbewerber J1-J3 und A1-A3 wurde verglichen, um daraus eine Qualitätsbeurteilung vornehmen zu können.

Firma	Inspektion	Fehlerquote pro 1000 St.	Qualitätsbeurteilung
J1	0,00	0,010	89,9
J2	0,00	0,019	87,2
J3	0,00	0,012	87,2
A1	0,00	0,090	86,1
A2	0,11	0,059	63,3
A3	0,19	0,267	48,1

Bild 38: Benchmarking Halbleiter, Quelle: Suzaki [20]

Eine ausschließliche Konzentration auf den direkten Mitbewerber sollte aber vermieden werden, denn das kann den Blick auf die wirkliche Spitzenleistung verstellen. Auch das Potential der funktionalen Mitbewerber sollte identifiziert werden.

Das *funktionale Benchmarking* vergleicht die Prozesse der Unternehmen, die keine direkten Wettbewerber sind. Wer hat das beste Logistikkonzept, die schnellste Durchlaufzeit, die meisten Verbesserungsvorschläge, die höchste Kundenzufriedenheit und warum? Was auch immer untersucht werden soll, die Produkte und Prozesse der Benchmarking-Partner sollten ähnliche Charakteristiken besitzen, wie z.B. Größe, Form, Empfindlichkeit (siehe Beispiel Pralinen- und Chipproduktion).

Der Vorteil beim funktionalen Benchmarking ist die Erweiterung des Ideenspektrums. Als nachteilig hat sich die schwierige Transformation in die eigene Welt erwiesen.

Beim *allgemeinen Benchmarking* werden Prozesse und Geschäftsbereiche untersucht, die trotz der Verschiedenheit der Branchen gleich sind. Dies könnte z.B. die Auftragsabwicklung (Auftragseingang, Auftragsbestätigung, Material- und Lagerabwicklung) sein.

Der *Vorteil* dieser Benchmarking-Art ist die direkte Übertragbarkeit auf das eigene Unternehmen. Als nachteilig erweist sich die Schwierigkeit dieser BM-Art. Sie erfordert eine breite Auffassungsgabe und genaues Verständnis der zu untersuchenden Prozesse. Wenn aber diese Fähigkeiten vorhanden sind, kann sich hierbei für die Partner der größte Langzeitnutzen ergeben.

In Bild 39 sind die verschiedenen Benchmarking-Arten mit ihren Vor- und Nachteilen aufgezeigt.

Benchmarking - Arten

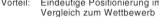

Internes Benchmarking (BM)

Vergleich der geschäftl. Vorgehensweise
Kennzahlen innerhalb des Unternehmens

Vorteil: Einfache Datenerfassung
Nachteil: Begrenzter Blickwinkel

Wettbewerbsorientiertes BM

Analyse von Produkten, Dienstleistungen,
Geschäftsabläufen

Vorteil: Eindeutige Positionierung im
          Vergleich zum Wettbewerb
          Relativ hohe Akzeptanz
Nachteil: Schwierige Datenerfassung

Funktionales Benchmarking

Vergleich von Prozessen und Unternehmen, die keine Wettbewerber sind

Vorteil: Vergrößerung des Ideenspektrums
Nachteil: Relativ schwierige Transformation

Allgemeines Benchmarking

Untersuchen von Prozessen und Ge-
schäftsbereichen, die trotz der Verschiedenheit der Branchen gleich sind.

Vorteil: Direkte Übertragbarkeit auf das
          eigene Unternehmen, Langzeit-
          wirkung
Nachteil: Schwierige BM-Form

Bild 39: Benchmarking-Arten

Die verschiedenen Benchmarking-Arten können auch kombiniert angewendet werden, hier sind der Phantasie keine Grenzen gesetzt. Die
zunehmende Globalisierung verlangt darüber hinaus, Benchmarking auch
auf internationaler Ebene zu betreiben.

Wenn Unternehmen sich zur Teilnahme an Benchmarking-Projekten
entscheiden, dann sind folgende Überlegungen wichtig:
1. *Was* will ich benchmarken?
2. *Wen* will ich benchmarken?
3. *Wie* finde ich den richtigen Benchmarking-Partner?

Was will ich benchmarken?

Vor dem Beginn des Benchmarking ist eine Analyse der eigenen Stärken
und Schwächen durchzuführen, um daraus abzuleiten, „was soll verglichen werden"? Sind es klassische Kennzahlen, die Fertigungstiefe, die
Entwicklungszeiten oder der Anteil von Gruppenarbeit im Unternehmen? Da sich klassische Kennzahlen häufig nur schwer miteinander
vergleichen lassen, können auch Prozesse und Methoden verglichen
werden.

Wie findet man Benchmarking-Partner?

Wenn geklärt ist: Was will ich benchmarken? und wie will ich benchmarken?, ergibt sich die Frage welche Anforderungen stelle ich an meine BM-Partner? Hierzu sind die Auswahlkriterien für die BM-Partner festzulegen. Z.B.:

- Wer ist z.Z. der „Best of class" für meine Untersuchung (z.B. Qualitätsführerschaft, Kosten)?
- Wie spreche ich diese Partner an?
- Wann findet die erste Kontaktaufnahme statt?
- Wie motiviere ich die Partner zur Teilnahme am Benchmarking?
- Welche Vorteile hätte das Benchmarking für den Partner?
- Ist der eventuelle Partner mit BM vertraut?

Anhand eines Bewertungsbogens lassen sich die wichtigsten Kriterien auswerten und mit den Daten im eigenen Unternehmen vergleichen.

Wie erstellt man einen Benchmarking-Fragebogen und was geschieht mit den Ergebnissen?

Die konzeptionelle Entwicklung des Fragebogens erfolgt nach der Bestimmung der Vergleichsziele. Das weitere Vorgehen empfiehlt sich dann wie folgt: Der Fragebogen wird vorgestellt und andschließend der Zeitbedarf für die Datenerhebung ermittelt. Dann verabredet man einen Besuch (Besichtigung des Partnerunternehmens) der BM-Partner, mit denen Gespräche und Interviews geführt werden.

Nachdem Austausch der *Fragebogen* sind die Fragebogen-Auswerte-kriterien festzulegen. Dabei ist zu überlegen, wie sich die Benchmarks mit den eigenen Geschäftsprozessen verknüpfen lassen.

Nach der Auswertung der Fragebogen sind die Benchmarking-Ergebnisse zu vergleichen und zu analysieren, um festzustellen, wie groß die Abweichungen der eigenen Ergebnisse zum Klassenbesten sind:

- Analyse zum Feststellen der „Lücke" (Soll/Ist-Lücke, Bild 40)
- Welche Stärken/Schwächen wurden ermittelt?
- Wo gibt es Potentiale für Verbesserungen?
- Adaption des „Best of class"-Prozesses in das eigene Unternehmen
- Erstellen eines Maßnahmenplanes zur Implementierung

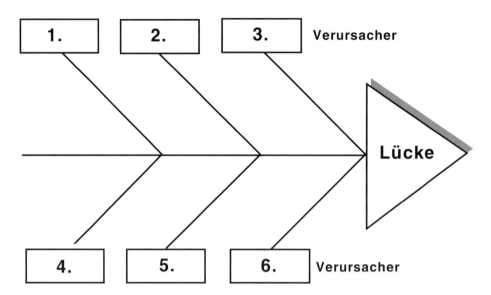

Bild 40: Analyse der BM-Ergebnisse: Wer sind die Verursacher der Lücke?

Die Leistungslücken und deren Ursachen können z.B. in einem Ishikawa-Diagramm (Fischgrätdiagramm) untersucht werden. Die Verursacher der Lücken können Menschen, Maschinen, Methoden oder andere Faktoren sein. Dabei ist zu fragen: Worauf sind diese Lücken zurückzuführen? Und welches sind die Verursacher der Defizite? Auf diese Weise lassen sich Produktivitäts- und Qualitätslücken gut analysieren.

Nachdem Erfassen und Auswerten der Ergebnisse ist ein Maßnahmen-plan für die erfolgreiche Einführung im Unternehmen zu erstellen. Dann beginnt die Implementierungsphase:

- Welches sind die Benchmarking-Ziele,
- Kontrolle der Benchmarking-Ziele,
- Wurde das angestrebte Ziel erreicht?
- Wie soll es in Zukunft weitergehen?
- Welches sind die nächsten BM-Ziele?

Der große Vorteil von Benchmarking (BM)

liegt darin, daß durch den Vergleich mit anderen festgestellt werden kann, wie groß die eigenen Defizite sind und wie Prozesse und Methoden effizienter gestaltet werden können. BM ist auch deshalb interessant, weil es eine preiswerte Methode ist, die mit vertretbarem Arbeitsaufwand den Firmen konkrete Verbesserungen bringt.

Der Benchmarking-Prozeß wird von einem BM-Team betreut, das sich aus verantwortlichen Mitarbeitern der beteiligten Abteilungen zusammensetzt. Das Team, das aus circa 6-8 Personen besteht, ist auf die Aufgaben vorbereitet und wird von der Geschäftsleitung aktiv unterstützt. Das BM-Team führt die interne Analyse durch und erfaßt die quantitativen und qualitativen Kennzahlen. Zur Team-Aufgabe gehört auch die Identifizierung des Klassenbesten und die Erfassung dessen Kennzahlen. Liegt der Vergleich vor, dann kann die „Lücke" geschlossen werden. Die Geschäftsleitung und das BM-Team formulieren nun die gemeinsamen Ziele und entscheiden über die Neugestaltung. Das BM-Team leitet die Implementierung bis zum Erreichen der selbstgesteckten Ziele, dann beginnt das Prozedere erneut, solange, bis der Wandel zum Spitzenunternehmen gelungen ist.

Zusammenfassend kann festgestellt werden, daß es wichtig ist, beim Benchmarken den richtigen Partner zu finden, die richtigen Fragen zu formulieren, die Daten genau zu erfassen und zu analysieren und letztendlich die richtigen Schlüsse für das eigene Unternehmen zu ziehen. Zum Schluß stellt sich die Frage: "Konnte das gesteckte Ziel erreicht werden, welches neue Ziel muß in Zukunft angestrebt werden?"

Mittels Benchmarking können die TQM-Erfolge gemessen werden. Benchmarking unterstützt ein erfolgreiches QFD-Projekt durch den Vergleich der Wettbewerber.

Es genügt aber nicht, vom Besten zu lernen, das Gelernte muß auch im eigenen Unternehmen umgesetzt werden. David Kearns von Xerox Corporation definiert Benchmarking sehr treffend wie folgt: „Benchmarking ist ein kontinuierlicher Prozeß, Produkte, Dienstleistungen und Praktiken zu messen gegen den stärksten Mitbewerber oder die Firmen, die als Industrieführer angesehen werden."

Wer die Einführung von Benchmarking im eigenen Unternehmen plant und weitere Informationen benötigt, findet diese in der Fachliteratur.

Insbesondere das Buch „Benchmarking" von Robert C. Camp, dem Entwickler der Benchmarking-Methode bei XEROX, ist zu empfehlen [35].
Das Ziel des Benchmarking ist es, die Anwendungsmöglichkeit bewährter Verfahren aus anderen Firmen oder Branchen für das eigene Haus zu entdecken. Benchmarking ist ein strukturierter Prozeß des Lernens aus der Erfahrung und aus der Praxis anderer. Es ist die Suche nach den besten Praktiken, die zu Spitzenleistungen führen.

Auch die Informationsbeschaffung über Patente sollte von den Unternehmen mehr genutzt werden. Die Informationen können heute neben der Patentliteratur auch aus Datenbanken abgerufen werden. Vor der Planung eines neuen Produktes bzw. einer Produktverbesserung sollte auch diese externe Information als Ideenquelle von den Unternehmen berücksichtigt werden.

2.3.4.8 Patente / Patente externer Erfinder

Mangelndes Wissen über bereits bestehende Patente kann zu teuren Fehlinvestitionen führen. Deshalb sollten die vorhandenen Informationsquellen genutzt werden. Doch nach Aussagen von Klaus Engelhardt (IW) wird der Informationsaspekt von Patenten heute kaum genutzt, obwohl 85-90% des weltweit veröffentlichten technischen Wissens vorliegen. In den Patentprüfunterlagen sind neben der Aufgabenstellung, der Lösung (Zeichnung), Stand der Technik, Anmelder, Erfinder, Herkunftsland und eventuell genutzte Quellen benannt.
Weiterhin können Patente, Gebrauchsmuster oder Ideen externer Erfinder käuflich erworben werden. In der Regel bieten die Erfinder ihre Neuheiten den in Frage kommenden Unternehmen direkt an.

Das von der Bundesregierung im August 1996 vorgestellte Projekt „Information als Rohstoff für Information" soll zur Förderung des elektronischen Publizierens und zur Verbesserung der Erschließung vorhandenen Wissens beitragen. Es kann davor schützen, daß nicht wie heute, ca. 30% aller Patentanträge abgelehnt werden müssen, weil es sich nicht um Neuheiten handelt [13]. Damit könnte auch der heutige „Rückstau" von ca. 40.000 Patentanmeldungen aufgehoben werden.

Informationen zu Patentanmeldungen sind heute bereits über Datenbanken erhältlich. Deutsche Unternehmen nutzen sie z.Z. aber nur zu ca. 7%, etwa 17% werden, wie bisher, als Papierinformationen genutzt.

2.3.4.9 Datenbanken

Außer der konventionellen Informationsbeschaffung können heute die unterschiedlichsten Datenbanken benutzt werden. Externe Datenbanken sind heute entwicklungsstrategische Instrumente, denn Informationen sind die Grundlage jeder unternehmerischen Entscheidung.

Die Unternehmen sollten erkennen, daß aufgrund der Verkürzung der Produktlebenszyklen bei immer komplexer werdender Technik sich den „Nachzüglern" kaum noch Chancen bieten. Deshalb sollten alle Mittel der Informationsbeschaffung genutzt werden, die heute zur Verfügung stehen. QFD als Entwicklungsinstrument benötigt eine gute Organisation der externen Daten. Online-Datenbanken geben dabei einen Überblick über den Stand der Technik. Auch die Aktivitäten der Wettbewerber sind erkennbar, das ist wichtig für den Konkurrenzvergleich im zweiten Schritt des QFD-Hauses (Kapitel 2.4.1).

Es ist damit zu rechnen, daß sich das Informationsverhalten deutscher Unternehmen durch den einfacheren Zugang zu Datenbanken aufgrund verbesserter technischer Voraussetzungen in Zukunft verändern wird. Circa 2% der Deutschen surfen z.Z. im Internet. Noch ist der „Cyberspace" nur wenigen Anwendern vertraut.

Deutsche und europäische Datenbanken können nicht nur in Bezug auf die eigenen Erfindungen überwacht werden, sondern auch zum frühzeitigen Erkennen von Trends. Die kommerziellen Datenbankanbieter arbeiten professionell und bereiten Dokumente bibliothekarisch auf. Heute gibt es ca. 6000 Datenbanken mit 10 Millionen Einzeldokumenten (pro Datenbank) und es werden täglich mehr (Internet: etwa 200 000 neue Seiten täglich). Davon speichern circa 50 Datenbanken technischen Inhalt. Zum Erreichen einer hohen Trefferquote ist es erforderlich:

1. die Anbieter zu identifizieren;
2. eine Selektion der relevanten Datenbanken vorzunehmen;
3. einen Nutzungsvertrag abzuschließen;
4. die technischen Voraussetzungen zu schaffen, z.B. durch ISDN-Karte oder Modem über einen Datex-J/T-Online-Anschluß;
5. eine entsprechende Software auf dem PC des Nutzers zu installieren.

Bei Einhaltung dieser und einiger anderer Voraussetzungen kann dann ein reibungsloser Informationsfluß erfolgen.

Das gesamte elektronisch erfaßte Wissen der Menschheit: Vom Zeitungs-artikel bis zur kompletten Markstudie ist auf Datenbanken zu finden und kann per Knopfdruck abgerufen werden. Auch *Marktforschungsergebnisse* lassen sich in verschiedenen Datenbanken finden, allerdings sind sie nicht immer explizit aufbereitet. Der Grund dafür ist darin zu sehen, daß Marktforschung in Deutschland im Gegensatz zu den USA häufig Auftragsforschung ist, die der Geheimhaltung unterliegt. Das heißt, Marktforschungsergebnisse sind eine exklusive Ware, und die Endbe-nutzer müssen wissen, daß eine Recherche nach den Ergebnissen nicht unbedingt Vollständigkeit garantiert.
Derzeit gibt es ca. 30 Marktforschungsinstitute und Unternehmens-berater, die Datenbanken produzieren. Die Qualität der angebotenen Marketinginformationen erkennt man an folgenden Kriterien:
Stichprobe, Grundgesamtheit, Erhebungsverfahren, Erhebungsregion, Erhebungszeitraum, Feldarbeit und Datenprüfung. Ein weiteres Aus-sagekriterium ist das Image und die Zuverlässigkeit des durchführenden Institutes.

Falls die Ressourcen zur Datenanalyse im eigenen Unternehmen nicht ausreichen, können durch Infobroker die gewünschten Informationen beschafft werden. Im Kapitel 10.3 ist ein Verzeichnis von Datenbank-anbietern zusammengestellt.

2.3.4.10 Trendforschung und Lifestyle Planning

Der Trend zum Trend ist ungebrochen, aber die Trendforschung ist dennoch in Deutschland eine junge Wissenschaft, die bisher nur von wenigen Unternehmen genutzt wird. Trends so frühzeitig wie möglich zu erkennen und die Reaktionen von Kundengruppen auf neue Konzepte abzuschätzen wird immer wichtiger, da sich durch den kürzer werdenden technologischen Vorsprung der Unternehmen der Wettbewerbsdruck enorm erhöht. Kunden setzen technische Perfektion als selbstver-ständlich voraus, deshalb ist es wichtig, frühzeitig zu wissen, auf welche Parameter die Kunden bei der Auswahl künftiger Produkte Wert legen.

Wie und warum verändern sich Lebensstile, und wie beeinflussen sich gesellschaftliche Trends wechselseitig? Diese Fragestellungen sind in Zukunft von immer größerer Bedeutung, wenn die Neuheit nicht zum Flop werden soll.

Artefakte unterliegen in ihrer Auswahl vielen Faktoren. Nicht nur die rationalen Faktoren wie Funktionssicherheit und Preis-Leistungsverhältnis, sondern auch die emotionalen Faktoren wie Status (gesellschaftliche Akzeptanz), Image, taktile und optische Reize sind von ausschlaggebender Bedeutung.

Verdeutlicht wurde uns die fehlende *gesellschaftliche Akzeptanz* vor einigen Jahren am Beispiel Mercedes Benz. Als das sogenannte „Dinosaurier-Auto" von hervorragender technischer Perfektion am Markt eingeführt wurde, fehlte dafür die *emotionale Akzeptanz*. Die Presse „verriß" das Modell, weil es zu dieser Zeit nicht in das ökologische und ökonomische Konzept paßte. Als die Bundesbahn dann auch noch für eine Verbreiterung des Autozuges über den Hindenburgdamm aufkommen mußte, um den Besitzern dieses Fahrzeuges den Urlaub auf Sylt zu ermöglichen, war die Nation erzürnt.

Ein Frankfurter Seminarveranstalter führte 1996 seine vierten Frankfurter Trendtage durch. Focus kommentierte dazu: „Beginnend mit den Trendtagen versuchen die deutschen Trendforscher ihr halbseidenes Image abzustreifen."

Unternehmen wie Coca Cola und American Express zahlen horrende Dollarbeträge, um sich von Faith Popcorn die Konsumtrends der Zukunft vorhersagen zu lassen. „Clicking" [21] heißt ihr neustes Buch, mit den darin erteilten Tips sollen sich die Markterfolge von selbst, per „Click", einstellen.

Die Trendforscherin Li Edelkoort ist der Ansicht, daß der Tastsinn der Menschen noch wie ein neuer Kontinent zu entdecken sei. So glaubt sie, daß Menschen in aller Welt das taktile Erlebnis beim Kauf einer Ware mindestens so sehr berücksichtigen wie ihr optisches Erscheinungsbild [18]. Sie berät Kunden in aller Welt, vom Stoffproduzenten bis zum Autohersteller und arbeitet mit ihrem Team an der Konzeption eines Swatch-Cars, das sich ähnlich der Swatch-Uhr vermarkten lassen soll.

Japanische Unternehmen sind auch auf dem Gebiet der Trendforschung Vorreiter, sie betreiben diese Forschung schon seit vielen Jahren erfolgreich. Sie wissen, daß man Trends nicht am Schreibtisch erkennt, sondern seine Kunden am Markt beobachten muß, und zwar weltweit. Sie führten auch erfolgreiche *Trenderkennungsmethoden* ein. Die Möglichkeiten, die japanische Firmen nutzen sind:

- Home visit (z.B. in nach Zielgruppen ausgesuchten Haushalten, in Baumärkten, bei Kunden vor Ort);
- Direct response;
- Beobachtungen am Markt (siehe Beispiel der Firma Sharp)
  - wie und wo werden die Produkte benutzt?
  - in welchem Umfeld werden sie benutzt?
- Messen, welche Messen sind wichtig (fachspezifische oder Trendmessen)? Wo sind neue Trends erkennbar (Lebensstil, Geschmack, Mode, Kommunikationsverhalten, u.a.)?
- Medien, z.B. durch ständiges Auswerten aller Zeitungen und Fachzeitungen (bei Sharp im Creative Centre Europe sind täglich 2 Personen ca. 2 Stunden mit dieser Tätigkeit beschäftigt);
- Interdisziplinäre Teamarbeit, z.B. sitzt ein Team ca. 8-12 Stunden in einem Raum mit dem Ziel: "Laßt uns etwas machen, worauf bisher noch keiner gekommen ist."

Die Vorgehensweise bei der Einführung neuer Produkte

Die Vorgehensweise bei der Einführung eines neuen oder vorhandenen Produktes könnte wie im folgenden Ablaufschema (Bild 41) dargestellt erfolgen: Nutzung untersuchen, Lebensstile erforschen, Analyse durchführen, Zielgruppen definieren, Markteinführung. Nach allen Phasen, insbesondere nach der Markteinführung, sollte ein Feedback erfolgen.

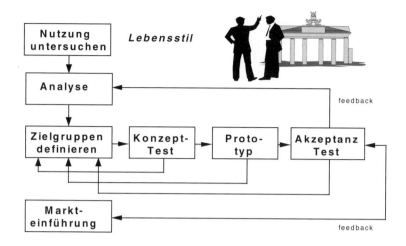

Bild 41: Lifestyle Planning, Vorgehen bei der Entwicklung eines neuen
Produktes, Untersuchen der Lebensstile

Die Firma Sharp Electronic führte Creative Lifstyle Planning Groups ein,
die sich mit der Erforschung von Trends weltweit befassen. Da sich die
Designvorlieben trotz „Global Markets" in den verschiedenen Teilen der
Welt ganz unterschiedlich entwickeln, hat Sharp drei Teams gegründet,
die diese Märkte untersuchen sollen:

• Creative Lifestyle Focus Group (CLFG), Osaka, Japan;

• CLFG Mahwah (NJ), USA;

• Creative Center Europe (CCE), Hamburg.

Zur Aufgabe der Creative Lifestyle Focus Group gehört die Beobachtung
und Überwachung von Trends für Design und Farbe, Veränderungen im
Sozial- und Umweltbereich sowie Veränderungen von Kundenan-
sprüchen. Es werden außerdem Informationen aus der Presse sowie die
Berichte von Messen, Symposien, Präsentationen in Kaufhäusern, von
Fachverbänden und die Informationen der Europäischen Union
gesammelt und ausgewertet.
Sogenannte *Core Technology Groups* leiten bei Sharp die Grundlagen-
forschung von neuen Technologien ein. Sie analysieren die gerade
„aufkeimenden" Technologien, um sie gegebenenfalls in die eigene
Produktion einfließen zu lassen. Gemeinsam mit der Geschäftsleitung
wird dann entschieden, ob die festgestellten Kundenbedürfnisse
befriedigt werden und sich damit Marktchancen für neue Produkte
ergeben.

Die Firma Sharp Electronics praktizierte die Trendforschung erfolgreich mit Camcordern. Man hatte festgestellt, daß diese Geräte von zwei Kundengruppen, den Frauen und den Senioren, signifikant weniger gekauft wurden. Aus einer Untersuchungen ergaben sich folgende Gründe: Die Frauen wollten ihr Augen-Make-up nicht am Okular verschmieren und die Senioren, die häufig Brillenträger sind, hatten Probleme mit der Augenakkommodation.

Sharp konzipierte aufgrund dieser Erkenntnisse eine neue Videokamera, um auch diese beiden Zielgruppen zu erreichen. Man nutzte die bereits im Hause bekannte LCD-Technik und ersetzte das Okular durch einen Minibildschirm (Flüssigkeitskristalldisplay). Nach der Markteinführung des neuen Camcorders wurde dann untersucht, ob die beiden Zielgruppen „Frauen" und „brillentragende Senioren" erreicht wurden; das Ergebnis war positiv und Sharp konnte seinen Marktanteil erhöhen.

Sony brachte inzwischen einen neuen Hi-8-Camcorder „ohne den Hauch von Spießigkeit" auf den Markt. Der Camcorder soll durch sein modernes Outfit die „Jung-Dynamiker" zum Kauf animieren. Es gilt, das Image aufzupolieren, weil die „Dreitagebart-Generation" das Filmen als „peinliches Hobby alternder, in knatschbunten Bermudashorts steckender Pauschaltouristen empfindet, mit denen man sich nur ungern identifiziert." [18]

Sharp führte auch länderübergreifend Forschungen im Home visiting-Bereich durch, um die Anforderungen an Mikrowellengeräten in englischen, italienischen und deutschen Küchen zu testen. Die englische Küche unterscheidet sich im Einrichtungsstil, in der technischen Ausstattung und im Geschmack ganz erheblich von der italienischen und der deutschen Küche. Es zeigte sich, daß man nicht ein Einheitsgerät für die gesamte Welt produzieren kann, nationale und sogar regionale Eigenheiten (z.B. Friesen-Küche und oberbayrische Kücheneinrichtungen) sind unbedingt zu berücksichtigen. Die Küche als Erlebnisraum wird heute sehr genau beobachtet.

Daß nicht jede Trendforschung erfolgreich sein muß, beweist das Beispiel der Firma Puma. Dort wurden durch falsche Trend-„Berater" 50 Millionen DM im Bereich Sportschuhe verschleudert.

Der japanische Autoproduzent Toyota konnte seinen Markterfolg mit dem „Lexus" in den USA nur durch konsequente Trendforschung erreichen. Japanische Ingenieure lebten über einen längeren Zeitraum in amerikanischen Familien, um deren Bedürfnisse an ein Automobil zu erspüren. Ein vergessener Flaschen- oder Dosenhalter kann in den USA zum Mißerfolg eines PKWs beitragen. Deutsche Väter hingegen schätzen eine derartige Zusatzausstattung noch nicht. Der verschüttete Inhalt einer Cola-Dose auf dem Polster des neuen Autos ist der Alptraum deutscher Pkw-Besitzer.

Auch einige deutsche Unternehmen haben inzwischen erkannt, daß sie lernen müssen, wie sie richtig in die Zukunft investieren. Von Volkswagen wird inzwischen intensive Trendforschung betrieben und Daimler Benz berichtet in seinem „HighTech-Report" [24] über die Daimler Benz Forschungsgruppe „Gesellschaft und Technik", die sich mit „Lebensstilmonitoring" beschäftigt. Dieses Team soll erforschen, wie sich Gruppen und gesellschaftliche Trends wechselseitig beeinflussen. Basis dieser Arbeiten sind die Ergebnisse der sozialwissenschaftlichen Lebensstil- und Konsumentenforschung. Die Forscher dürfen dabei das Ziel, die Zukunftsfähigkeit des Unternehmens konstruktiv zu unterstützen, nicht aus dem Auge verlieren.

Daimler Benz nutzt ein weiteres Werkzeug für Trenduntersuchungen, den „Delta-Report" . Dieser Report wird jährlich fortgeschrieben und zeigt die jeweils wichtigsten Veränderungen auf. Die Forscher bringen ihr Know-how in sogenannten Transferworkshops direkt in den Prozeß der Produktentwicklung ein. So wird gewährleistet, daß zukünftige Bedürfnisse frühzeitig erkannt und berücksichtigt, sowie Konsequenzen für das neue Produkt gezogen werden. Bei der Entwicklung einer neuen Mercedes Limousine könnten zum Beispiel die „Aufstiegsorientierten" ins Visier genommen werden. Diese Zielgruppe, die sich durch hohes Einkommen und hohe berufliche und soziale Mobilität auszeichnet, will ihr Bedürfnis nach Individualität vermutlich auch durch ein derartiges Auto ausdrücken. Dies könnte z.B. ein variables Fahrzeug sein, das sich für Alltag und Freizeit gleichermaßen nutzen ließe. Auch der notorischen Zeitknappheit dieser Gruppe könnte durch Kommunikationsmedien im Auto begegnet werden. Das rollende Büro mit Laptop, Telefon, Fax und Drucker macht ein derartiges Auto zum multifunktionalen Fortbewegungsmittel.

Sogar im Versicherungsmarkt werden Trends als Frühindikatoren untersucht. Man weiß, daß sich Einstellungen deutlich früher ändern als Verhaltensdaten, in denen sich Trends aufgrund verfestigter Strukturen erst nach einer gewissen Verzögerung durchsetzen. Hier werden z.B. die „psychologischen Kundentypen" untersucht, die vom „treuen Vertreterkunden" über den „preisorientierten Rationalisten" bis zum „skeptischen Gleichgültigen" klassifiziert unter die Lupe genommen werden. [22]

Mitsubishi Electronic Corporation will durch „Lifetime employment" analysieren, wie die Gesellschaft im Jahr 2010 aussieht, welche Produkte sie benötigt und wo die Märkte dafür sind. Die Produktlinien sollen gestrafft werden, und man will sich zukünftig auf die Kernkompetenzen konzentrieren.

Diese Beobachtungen und Untersuchungsergebnisse sind in Zukunft erforderlich, um sehr flexibel auf Kundenwünsche und Markttrends reagieren zu können. QFD benötigt diese Kundenstimmen, um die sich ändernden Bedürfnisse in marktfähige Produkte schnell umzusetzen.

2.3.5 Zusammenfassung Kapitel 2.3.1 bis 2.3.4

Informationsbeschaffung, Kundenbefragungen

Befragungen dienen der Standortbestimmung zu den wichtigen Fragestellungen, die vor der Planung einer Veränderung zu stellen, zu beantworten und zweckentsprechend auszuwerten sind. Die Zuverlässigkeit der Erhebung hängt ab von

- den richtigen Fragen,
- der Wahl der geeigneten Methode,
- dem Stichprobenumfang und
- der Vielseitigkeit des Analyseverfahrens.

Die Ergebnisse von Kundenbefragungen erfüllen mit ihrer Vielzahl von Daten nur dann einen Sinn, wenn vor der Befragung interner Konsens darüber besteht, was man mit den guten oder schlechten Ergebnissen tun wird und wer sich mit der Umsetzung der Ergebnisse in den Prozessen zu befassen hat. Nur wenn diese Voraussetzungen erfüllt sind, sollte den Kunden eine Befragung zugemutet werden.

Neben den statistischen Ergebnissen haben die schriftlichen Kunden-kommentare einen unschätzbaren Wert für die erfolgreiche, d.h. von den Kunden später auch akzeptierte Veränderung der Produkte und/oder Prozesse des Lieferanten.

Zur erfolgreichen Durchführung von QFD-Projekten ist es daher erforderlich, immer wieder die 6-W-Fragen zu stellen.

Bild 42: Die 6 W-Fragen: Kundenbedürfnisse erfragen, Lösungen finden

Durch dieses konsequente Fragespiel erhält das Unternehmen den wert-vollsten Teil der Umfrage: Die Kundenkommentare. Diese machen sowohl die Nöte, die die Kunden mit dem Lieferanten haben, als auch die als besonders positiv empfundenen Leistungen des Lieferanten deutlich.

Die systematische Analyse der Kundenkommentare ergibt mit den Statis-tiken der Fragebogenergebnisse den *Eingang zum „House of Quality"*, und initiiert so den QFD-Prozeß.

Informationsbeschaffung sollte als dauerhafte Aufgabe eines Unter-nehmens angesehen werden und nicht als Einmal-Veranstaltung für QFD. Diese Aufgabe ist von Marketing, Technik und Vertrieb zu lösen. Dabei sollte das Sammeln und Auswerten von Patenten, Messeberichten, Servicemeldungen und Benchmarking-Ergebnissen in die Verantwortung der Technik gehören, und das Erstellen von Portfolios sowie das Beobachten gesellschaftlicher Trends zum Verantwortungsbereich von Marketing.

Die in den vorstehenden Kapiteln beschriebenen Informationsquellen erbringen Datenmengen, die es sinnvoll zu erfassen und auszuwerten gilt. Die gängigen Auswerteverfahren für Kundenbefragungen werden im folgenden Abschnitt 2.3.6 vorgestellt.

2.3.6 Auswertungsverfahren für Kundenbefragungen

Im Kapitel 2.4.3 wurde dargestellt, *wie* Unternehmen bei der Durchführung einer Kundenbefragung vorgehen können. Hier soll nun aufgezeigt werden wie sie die *Auswertung der erfaßten Daten* vorzunehmen ist. Dabei sollen die Vorteile der Zweikomponentenbefragung gegenüber der Einkomponentenbefragung am Beispiel der Situationsfeldanalyse (Portfolio) aufgezeigt werden.
Die Ergebnisse von Kundenbefragungen sind für Unternehmen von hoher Wichtigkeit. Die Auswertung kann anhand der vorgestellten Verfahren vorgenommen werden:

2.3.6.1 Einkomponentenbefragung - Durchschnittswerte

Die am häufigsten anzutreffenden Umfragen begnügen sich mit der Ermittlung der Kundenzufriedenheit, das heißt, mit der zufriedenheitsorientierten Einkomponentenbefragung zu den im Fragebogen genannten Kriterien. Nach der *Wichtigkeit* und der *Bedeutung* für den Kunden wird, wie das folgende Beispiel zeigt, hier nicht gefragt.

Einkomponentenbefragung

	trifft genau zu				trifft nicht zu
- Man braucht bei der Reparaturannahme nicht lange zu warten.	☐	☐	☐	☐	☐
- In der Werkstatt dieses Betriebes weiß man sein Fahrzeug in guten Händen.	☐	☐	☐	☐	☐

Zufriedenheitsbewertung - keine Aussage zur Bedeutung

Bild 43: Auszug aus einem Fragebogenbeispiel bei Einkomponentenbefragung

Die Auswertung dieser Ergebnisse wird dann meist als Durchschnitts-
wert von Einzelergebnissen dargestellt. Dies mag für die erste Bestands-
aufnahme ausreichen, kann aber längerfristig nicht befriedigen, da die
nach Mittelwerten dargestellten Ergebnisse wenig aussagekräftig sind und
nur eingeengte (und gelegentlich auch falsche) Rückschlüsse zulassen. Es
sollte zumindest die prozentuale Verteilung der Zufriedenheitsklassen für
jedes Kriterium dargestellt werden.

∅ Zufriedenheit = 6,2 (Aussagekraft ?)

Bild 44: Durchschnittswerte/Zehner-Skala gruppiert in 5 Klassen

Diese häufig angewendete Mittelwertbildung der Daten kann leicht zu
Fehlinterpretationen der Ergebnisse führen. Die sich aus einer solchen
Befragung ergebenden Durchschnittswerte bieten nur geringe Differen-
zierungsmöglichkeiten. Der Schwerpunkt für Verbesserungen ist dabei
nicht eindeutig erkennbar. Deshalb sollte die Zweikomponentenbefragung bevorzugt eingesetzt werden.
An einem Fragebeispiel wird *der Unterschied der Befragungsart* verdeutlicht.
Die Fragestellung bei einer eindimensionalen Befragung könnte z.B.
lauten: „Wie zufrieden sind Sie mit unserem Service"?
Die Befragung in zwei Dimensionen wäre dann:
1. „Wie zufrieden sind Sie mit unserem Service"? (Z-Zufriedenheit)
2. „Welche Wichtigkeit/Bedeutung hat dieses Merkmal, in diesem Fall
   der Service für Sie"? (W-Wichtigkeit)

2.3.6.2 Zweikomponentenbefragung

Die Zweikomponentenbefragung betrachtet sowohl die Durchschnittswerte der zwei Komponenten Wichtigkeit (W) und Zufriedenheit (Z) als
auch deren Differenz (W-Z), das Gap. Wird die Auswertung der Zweikomponentenbefragung, wie in Bild 48 gezeigt, auf den beiden Achsen
Zufriedenheit und Wichtigkeit (Bedeutung) vorgenommen, so ist eine
hohe Treffsicherheit bei der Bestimmung der Prioritäten gegeben.

Der *Vorteil* der Zweikomponentenbefragung liegt in der Feststellung der Prioritäten des Handlungsbedarfs aus den Kundenangaben zu der Bedeutung/Wichtigkeit eines Kriteriums und der Zufriedenheit mit der Erfüllung durch den Lieferanten. Das Maß der Zufriedenheit muß mit dem Maß der Wichtigkeit übereinstimmen. Ist eine Differenz zwischen W und Z gegeben, spricht man von einem Delta oder Gap. Das Maß für den Handlungsbedarf ist die Differenz aus Wichtigkeit (W) minus Zufriedenheit (Z); Gap = W - Z

An einem Praxisbeispiel wird die Gap-Auswertung gezeigt:

Bild 45: Berechnung des „Gap", Auszug aus Praxisbeispiel

Zweikomponentenbefragung

- Dauer der Instandsetzungsarbeiten bis zur Wiederverfügbarkeit des Systems

- Verständlichkeit der Aussagen der Kundendienstingenieure über Art und Stand der Arbeiten

Wichtigkeit

Zufriedenheit

Bild 46: Auszug aus einem Fragebogenbeispiel bei Zweikomponentenbefragung

Unzureichend bei der Auswertung der Kundenbefragung ist allerdings auch hier die Betrachtung von Durchschnittswerten, da diese oft sehr eng beieinanderliegen und von der Ungenauigkeit der Erhebung meist nicht zu trennen sind. Das Auswertungsprogramm sollte daher so konzipiert sein, daß es geeignet ist für die Auswertung von Zweikomponentenbefragungen mit einer klassifizierten Ergebnisdarstellung. Diese zeigt die Verteilung der Zufriedenheitswerte kombiniert mit den zugehörigen Bedeutungswerten auf. Die Verknüpfung dieser Auswertung mit einer dritten Kenngröße läßt Korrelationen deutlich erkennen.[23]

Bei einer Betrachtung nur der Durchschnittswerte im folgenden Beispiel ist eine Prioritätenfindung nicht möglich. Erst durch die Multiplikation von W_1 x Gap_1 und W_2 x Gap_2 lassen sich die Prioritäten für den Handlungsbedarf bei diesem Zweikomponenten- (multiattributiven) Verfahren deutlicher erkennen.

Gap-Analyse $\varnothing$ W - $\varnothing$ Z = $\varnothing$ Gap

$\varnothing$ W_1 = 9,4 $\varnothing$ Z_1 = 7,3₁ $\boxed{\varnothing\ Gap_1\ =\ 2,1}$

$\varnothing$ W_2 = 5,8 $\varnothing$ Z_2 = 3,7 $\boxed{\varnothing\ Gap_2\ =\ 2,1}$ $\rangle$ **und nun ?**

Verbesserungshilfe zur Prioritätenfindung:
$\varnothing$ **W** x $\varnothing$ **Gap = X** X_1 = 9,4 x 2,1 = 19,7 X_2 = 5,8 x 2,1 = 12,2

Bild 47: Gap-Analyse - Wichtigkeit minus Zufriedenheit

Die grafische Darstellung der Wertepaare Wichtigkeit (W) und Zufriedenheit (Z) zu jedem Fragekriterium hat sich bewährt und wird im Situationsfeld Abb. 48 gezeigt.

Eine Verknüpfung der statistischen Ergebnisse mit den Kommentaren z.B. der „kritischen Kunden" aus der Situationsfeldanalyse (Bild 48) liefert insbesondere dann eine nützliche Hilfe, wenn die Befragung nicht anonym erfolgte und eine Zuordnung zu individuellen Einsendern möglich wird. Die statistisch faßbaren Zahlenergebnisse zu den numerisch bewertbaren Fragen nach der Wichtigkeit der Kriterien für den Kunden einerseits und dem Grad seiner Zufriedenheit mit der Erfüllung dieses Kriteriums andererseits geben Hinweise auf die Priorität der Bearbeitung für den Lieferanten.

Eine zweidimensionale Darstellung der Ergebnisse als „klassifiziertes Streuungsdiagramm" (Bedeutung des Kriteriums für den Kunden und seine Zufriedenheit mit dem Erfüllungsgrad) hat sich auch deshalb als vorteilhaft erwiesen, weil sich hierbei wesentlich aussagekräftigere Informationen ergeben (siehe Bild 48 Situationsfeldanalyse).

2.3.6.3 Situationsfeldanalyse zur Auswertung

Das Situationsfeld- bzw. Portfoliodiagramm wurde bereits im Kap. 2.3.2.2 zur Segmentierung der Zielgruppen vorgestellt. An dieser Stelle wird gezeigt, wie mit Hilfe dieses Diagramms die Analyse und Auswertung der Ergebnisse der Kundenbefragung vorgenommen werden kann. Die Klassifizierung in z.B. sechs Gruppen in der Situationsfeldanalyse (vgl. Bild 48) ist überschaubar und läßt bei Bedarf Korrelationen der einzelnen Felder des Diagramms zu anderen Kriterien, wie z.B. die Verteilung der Branchen zu.

Zu einem unwichtigen Kriterium müssen nicht sofort Anstrengungen für Verbesserungen unternommen werden. Die Darstellung der Wertepaare W und Z zu jedem Fragekriterium als Balkendiagramm hat sich als günstig erwiesen. Das wird auch an dem Beispiel aus der Computerbranche in Bild 49 deutlich.

Die Feldbegrenzungen sollten im Auswertungsprogramm variabel setzbar sein. Die Darstellung der Situationsfeldanalyse verdeutlicht diese Gruppierungsmöglichkeit.

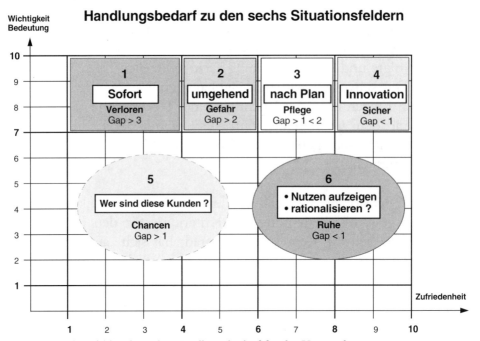

Bild 48: Situationsfeldanalyse, der Handlungsbedarf für das Unternehmen

Das Gap ist die Differenz zwischen der Wichtigkeit/Bedeutung und Zufriedenheit. Betrachtet man die 6 Felder im Bild 48, dann wird der Handlungsbedarf sofort erkennbar. So ist z.B. im Feld 1, bei einem Gap > 3 d.h. W = 10, und Z = 7 das Gap =   W - Z   = 10 - 7 = 3 ein absoluter Handlungsbedarf des Lieferanten gegeben, denn dieser Kunde ist so gut wie verloren, er würde am liebsten sofort zur Konkurrenz wechseln. Bei einem Gap > 2 (Feld 2) besteht die Gefahr, den Kunden zu verlieren, hier ist umgehendes Handeln erforderlich, denn die Konkurrenz ist ebenso attraktiv. Ist das Gap > 1, so sollte der Kunde gepflegt und nach Plan bedient werden. Um diesen Kunden muß man sich kümmern, dann bleibt er auch zukünftig erhalten. Im Feld 4 mit einem Gap < 1 findet man die Fans des Unternehmens. Diese Kundengruppe wird mit Sicherheit erhalten bleiben, es sollten ihr aber immer wieder Innovationen (begeisternde Faktoren) angeboten werden.

Wird die Zufriedenheit höher bewertet als die Wichtigkeit (Feld 6), so sind folgende Aspekte zu bedenken:

Wird zuviel Unnötiges, dem Kunden fast Lästiges geleistet? Das Merkmal wird als Basisanforderung gut erfüllt, es darf aber bei relativ hoher Wichtigkeit keinesfalls vernachlässigt werden.

Bei hoher Wichtigkeit (W) und geringer Zufriedenheit (Z) muß vor einer Änderung nachgeprüft und beim Kunden nachgefragt werden. Denn es kann durchaus passieren, daß ein Merkmal mit hoher Wichtigkeit und geringer Zufriedenheit bewertet wird, weil dem Kunden das Leistungsmerkmal nicht bekannt war. In diesem Fall liegt kein technisches Problem, sondern ein kommunikatives Defizit vor: Der Lieferant versäumte, den Kunden über den Inhalt der Leistung aufzuklären.

Für die Marketingfachleute hat die Gap-Analyse eine hohe Aussagekraft zur Einschätzung der Kundengruppen und deren Zufriedenheit mit dem Unternehmen.

Das folgenden *Praxisbeispiel* in Bild 49 zeigt die Auswertung der Befragung der Firma Compufix, die ihre Kunden jährlich befragt, um daraus Verbesserungen und Innovationen der Dienstleistung abzuleiten. Das Umfrageergebnis lag bei einer Gesamtzufriedenheit von 8,7 von insgesamt 10 möglichen Punkten.

An diesem Praxisbeispiel soll gezeigt werden, daß durch die Zweikomponentenauswertung eine übersichtliche Darstellung der Befragungsergebnisse möglich ist, die den Handlungsbedarf für den Lieferanten sofort erkennen lassen. Die in dem Diagramm gestapelten Balken 1-6 stellen die prozentuale Verteilung im Situationsfeld (vgl. Abb. 48) dar. Sie repräsentieren die zwei Komponenten Wichtigkeit (W) und Zufriedenheit (Z). Die Ziffern in den Balken (Abb. 49) weisen auf das entsprechende Situationsfeld hin.

Das größte Gap (2,6) finden wir im Abschnitt E „die Lieferungen sind vollständig." In diesem Fall führten die fehlerhaften Lieferungen zur Unzufriedenheit der Kunden von Compufix. Zum Komplex Lieferprozeß und Produkte, Frage E - „Vollständigkeit der Lieferung", sind über 70% (Feld 1 und 2) der Kunden höchst unzufrieden, davon können 38% (Feld 1) als „verlorene" Kunden betrachtet werden. Es gibt nur 4% sichere, d.h. sehr zufriedene Kunden (Feld 4). Das negative Delta (C) weist auf ein Basisanforderung oder auf Übererfüllung hin, die Bedeutung wurde hier geringer angegeben als die Zufriedenheit.

Die rechte Spalte des Auswertediagramms zeigt das (∅△) Durchschnitts-Gap und die Spalte daneben die (∅) Durchschnittszufriedenheit.

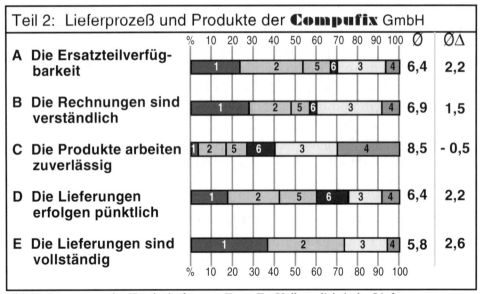

Bild 49: Auswertung der Kundenbefragung, Frage E - Vollständigkeit der Lieferung

Die Firma Compufix muß, wenn sie die Kunden nicht dauerhaft an die Konkurrenz verlieren will, Sofortmaßnahmen einleiten, um die Kundenzufriedenheit im Bereich (E) der „Vollständigkeit der Lieferung" zu verbessern.

Die Interpretation der Einstufung von Wichtigkeit und Zufriedenheit bei Verwendung der Situationsfeldanalyse wird am folgenden Beispiel aufgezeigt.

Wichtigkeit 1 = unwichtig 10 = sehr wichtig	Bewertung	Zufriedenheit 1 = sehr unzufrieden 10 = sehr zufrieden
Das Kriterium ist leicht zu verkaufen.	10 - 9	Der Lieferant ist sicher vor der Konkurrenz.
Die Kunden werden dieses Merkmal in ihre Kaufentscheidung einbeziehen.	8 - 7	Der Lieferant ist konkurrenzfähig, er ist aber nicht besser als andere Bewerber.
Die Kunden entscheiden heute nicht nach diesem Kriterium. Es kann ihnen aber sehr wichtig werden.	6 - 5	Der Lieferant ist spürbar schlechter als Mitbewerber. Er wird nicht mehr berücksichtigt, wenn die Alternativen insgesamt mehr bieten.
Die Kunden sehen keinen Vorteil, sie ignorieren das Merkmal. Es wird nicht in die Entscheidung einbezogen, auch wenn es vom Lieferanten herausgestellt wird.	4 - 1	Der Lieferant verliert die Kunden, wenn das bewertete Merkmal für die Kunden hohe Wichtigkeit hat.

Bild 50: Interpretation der Bewertung von Wichtigkeit und Zufriedenheit

Die Kundenkommentare der Umfrage bilden den Eingang für das erste QFD-Haus. Wie diese Kommentarauswertung im QFD-Haus weiter aufbereitet wird, zeigt das folgende Kapitel 2.3.6.4.

2.3.6.4 Die Darstellung der Befragungsergebnisse

Die „Stimmen der Kunden" sind erst dann nutzbar, wenn die Flut der gespeicherten Daten aus den Fragebögen sinnvoll aufbereitet wird. Eine verständliche Ergebnisdokumentation erhöht den Erfolg der Maßnahmen. Die tabellarisch und grafisch dargestellten Ergebnisse müssen eindeutige Aussagen zu den kritischen Feldern und damit zu den erfolgversprechenden Chancen liefern. Die Methoden der statistischen Auswertung sind mit der Entwicklung des Fragebogens zu planen, falls nicht bereits ein geeignetes Auswertungsprogramm zur Verfügung steht. Ein neues Programm sollte erst nach sorgfältiger Planung der gewünschten Varianten der Ergebnisdarstellung entwickelt werden und die Eingabemöglichkeit der Kommentare sowie deren Auswertung sicher stellen.

Die Möglichkeit der individuellen Darstellung der besonders kritischen und gefährdeten Kunden, die z.B. die für sie wichtigen Kriterien mit einer hohen Bedeutung, ihre Zufriedenheit mit einem niedrigen Wert ausdrückten sollte dann genutzt werden, wenn die Fragebogen nicht anonym sind. Die Verknüpfung der individuellen Ergebnisausdrucke mit den Kommentaren der als besonders gefährdet einzustufenden Kunden kann dann direkt zur Einleitung individueller Kundenbetreuungs-maßnahmen genutzt werden.

Die Darstellung der Auswertungsergebnisse kann im Einzelnen wie folgt vorgenommen werden:

1. Tabellarische Darstellung der statistischen Ergebnisse.
2. Graphische Darstellungen in wählbarer Ausführung (z.B. Balkendia-gramme, Tortendiagramme, gestapelte Balken) farbig und schwarz-weiß. Farbige Präsentationsfolien mit graphisch umgesetzten Ergeb-nissen.
3. Übersichtliche Ausdrucke der Kundenkommentare mit Adressen, wobei die Kommentarausdrucke nach Themenbereichen sortiert aus-druckbar sein sollten.
4. Einzelausdrucke der gefährdeten Kunden mit Adresse, Kommentaren und Angabe der kritisch beurteilten Felder.

QFD ist auf die „Stimme der Kunden" angewiesen. Daher war in der Phase Null (Kapitel 2.3) zu klären, wer mit „den Kunden" gemeint ist. Die Zielgruppe ist eindeutig definiert. Die Anforderungen „was will der Kunde?" und „welche Qualitätsansprüche stellt der Kunde?" sind erfaßt. Nachdem nun eine Vielzahl von Möglichkeiten zur Ermittlung von Kundenforderungen untersucht wurden, stehen dem Unternehmen die Ergebnisse aus z.B. internen und externen Befragungen, aus Markt-analysen, Benchmarking und/oder der Trendforschung zur Verfügung.

Das QFD-Team beginnt nun vor der Arbeit im ersten Haus (Phase I, Schritt 1) mit der Strukturierung der Kundenforderungen.

2.3.7 Vorbereitung der Phase I:
Die Strukturierung der Kundenanforderungen

Das Projektteam aus Marketing, Forschung/Entwicklung, Vertrieb und Kundendienst beginnt mit der Analyse der bereits ermittelten aktuellen Kundenanforderungen. Nach der Analyse werden diese Anforderungen sehr sorgfältig strukturiert z.B. durch Metaplan- oder KJ-Technik (vgl. Abb. 52). Dies geschieht in einer Brainstorming-Runde durch das Aufschreiben jeder einzelnen Kundenforderung auf farbige Papierkärtchen, die dann zu Themengruppen oder „Clustern" zusammengefaßt werden. Diese Technik wird auch Affinitätsdiagramm genannt. Die Diagramme dienen der Ordnung und Strukturierung von Ideen, Fakten und Meinungen. Bei QFD werden sie zur Strukturierung der Kundenanforderungen eingesetzt.

Kunden äußern ihre Wünsche meistens nur ganz allgemein oder verschwommen. Sie möchten ein „sparsames Auto" oder eine „hübsche Tasche." Diese Erfahrung machte auch die Firma SONY, als sie Jugendliche zu ihren Wünschen nach der nächsten Generation von Walkman befragte. Hier erhielten die Marktforscher Antworten wie „schön" und „geil." Was meint der Kunde mit „schön"? Ist es die Farbe, die Form? Derartig allgemeine Begriffe sind zu hinterfragen, um den Handlungsbedarf zu erkennen. Die Worte des Kunden sind zu interpretieren und zu strukturieren, bevor die Arbeit im ersten Haus beginnen kann.

Die Strukturierung der Kundenstimmen erfolgt nun nach den Kundenhierarchien, denn die (segmentierten) Kundengruppen haben völlig unterschiedliche Bedürfnisse, denen wiederum ganz spezielle Lösungen gegenüberstehen. Diese Kriterien sind „sauber" voneinander zu trennen und gegebenenfalls in separaten QFD-Häusern zu untersuchen, um Komplexität zu vermeiden. Eine Aufsplittung in Nachbarhäuser sollte aber nur dann vorgenommen werden, wenn die Ziele eindeutig der Kundengruppe oder Funktionsgruppe zuzuordnen sind.

Die Kundenanforderungen sind unter besonderer Berücksichtigung der Kano-Faktoren (Begeisterungsfaktoren) wörtlich zu vermerken. Diese *Übersetzung* der Kundenforderungen wird nun in folgender Weise vorgenommen:

1. Die wortwörtlichen Ausdrücke des Kunden sind so zu formulieren, daß einfache Ausdrücke mit eindeutiger Bedeutung verwendet werden; z.B. „schön" bedeutet „gelbes Gehäuse" (oder: was meint der Kunde mit der Aussage „leicht" oder „leise"?)

2. Diese umformulierten Aussagen werden gruppiert (geclustert) und mit einer Überschrift versehen, um eine Struktur zu schaffen.

3. Die primären Details werden festgehalten und um die Untergruppen der sekundären und tertiären Anforderungen erweitert. Eine Auffächerung der Kundeninformation in drei (oder mehr) Ebenen erleichtert dem QFD-Team das Verstehen. In Bild 52 und 53 wird dieses Vorgehen gezeigt.

Vor selektivem Zuhören und Hineininterpretieren eigener Vorstellungen in die Kundenforderungen durch das Team muß ausdrücklich gewarnt werden, denn Selbstbewertung und Fremdbewertung liegen fast immer weit auseinander. Daher betont auch Yoji Akao die außerordentliche Bedeutung des Zuhörens und der sorgfältigen Analyse, um die „Stimmen der Kunden" zu verstehen. Er hält eine Aufbereitung der Kundenforderungen nach dem in Bild 51 beschriebenem Schema für unerläßlich:

1. Das Sammeln der Kundenanforderungen (wie Kap. 2.3 beschrieben), wobei es für ihn wichtig ist, daß „Hören statt Fragen" praktiziert wird.

2. Die 6-W-Methode, d.h.: Wer, was, wo, wann, warum, wie?

3. KJ-Affinitätsdiagramm, das im nächsten Kapitel und in den Bildern 52 und 53 vorgestellt wird.

4. Fragenkatalog aus den KJ-Ergebnissen und Gewichtung, welche Forderung hat die höchste Priorität?

5. Kundenanforderungen (KA) sind zu strukturieren und in die Qualitätabelle zu übertragen, wie in den folgenden Beispielen Bild 57, 58, 59 und 60 gezeigt.

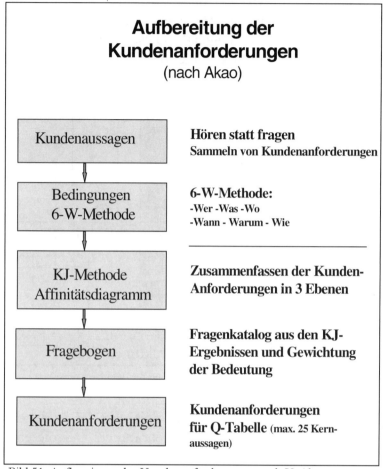

Bild 51: Aufbereitung der Kundenanforderungen nach Y. Akao

Die KJ-Methode, benannt nach ihrem Erfinder, dem Japaner **J**iro **K**awakita, faßt die Kundenaussagen wie im folgenden Bild gezeigt, in drei Ebenen zusammen. Diese Methode findet in Japan insbesondere bei ingenieurstechnischen Problemstellungen eine weite Verbreitung. Das KJ-Diagramm ermöglicht die Ordnung von chaotisch vorliegenden Daten. Sie ist vergleichbar mit der Metaplantechnik (Pinwand-Technik), hat aber im Gegensatz zur Metaplantechnik ihren Wirkungskreis auf einer horizontalen Ebene, z.B. auf einem Arbeitstisch. Grundprobleme werden zerlegt und in Diskussionen dann die Veränderung der Beziehung zueinander festgestellt. Genau nach diesem Verfahren wird nun mit der Zerlegung der Kundenanforderungen in drei Ebenen begonnen und nach einem Zusammenhang innerhalb dieser Forderungen gesucht, diese werden dann wie beim Brainstorming auf Karten geschrieben. Die inhaltlich zusammengehörenden Karten sind zu einer Gruppe, dem Cluster zusammengefaßt. Diese Cluster können bereits so sortiert werden, daß sich daraus die drei Ebenen ergeben: primäre, sekundäre und tertiäre Kundenanforderungen.

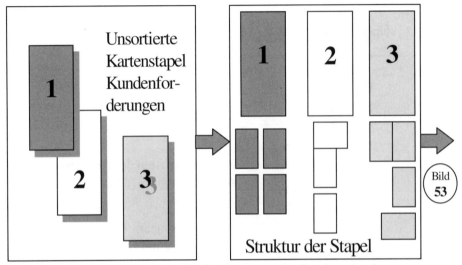

Bild 52: KJ-Methode, Vorgehen bei der Strukturierung der Kundenwünsche

In dem folgenden Bild 53 wird die Gruppierung der in den Formulierungen enthaltenen Informationen vorgenommen. Bei diesem Beispiel handelt es sich um eine Fernsteuerung. Strukturiert wurde der primäre Kundenwunsch *„leicht zu bedienen"* in die sekundären Anforderungen:

1. leicht zu halten;
2. die Bedienung ermüdet nicht;
3. die Bedienungsprinzip ist leicht verständlich;
4. kann schwierige Manöver durchführen.

Im nächsten Schritt werden zu jeder sekundären Anforderungen die tertiären Anforderungen ermittelt.

Für die erste Forderung - „leicht zu halten" - sind dies:
1. leicht zu tragen;
2. leicht zu halten, weil es (die Fernsteuerung) klein ist;
3. leicht zu halten, weil es leicht ist;
4. stabil in der Hand;
5. stabil beim Weglegen.

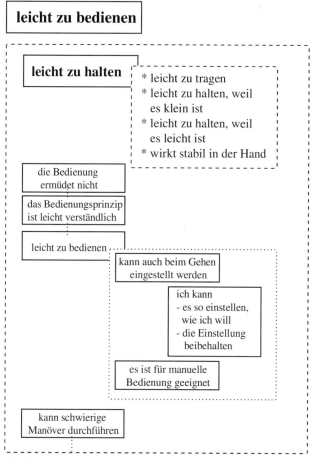

Bild 53: KJ-Methode zur Darstellung der verschiedenen Ebenen
(Quelle: Y. Akao)

In Deutschland ist die KJ-Methode (Affinitätsdiagramm) zur Strukturierung von Ideen kaum bekannt und wenig verbreitet. Hier bevorzugt
man zur Strukturierung der Anforderungen die Metaplantechnik oder das
Baumdiagramm, das auch unter dem Begriff Fehlerbaum oder Funktionenbaum bekannt ist. Baumdiagramme zeigen den linearen Zusammenhang

zwischen der beobachteten Wirkung und den möglichen Ursachen. Auch hier werden die globalen Aussagen in drei oder mehr Ebenen untergliedert. Bei einer dreistufigen Struktur spricht man auch hier von den primären, sekundären und tertiären Funktionen oder Anforderungen. Durch die Darstellung in einem Funktionenbaum lassen sich auch komplizierte Zusammenhänge aufzeigen (vgl. Baumdiagramm in QFD-Phase II, Kapitel 2.5).

Daß es auch einfach geht, soll an dem nächsten Beispiel gezeigt werden: Hier ist das Baumdiagramm in stark vereinfachter Weise dargestellt. Der Ausgangspunkt ist das Auto (1. Ebene). Die Verzweigungen in den folgenden Ebenen sind:

2. Ebene: Elektrik und Antrieb;

3. Ebene: die weiteren Komponenten der Ebene 2;

4. Ebene: Einzelkomponenten wie z.B. der Anlasser oder die Batterie.

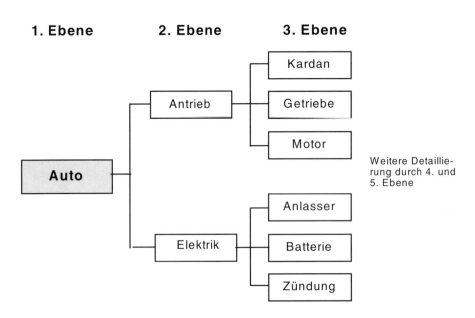

Bild 54: Baumstruktur in drei Ebenen

Die bildhafte Bezeichnung Baumdiagramm beschreibt sowohl den Zweck als auch die Gestalt dieses Diagramms, mit dem wir unsere Ideen, Pläne oder Ziele ähnlich der Baumstruktur in der Rangfolge ihrer Bedeutung *gegliedert* darstellen können.

Die Ebenen des „Baumes"

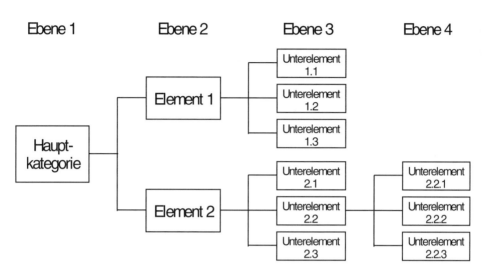

Bild 55: Die 4 Ebenen der Baumstruktur

Allen Anwendungen des Baumdiagramms ist die Gliederungsstruktur nach der Hauptkategorie, ihren Einzelelementen und deren Unterelementen gemein. Die Strukturierung der Kundenanforderungen zur Entwicklung und Darstellung der Qualitätsmerkmale zu einem neuen Produkt oder einer Dienstleistung kann auf diese Weise vorgenommen werden.

Als Formblatt zur Struktur der Kundenanforderungen hat sich die Funktionenbaum-Matrix in Bild 56 bewährt.

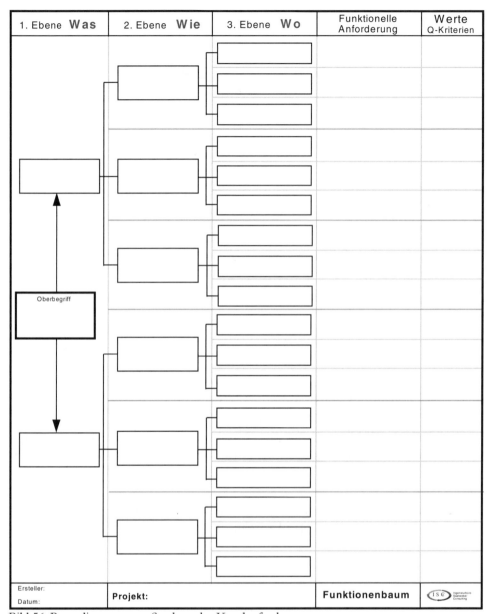

Bild 56: Baumdiagramm zur Struktur der Kundenforderungen

Ein weiteres Erfassungsblatt, das nicht nur bei Kundenumfragen, sondern auch von allen kundennahen Abteilungen permanent benutzt werden könnte, wird in Bild 57 gezeigt. Die konsequente Erfassung der Kundenwünsche und aller eingehenden Kundeninformationen ist so auf einfache Weise möglich.

Strukturierung der Kundenforderung (oder der Produktmerkmale) Blatt Nr.				
Bezeichnung:		**Datum:**	**Bearbeitg.:** *(Name/Team)*	
Lfd. Nr.	1. Ebene	2. Ebene	3. Ebene	4. Ebene

Bild 57: Erfassungsblatt zur Struktur der Kundenwünsche

Dieses „Erfassungsblatt" kann auch zur Strukturierung der Produkt-merkmale in der Kopfzeile der QFD-Matrix in Phase II (vgl. Kap. 2.5) benutzt werden.

Alle Vorbereitungen für die Arbeit im 1. Haus in Phase I sind getroffen, die Kundenwünsche sind strukturiert und die folgenden Kapitel zeigen nun das weitere Vorgehen am Praxisbeispiel „Heiztherme".

2.3.7.1 Praxisbeispiel Heiztherme
Struktur der Kundenanforderungen

Der Hersteller von Heizthermen und Kesseln führte bei Endanwendern und Installateuren eine Kundenumfrage durch und nutzte die Ergebnisse der letzten Heizungsmesse. Die Anforderungen beider Kundengruppen fielen sehr unterschiedlich aus, es schien daher ratsam, diese in getrennten QFD-Projekten zu bearbeiten. Die Forderungen der Endanwender sind in Bild 58 zusammengefaßt, sie enthalten folgende Aussagen:

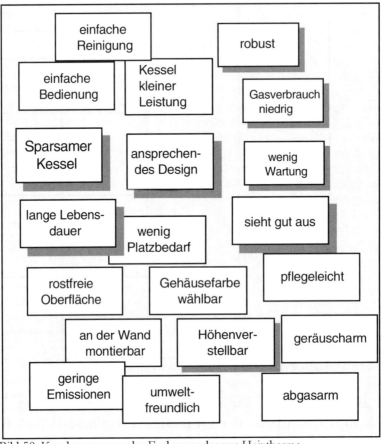

Bild 58: Kundenaussagen der Endanwender zur Heiztherme

Die Therme soll auch in Etagenwohnungen eingebaut werden, daher sind die Forderungen an das Design für den Endkunden besonders wichtig.

Nachdem die Kundenforderungen erfaßt sind, werden sie schrittweise gruppiert (clustern). Bei diesem Vorgehen sind den einzelnen Anforderungsgruppen Oberbegriffe zuzuordnen. In diesem Beispiel (vgl. Abb. 59) sind die Oberbegriffe: „einfache Handhabung", „paßt zur Umgebung" und „umweltfreundlich".

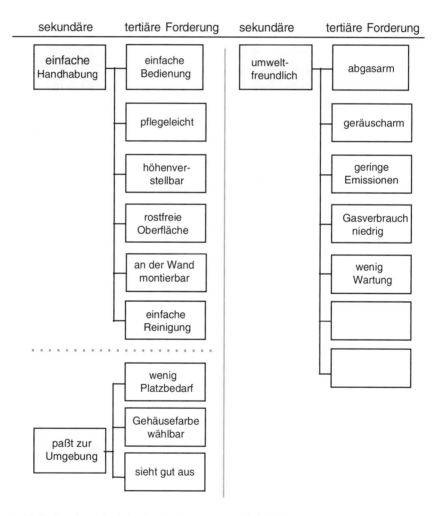

Bild 59: Struktur der Kundenforderungen am Beispiel Heiztherme

Die tertiären Anforderungen des Strukturastes (Bild 59) finden Eingang in das erste QFD-Haus (vgl. Bild 61). Zu ihnen sind dann im nächsten Schritt die Merkmale zu bestimmen, mit denen die einzelnen Forderung erfüllt werden sollen (vgl. Bild 60 und 61).

Die Kundenanforderung „paßt zur Umgebung" wird durch die drei tertiäre Forderungen erfüllt:
- sieht gut aus,
- wenig Platzbedarf,
- Gehäusefarbe wählbar.

Im nächsten Schritt ist nun zu untersuchen, wie diese drei tertiären Forderungen technisch zu beschreiben sind. In Bild 60 wird die Übersetzung der Was-Forderungen in die Wie-Merkmale vorgenommen.
Die Kundenanforderung „Gehäusefarbe wählbar" wird durch eine Erhöhung der „Anzahl der Farbvarianten" erreicht. Die Forderung nach „wenig Platzbedarf" läßt sich durch die Reduzierung der Abmessungen und die Forderung „sieht gut aus" durch ein ansprechendes Design" erreichen.

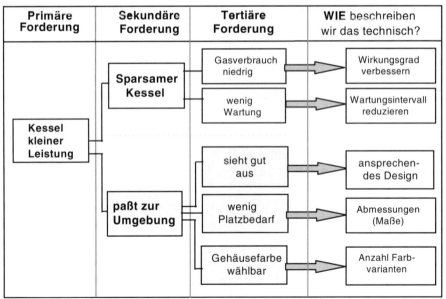

Bild 60: Übersetzen der Kundenforderung am Beispiel Heiztherme

Die tertiären Kundenanforderungen werden nun mit den durch den Kunden festgelegten Bedeutungswerten (B) in der QFD-Phase I in die HoQ-Matrix (Abb. 61) übertragen. Die Pfeile in der Kopfspalte geben die Änderungsrichtung des jeweiligen Wie-Charakteristikums an. So sollen beispielsweise die Schallemission (Spalte 1) und der Wartungsintervall (Spalte 2) reduziert werden, während die Anzahl der Farbvarianten (siehe Spalte 6) zu erhöhen ist.

Änderungsrichtung →				↓	↓	↑	↑	○	↑	↓	○
Wie → Charakteristiken / Was ↓ Kundenforderungen			Bedeutung ↓	Schall-emission	Wart.-Intervall	Design Merkmale	Wirk.-Grad bei 2 - 9 kW	Maße	Farbvarianten	Fehler intervall	Emission
				1	2	3	4	5	6	7	8
Heiztherme kleiner Leistung	paßt zur Umgebung	sieht gut aus	3			◎		○	◎		
		wenig Platzbedarf	7			○		◎			
		Gehäusefarbe wählbar	4			Δ			◎		
	sparsamer Kessel	Gasverbrauch niedrig	9	○	○		◎				◎
		wenig Wartung	8		◎		◎			◎	
		Abgasnorm	10				◎				◎

Bild 61: Die tertiären Kundenanforderungen in QFD-Phase I

Der erste Schritt zu einem erfolgreichen QFD-Projekt, die Erfassung und Struktur der Kundenanforderungen, ist beendet und die „Stimme des Kunden" bildet nun die Eingangsgröße für die weiteren Schritte im ersten QFD-Haus.
Die Bewertung in der Matrix und das weitere Vorgehen wird in den folgenden Kapiteln ausführlich erläutert.

2.4   Phase I: Kundenforderungen in Produkt-
merkmale übersetzen und bewerten

2.4.1   Die 10 Vorgehensschritte im ersten Haus
am Beispiel Bild 62:

Schritt 1: Kundenanforderungen („Stimme der Kunden") unter (1) und
Bedeutung (B) der Kundenforderung in die daneben liegende
Spalte eintragen.

Schritt 2: Bewertung des eigenen Produktes (der Dienstleistung) im
Vergleich zu gleichartigen Produkten der Wettbewerber aus
Sicht der Kunden durchführen, entweder durch:
- subjektiven Vergleich durch die Kunden,
- Benchmarking, oder
- Ergebnisse der Kundenbefragung.

Schritt 3: Zusätzliche Eintragungen aus dem Service und Verkauf .

Schritt 4: 4a)Wie sollen die Kundenwünsche erfüllt werden?
Eintragen der charakteristischen Merkmale der Funktionen, die
die Kundenforderungen erfüllen.
4b)Welche Zielwerte sollen die Merkmale(4a) erreichen?
4c)In welche Richtung soll eine Veränderung erfolgen?

Schritt 5: Beziehungsstärke der WIE's zu den WAS's:
5a)Wie stark unterstützt das Merkmal (4a) die Forderung des
Kunden (1)? Bewertung: 9-3-1, besser sind die Symbole.
5b)Multiplikation der Zahlenwerte (5a) mit den Zahlenwerten
der Spalte Bedeutung (1) und addieren der einzelnen Spalten,
Ausrechnen der relativen Bedeutung (%).

Schritt 6: Korrelationen im Dach überprüfen, Vergleich der einzelnen
Wie-Merkmale: Gibt es positive oder negative Korrelationen?

Schritt 7: Technischer Vergleich und Bewertung durch das eigene
Unternehmen. Stimmen die Bewertungen (7) mit dem
subjektiven Vergleich (2) überein oder gibt es starke
Abweichungen?

Schritt 8: Wie schwierig ist die Erfüllung der Merkmale mit ihren
Zielwerten?

Schritt 9: Allgemeine Hinweise eintragen.

Schritt 10:Review und Auswahl der Merkmale für die weitere Bearbeitung
im 2. QFD-Haus (Phase II).

Die 10 Schritte der Phase I

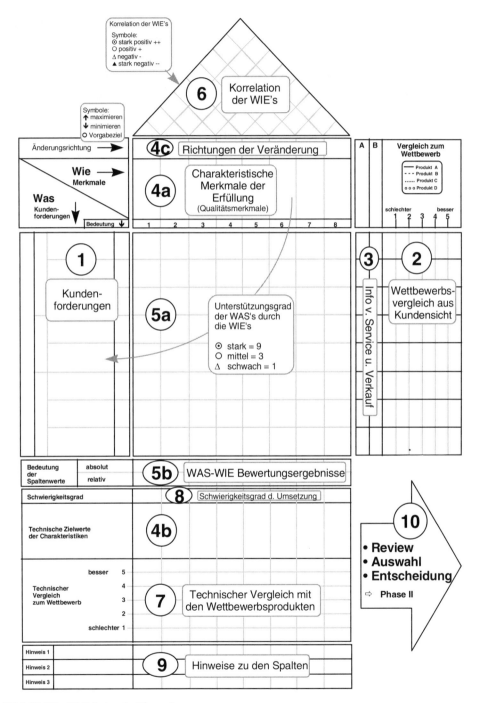

Bild 62: Die 10 Schritte in Phase I

Schritt 1: Produktplanung bzw. Dienstleistungsplanung

Nachdem alle notwendigen Informationen zu den Kundenforderungen vorliegen, beginnt die Arbeit im ersten Haus mit den umfangreichen Überlegungen und der Dokumentation der Ergebnisse in den „Zimmern" des Hauses. Das Projektteam weiß, was die Kunden fordern, und beginnt mit der Definition der Merkmale, die exakt beschreiben, wie diese Forderungen hausintern gemessen bzw. bewertet werden sollen. Das Team stellt zahlreiche zusätzliche Überlegungen an, um sicherzustellen, daß alle für den Kunden und das Unternehmen wichtigen und bedeutenden Aspekte berücksichtigt werden.

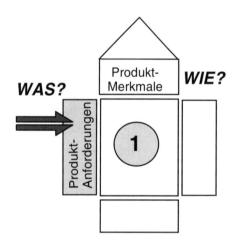

WAS wollen die Kunden?

Welche Kundenanforderungen wurden ermittelt?

Welche Bedeutung hat dieser Kundenwunsch?
Bewertung der Bedeutung:
1 - geringe Bedeutung
10 - sehr hohe Bedeutung

Bild 63: Der 1. Schritt im 1. Haus, Phase I

Das Team muß im ersten Schritt auch die wichtige Frage klären: Wie viele Kundenwünsche können und wollen wir aufnehmen? 20 Kundenanforderungen stehen mindestens 20 Lösungsansätze gegenüber, d.h. es sind 20 x 20 = 400 Entscheidungen zu treffen, die auf faktenreicher Kenntnis basieren müssen.

Wurde von den Kunden ein breites Spektrum wichtiger Forderungen genannt, von denen ein Teil nicht berücksichtigt wird, besteht die Gefahr, nicht an den richtigen Dingen zu arbeiten. Das Team wird deshalb eine Gruppierung der wichtigsten Kundenforderungen vornehmen und diese den Zufriedenheitswerten (im 2. Schritt) gegenüberstellen. Hierbei werden die größten Defizite gut erkannt, so daß die Prioritäten für die weiteren Arbeiten gesetzt werden können.

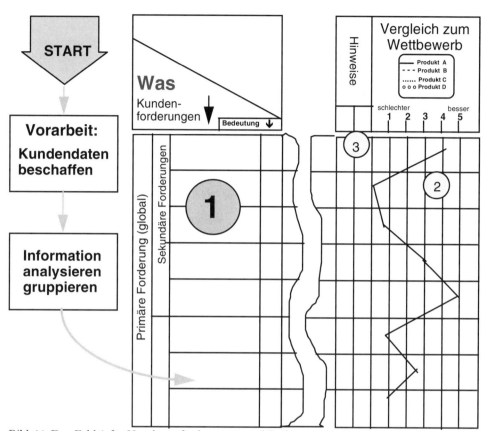

Bild 64: Das Feld 1 für Kundenanforderungen und Bedeutung der Forderung

Der *Eingang* des ersten Hauses wird hier vergrößert gezeigt. Neben den tertiären Kundenanforderungen in Spalte 1 der QFD-Matrix sind in dem Feld daneben die vom Kunden angegebenen Bedeutungswerte (1-10) einzutragen, die die Wichtigkeit der Kundenanforderung charakterisieren. Diese müssen vom Kunden zu jeder einzelnen Anforderung genannt oder durch paarweisen Vergleich abgefragt werden. (Das Vorgehen zum paarweisen Vergleich wird im Kapitel 7.2, Hilfsverfahren, näher erläutert.)

Die relative Bedeutung der Kriterien kann dann leicht errechnet werden, wenn zu jeder Anforderung eine Punktezahl bzw. Bewertungszahl durch den Kunden vorliegt. Die Abbildung 65 zeigt die Berechnung der relativen Bedeutung der Kundenanforderungen.

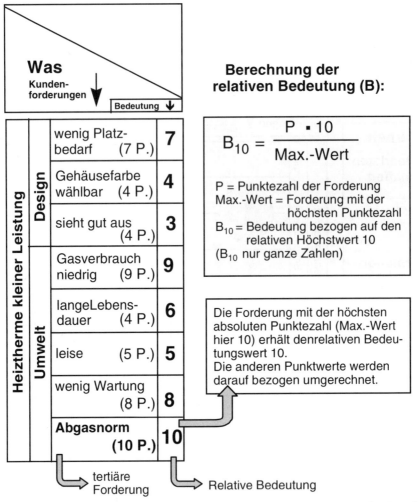

Bild 65: Errechnen des Bedeutungswertes anhand der Punktebewertung der Rangfolge durch die Kunden

Die Forderung mit der höchsten absoluten Punktezahl erhält den relativen Bedeutungswert 10. Es werden nur ganze Zahlen eingetragen. Normative und gesetzliche Forderungen, die einzuhalten sind, wie in diesem Fall die Abgasnorm, werden ebenfalls eingetragen, deren Bedeutungswert ist immer mit 10 einzusetzen.

Im 2. Schritt sind weitere Kundeninformationen einzuholen. Der Kunde wird um eine Bewertung des eigenen Produktes (der Dienstleistung) im Vergleich zum Wettbewerb gebeten.

Schritt 2: Vergleich zum Wettbewerb/Konkurrenzanalyse

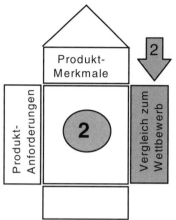

Vergleich zum Wettbewerb:

Wie sieht uns der Kunde im Vergleich zum Wettbewerb?

Bewertung 1-5 (oder 1-10)
1 = sehr schlecht im Vergleich
    zur Konkurrenz
5 = sehr gut

Bild 66: Der 2. Schritt im 1. Haus: Wie sieht uns der Kunde im Vergleich zum Wettbewerb?

In das Feld 2 der Abbildungen 64 und 67 der QFD-Matrix wird nun der Vergleich zum Wettbewerb vorgenommen. Es sind die subjektiven Informationen und Meinungen des Kunden einzutragen (Konkurrenzsituation aus Sicht der Kunden). Die Kunden sind zu fragen, wie sie unser Produkt im Vergleich zu marktbedeutenden Konkurrenzprodukten bezüglich des Erfüllungsgrades (Zufriedenheit) ihrer wichtigen Forderungen einstufen. Dieses ist eine rein *subjektive Bewertung* der Kunden. Für die Bewertung hat sich eine Skala von 1 bis 5 (oder 1-10) als zweckmäßig erwiesen. Die Befragungsergebnisse lassen sich in das Gitter als Kurve eintragen. Damit ist ein Soll-Ist-Vergleich (Bedeutung der Forderungskriterien im Vergleich zum Zufriedenheitsgrad) auf einem Blatt möglich. Die Beurteilungen der Kunden beruhen nur zu einem Teil auf Daten und Fakten oder persönlichen Erfahrungen mit gleichartigen Produkten und Dienstleistungen verschiedener Hersteller. Kunden entscheiden beim Kauf nicht unbedingt nach rationalen und meßbaren Kriterien. Die Ergebnisse enthalten deshalb auch emotionale Faktoren, die durch das Image des Lieferanten, durch Werbung oder durch Aussagen anderer mitgeprägt wurden. Niedrige Werte zum Erfüllungsgrad sind immer Chancen für Verbesserungen. Sollte eine subjektive Bewertung durch den Kunden nicht möglich sein, so sind Benchmarking-Ergebnisse oder Informationen des Außendienstes heranzuziehen. Auch Bewertungen durch die eigenen Mitarbeiter (als Konsumenten) können genutzt werden. Sie sind meist kritischer als die externen Kunden. Dieser Auf-

fassung waren auch die Manager des schwäbischen Elektrowerkzeug-
herstellers Metabo. Bei der neuen Generation der Heckenschere
befragten sie alle Mitarbeiter des Unternehmens, weil sie davon ausgin-
gen, daß jeder Metabo-Mitarbeiter ein Hobby-Gärtner ist (vgl. Kap. 9).
Ist eine Vergleichsbewertung nicht zuverlässig gegeben oder wegen einer
zu breiten Streuung der Ergebnisse nicht aussagekräftig, so muß wenig-
stens der Erfüllungsgrad des eigenen Produktes aus Kundensicht durch
Befragung ermittelt werden.
Anstelle der Skala 1-5 im Vergleich zum Wettbewerb kann eine Zehner-
Skala sinnvoll sein, falls bei der vorher durchgeführten Kundenbefragung
diese Skala benutzt wurde. In Verbindung mit den Werten zur Bedeutung (Wichtigkeit) einer Forderung kann aus der Differenz von
Bedeutung minus Zufriedenheit der Handlungsbedarf leicht erkannt
werden (Gap = W-Z).
Beispiel: Bedeutung/Wichtigkeit (W)= 10, Zufriedenheit (Z)= 6 ergibt
den Handlungsbedarf: W-Z = 4 zu dieser Forderung. Es ist zweckmäßig,
die Werte für den jeweiligen Handlungsbedarf in eine Spalte neben der
Skalenbewertung (z.B. im Feld 3-„Hinweise") einzutragen.

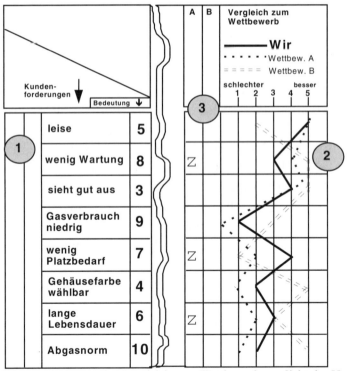

Bild 67: Schritt 2 und 3: Vergleich zum Wettbewerb aus Sicht der Kunden

Der subjektive Vergleich aus Kundensicht ist wichtig, weil er im Schritt 7b dem „Technischen Vergleich", den die Versuchs- oder Konstruktionsabteilung im eigenen Unternehmen vornimmt (7a), gegenübergestellt wird. Anhand dieser beiden Vergleiche kann nun festgestellt werden, ob die subjektive Kundenmeinung mit den im technischen Vergleich ermittelten Ergebnissen übereinstimmt oder davon abweicht.

Schritt 3: Hinzufügen wichtiger Hinweise und Informationen

Neben der Bewertungsskala werden in dem Beispielblatt Bild 67 zwei zusätzliche Spalten A und B gezeigt, die dem Eintrag weiterer Hinweise aus dem eigenen Haus oder auch aus externen Quellen dienen. So können z.B. Gewährleistungsdaten, Beschwerden, Servicefälle, Kosten während der Gewährleistungszeit, besondere Aktivitäten von Konkurrenten oder Händlerinformationen eingetragen werden, die die gelegentlich unverständlichen Bewertungen der Kunden erläutern. Dies sind wichtige Informationen für die weitere Planung, sie sind nur dann gut nutzbar, wenn sie in einer Übersicht mit anderen Informationen leicht korreliert werden können.

Es ist zu empfehlen, den rechten Teil der Matrix durch Hinzufügen weiterer Felder nach den individuellen Bedürfnissen des QFD-Teams zu erweitern. Wichtiges sollte auf im QFD-Haus vermerkt sein (siehe Bild 79).

Es sollten möglichst die bildhaften Symbole anstelle von Zahlen zur Darstellung benutzt werden, um eine „Zahlengläubigkeit" zu vermeiden. Farbige Symbole steigern die Übersichtlichkeit.

Die Schritte 1 bis 3 legen den Grundstein für den Erfolg eines QFD-Projektes, deshalb sind die Vorarbeiten zur Beschaffung zuverlässiger Kundeninformationen durch gut geplantes und abgesichertes Vorgehen von großer Wichtigkeit.

Schritt 4: Entwickeln der Produktmerkmale und Festlegen der Zielwerte und der Veränderungsrichtung

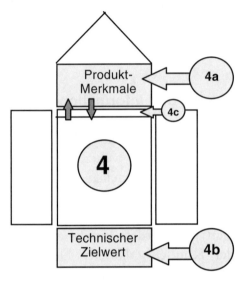

WIE erfüllen wir die Kundenanforderungen?

4a) Übersetzen der Kundenan-
    forderungen in
    Produktmerkmale.

4b) Festlegen des Zielwertes,
    der erreicht werden soll.

4c) Richtung der Veränderungen
    festlegen (erhöhen oder
    reduzieren?).

Bild 68: Der 4. Schritt im 1. Haus: Technischer Vergleich

Im 4. Schritt werden die Teilschritte 4a, 4b und 4c betrachtet. Dabei werden im Schritt 4a die *Merkmale* gesucht, die als *Lösungsansätze* für die jeweilige Kundenanforderung zu sehen sind. Im Schritt 4b wird dann zu jedem dieser Merkmale ein Zielwert definiert und im Schritt 4c wird die Veränderungsrichtung des angestrebten Zielwertes eingetragen.

Schritt 4a: Produktmerkmale: WAS - WIE

Im Schritt 4a legt das Team die Qualitätsmerkmale (Produkt- bzw. Dienstleistungsmerkmale) zu den Funktionen fest, die zur Erfüllung einer Kundenforderung beitragen. Nicht nach detaillierten Lösungen ist hier gefragt, sondern nach den Merkmalen, die die Kundenforderungen qualitativ beschreiben. Hier werden die „Stimmen der Kunden" in die Sprache des Lieferanten übertragen. Es sind die Merkmale der Leistung (Qualitätsmerkmale oder sogenannte Designcharakteristiken) und nicht die denkbaren Lösungen einzusetzen.

Zum Beispiel:

- Kundenforderung: leistungsstarker Motor
- Produktmerkmal: Motorleistung in kW mit Zielwert,
- aber nicht: eine denkbare Lösung wie z.B. „Turbolader".

Man ist insbesondere bei ersten Übungen leicht versucht, anstelle der Produktmerkmale bereits Lösungen als *Wie* einzutragen. In der Phase I sind aber noch keine konstruktiven Lösungen als „Wie's" gefragt, sondern lediglich die Merkmale zu den (noch) fiktiven Lösungsansätzen. Die Lösungsentwicklungen sind Aufgabe der Phase II. Diese „Übersetzungsfehler" lassen sich vermeiden, wenn gleichzeitig zu jedem Merkmal der angestrebte Zielwert (4b) festgelegt und eingetragen wird. Kann ein Zielwert nicht ermittelt werden, liegt in der Regel ein „Übersetzungsfehler" vor. Das Team muß dann die eingetragenen Merkmale zu der Kundenforderung überprüfen und eventuell neu festlegen.

Die Übersetzung der Kundensprache in die Sprache des Herstellers ist ein geistiger Transformationsprozeß, der Exaktheit und Kreativität zugleich erfordert. Häufig findet das Team zu jeder einzelnen Forderung mehrere Merkmale, die zusammen die zu entwickelnde Konstruktion umfänglich charakterisieren.

In dem folgenden Beispiel (Bild 69) ist zu jeder Forderung nur *ein* technisches Merkmal eingetragen. Eine vollständige Matrix muß *alle Merkmale* enthalten, die eine Funktion meßbar charakterisieren. Zu jeder Forderung muß deshalb *mindestens ein Merkmal* gefunden werden.

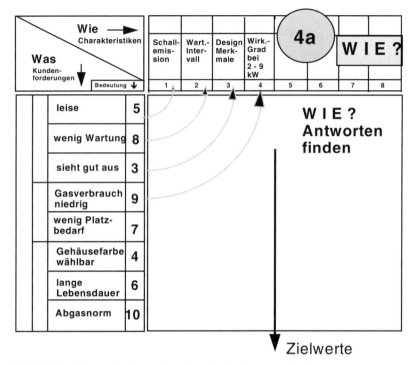

Bild 69: Produktmerkmale zu den Kundenforderungen festlegen

Zum Terminus der „Wie's":

In der amerikanischen Fachliteratur wird der Ausdruck „Design-Characteristica" benutzt. Es geht in der QFD-Phase I um die Beschreibung der Merkmale von Funktionen, die zu dem Erfüllungsgrad der Kundenforderungen erforderlich sind. Man kann daher auch von Qualitätsmerkmalen oder Produktmerkmalen beziehungsweise Dienstleistungsmerkmalen sprechen. Es geht in diesem Schritt 4a um die Beschreibung, wie die Funktion bzw. die Erfüllung der Kundenanforderung beschrieben und charakterisiert wird. Fordern die Kunden zum Beispiel global ein Auto „mit günstigen Unterhaltskosten", so sind Benzinverbrauch, Steuer- und Versicherungsklasse (technisch Hubraum und Leistung) oder die Wartungs- bzw. Reparaturkosten charakteristische Merkmale der zu entwickelnden Lösungen. Hierbei ist noch nicht abzuwägen, ob eine Hubraum- oder eine Leistungsveränderung die Forderung nach den „günstigen Unterhaltskosten" mehr oder weniger erfüllt. Beide Größen beeinflussen den finanziellen Aspekt der Kundenanforderung, deshalb sind auch beide Merkmale einzutragen.

Damit wird auch die Frage der Anordnung der Wie angesprochen. Nach dem ersten Sammeln der Qualitätsmerkmale ist eine segmentierte Darstellung ähnlich der Gruppierung der Kundenanforderungen im Kapitel 2.3.7 zu empfehlen.

Schritt 4b: Technische Zielwerte - Wieviel?

Zu jedem Produktmerkmal sind nun die zugehörigen Meßparameter in die unteren Spalten „Technische Zielwerte" einzutragen, das könnten sein:

- bei einer Computeranlage die Verfügbarkeit in %, z.B. Zielwert: 80%;
- in einem Produktionsbetrieb zur Kundenforderung „niedrige Kosten", z.B. Zielwert: Verluste/Ausschuß kleiner 3% bis zum 31.12.;
- bei einem Hersteller von Heizthermen, Zielwert: Schallemission des Heizkessels < 45 dB.

Der Zielwert selbst, also die Frage nach der zu fordernden Höhe z.B. der Verfügbarkeit einer Anlage, hängt entweder von den Kundenforderungen oder von den Ergebnissen der weiteren Betrachtungen ab. Lautet die Kundenforderung 97% Verfügbarkeit mit höchster Priorität in der Bedeutung der Kunden, so ist dieser Wert als „unterer Grenzwert" zunächst einzutragen. Zeigt sich aber aus dem Wettbewerbsvergleich, daß die Systeme bezüglich der Verfügbarkeit heute schon einen guten Ruf trotz einer Verfügbarkeit von nur 95% genießen, dann kann ein herausfordernder Zielwert von 99% als marktführender Innovationsschritt angezeigt sein. Die Machbarkeit ist später zu prüfen und mit anderen Verbesserungsschritten abzugleichen.

Zielwerte, die in direkter Beziehung zu den *wichtigsten* Kundenforderungen stehen, müssen mit herausfordernden Werten belegt werden. Auf der anderen Seite sollten innovative Schritte nur dann geplant und realisiert werden, wenn mit einem entsprechenden Bedarf zum Zeitpunkt der Verfügbarkeit des innovativen Produktes oder der Dienstleistung mit hoher Wahrscheinlichkeit gerechnet werden kann. Innovative Leistungen treffen nur dann auf eine hohe Akzeptanz, wenn dem potentiellen Kundenkreis der Nutzen bewußt geworden ist.

Kommt der Anbieter zu früh mit seinem fortschrittlichen Gerät, wird es leicht ein Flop, kommt er zu spät, bleibt er einer unter vielen. Das Bestreben muß daher sein, das „Marktfenster" im richtigen Augenblick zu treffen, das heißt:

das richtige Produkt/Dienstleistung für die ausgewählte Zielgruppe

- am richtigen Ort,
- zur richtigen Zeit (im Moment des Erkennens des Nutzens),
- zum optimalen Preis bereitstellen zu können.

Zwei Praxisbeispiele belegen die Wichtigkeit des richtigen Markteintritts: Btx kam Anfang der 80er Jahre zu früh an den Markt und wurde nach der Einführung kaum akzeptiert. Der ICE kam genau zum richtigen Zeitpunkt und wurde begeistert angenommen.

Bild 70: Die Schritte 4a, und 4b: Übersetzung der Kundenforderungen in Produktmerkmale und festlegen der Zielwerte

Schritt 4c: Änderungsrichtung der Zielwerte festlegen

Anhand der nun eingetragenen Zielwerte (4b) ist zu überprüfen, in welche Richtung ein am heutigen Produkt bereits vorhandenes Qualitätsmerkmal verändert werden muß. Hierzu gibt ein Pfeil die Richtung der Veränderung mit dem Ziel der Optimierung an.

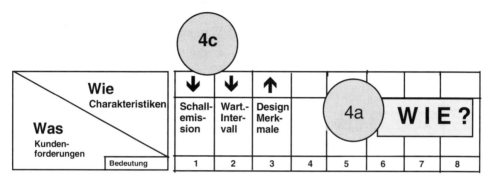

Bild 71: Schritt 4c in Phase I: Festlegen der Änderungsrichtung der Wie-Merkmale

Zum Beispiel:

↑   Erhöhung des Zielwertes;

↓   Minimierung bez. Reduzierung des Zielwertes, z.B. CO_2-Gehalt reduzieren.

O   Das Symbol markiert z.B., daß gesetzliche Anforderungen einzuhalten sind, es sei denn, man ist heute schon besser als es der Gesetzgeber verlangt.

Das QFD-Team definierte in den ersten Schritten (1-4) die Qualitätsmerkmale zu den Kundenanforderungen und die Zielwerte, die ein neues Produkt erfüllen muß, um die Kundenwünsche zu befriedigen. Im Schritt 4c wurde die Änderungsrichtungen der WIE-Merkmale festgelegt. Damit ist die Vorarbeit zur Bewertung in den einzelnen „Zimmern" des ersten QFD-Haus geleistet, die im nächsten Schritt erfolgen soll.

Im folgenden Schritt 5a wird nun die Stärke des jeweiligen Unterstützungsgrades festgelegt.

Schritt 5a: Bewertung der Beziehungsstärke zwischen Merkmalen und Kundenanforderungen

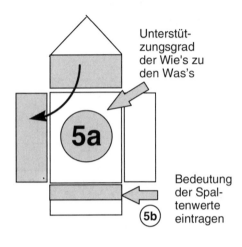

Unterstüt-
zungsgrad
der Wie's zu
den Was's

Bedeutung
der Spal-
tenwerte
eintragen

Bewertungsmatrix

Bewertung und Berechnung der Bedeutung der einzelnen WIE's

5a) Wie stark unterstützt jedes einzelne Qualitätsmerkmal die Kundenanforderung?

5b) Addieren der Spaltenwerte, Ausrechnen der absoluten und relativen Bedeutung.

Bild 72: Schritt 5a in Phase I, Bewertung/Korrelation des Unterstützungsgrades

Nun beginnt die Arbeit in den „Zimmern" des Hauses. Zu den Matrix-Kreuzpunkten zwischen jedem Was und Wie sind die Beziehungsstärken durch Zahlenwerte oder besser durch Symbole einzutragen. Das Team muß jetzt die Frage beantworten: „Wie stark unterstützt das gefundene Designcharakteristikum (Merkmal) in Verbindung mit seinem Zielwert jede einzelne Kundenanforderung"? - das heißt, es ist die Frage nach der Korrelation zwischen den einzelnen WIE's und den WAS's zu durchdenken und abzuwägen. Dies ist ein schwieriger Prozeß, denn die Entscheidungen sollen mehr auf Daten und Fakten basieren als auf Gefühlen.

In der Praxis haben sich dazu die 4 Bewertungsstufen bewährt, die durch die Ziffern (9, 3, 1, 0) ausgedrückt bzw. deren Symbole in der Matrix einzutragen sind:

Korrelation	Punkte	Symbol
starke Beziehung	9	⊙
mittlere Beziehung	3	○
schwache Beziehung	1	Δ
keine	0	ohne

Die Bewertungsstufen 9-3-1 werden heute von den meisten QFD-Anwendern benutzt, sie haben sich als vorteilhaft erwiesen, weil durch die „quasilogarithmische" Bewertung eine bessere Differenzierung (Spreizung) bei der Auswertung erreicht wird. Diese Bewertung erleichtert dem Team die Entscheidungsfindung. Zwischenwerte sind hier nicht zugelassen.

Akao benutzte in den ersten Jahren die Skala 9-6-1, das Steinbeis-Transferzentrum-TQU in Ulm arbeitet mit der Skala 3-2-1. Die Festlegung der Skalenpunkte sollte nicht dogmatisch gesehen werden, hier gibt es keinerlei Beschränkungen. Innerhalb eines Konzerns bzw. Unternehmens sollte man sich jedoch auf ein einheitliches Bewertungsverfahren einigen, da sonst sind die Ergebnisse nicht vergleichbar sind.

Der Eintrag von Symbolen anstelle von Zahlen hat sich bewährt, da die Übersichtlichkeit in der HoQ-Matrix erhöht wird und man gleichzeitig den Anspruch absoluter Zahlen nach 100%iger Berechenbarkeit vermeidet.

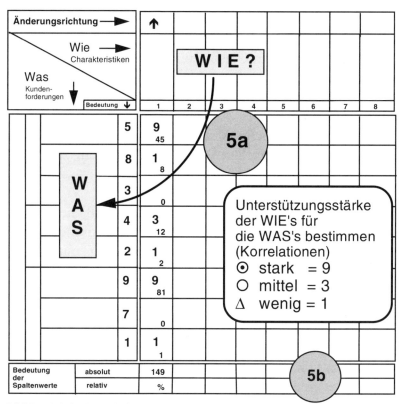

Bild 73: Schritt 5a und 5b, Bewertung der Designcharakteristika

Nicht immer sind Daten zur Entscheidungsfindung verfügbar, es muß dann zunächst auf den „gesunden Menschenverstand" (Erfahrung) oder die Intuition zurückgegriffen werden. Denkbar ist in diesen Fällen eine Kennzeichnung der Symbole durch farbliche Unterscheidung in der Tabelle. Rote Markierungen können auf die nicht abgesicherten „Gefühlsentscheidungen" hinweisen, die zu einem späteren Zeitpunkt anhand von Daten zu überprüfen sind. Schwarze Symbole kennzeichnen dann die auf Fakten basierenden Bewertungen.

Für die Bewertung der Korrelation sind nur positive Werte vorgesehen, da ein Designcharakteristikum (Qualitätsmerkmal) in der schwächsten Bewertung als neutral (kein Symbol, Wertung = 0) anzusehen ist. Gelegentlich erkennt das Team zu einem Merkmal auch eine negative Korrelation zu einer Forderung. Hierfür kann es zwei Ursachen geben:

1. mit dem Merkmal wird gedanklich eine bestimmte Lösung verbunden;

2. zwei Kundenforderungen sind widersprüchlich,
   z.B. „Kleinwagen in Leichtbauweise"
   und „ 100%iger Schutz im Crash-Fall."

Zu 1.: Das Merkmal muß eine Funktion charakterisieren, es darf nicht eine konkrete Lösung aufgeschrieben werden, wie z.B. „Aluminiumbleche." Wenn kein geeignetes Merkmal gefunden wird, ist der Matrixpunkt mit einem Ausrufezeichen (!) zu markieren, um später diskutiert und überdacht zu werden.

Zu 2.: Dem Kunden muß verdeutlicht werden, daß die Überwindung physikalischer Gesetze nicht Forderung eines realistischen Forderungskataloges sein kann. Gelegentlich ist es zweckmäßig, mit dem Kunden gemeinsam eine Korrelationsmatrix zu seinen Forderungen zu erarbeiten. Diese Matrix kann analog der Korrelationsmatrix aus Schritt 6 dargestellt und bewertet werden.

Kundenforderungen können - und sollten sogar - visionäre Vorstellungen enthalten, vor Utopien muß man Kunden aber warnen, da kein solider Hersteller hierfür „Lösungen" anbieten wird. Ein klärendes Gespräch mit dem Kunden wird zeigen, daß er tatsächlich einen Kleinwagen in Leichtbauweise wünscht, der trotz seiner Leichtbauweise das

Gefühl von hoher Sicherheit vermitteln soll. Der Wagen soll also mehr „scheinen als sein". Da Käufer diesen Prestigebedarf nur ungern artikulieren, verpacken sie ihr Imageproblem in scheinbar sachliche, aber widersprüchliche Forderungen. Häufig wird als Kundenwunsch „preiswert" oder „billig" genannt. Selbstverständlich muß das zu entwickelnde Produkt „seinen Preis wert" sein, d.h. es muß die ernsthaften Nutzen- und auch die Prestigebedürfnisse erfüllen, dann ist der Preis letztlich sekundärer Natur, insbesondere dann, wenn ein „Begeisterungsfaktor" (Kano-Modell) vom Kunden erkannt wird.

Schritt 5b: Numerische Bewertung

Nach Abschluß der Korrelationsbestimmung erfolgt die numerische Gesamtbewertung der einzelnen Merkmale. Hier wird das Produkt aus der Bedeutung (B) der Kundenanforderung (WAS) mit dem in Schritt 5a ermittelten Unterstützungsgrad multipliziert. Unterstützt ein WIE weitere Kundenanforderungen, werden alle Einzelprodukte der Spalte addiert und in das Feld als Absolutwert eingetragen (siehe folgendes Beispiel Heiztherme, Bild 79).

Die Summe der Ergebnisse pro WIE-Spalte wird in die Zeile „Bedeutung der Spaltenwerte" zunächst als Absolutwert eingetragen.

Beispiel zu einem Gasheizkessel			**WIE** Funktionsmerkmal Spalte 1	Berechnung B X (Wert)	Ergebnis pro Zeile für Merkmal 1
Nr.	**WAS** Kundenforderung	**B** relative Bedeutung	Wirkungsgrad Heizkessel		
1	leise	5	○ (3)	5 x 3	15
2	wenig Wartung	8	◉ (9)	8 x 9	72
3	sieht gut aus	3	kein Bezug	-	-
4	niedriger Gasverbrauch	9	◉ (9)	9 x 9	81
5	lange Lebensdauer	6	◉ (9)	6 x 9	54
6	Abgasnorm (gesetzliche Regelung)	10	◉ (9)	10 x 9	90
			Summenergebnis	**Zeilen 1 - 6:**	**312**

Bild 74: Numerische Bewertung, Multiplikation und Addition der einzelnen Spaltenwerte

Hinweis:

Das Summenergebnis wird zwar als Ziffer eingetragen, es basiert aber auf Einschätzungen, die in den Zeilen durch Symbole charakterisiert sind. Die Höhe der Summenergebnisse entspricht demnach auch nicht einem absoluten Rechenwert, die Zahl sollte lediglich als Orientierungswert betrachtet werden.

Die zahlenmäßige Bewertung der Produktmerkmale in einer einzelnen Matrix muß immer im Gesamtzusammenhang gesehen werden, hieraus lassen sich auch die Wichtungsfaktoren für jede weitere Matrix ableiten. Damit bleibt das gesamte Projekt unter Kontrolle.

Inwieweit das Merkmal mit dem höchsten Absolutwert bei seiner Realisierung auch tatsächlich zu einem Markterfolg beitragen wird, kann zu diesem Zeitpunkt der Arbeit an der Matrix noch nicht bestimmt werden. Für diese Entscheidung ist unter anderem auch der Schwierigkeitsgrad der Umsetzung im Unternehmen mitbestimmend (siehe Schritt 8).

Im nächsten Schritt sind nun die Wechselwirkungen der Produktmerkmale zu untersuchen. Das Ziel dieser Untersuchung ist das Erkennen der Risiken durch negative Korrelationen, die zu Schwierigkeiten bei der Realisierung des neuen Produktes/Dienstleistung führen könnten.

Schritt 6: Korrelationen bestimmen

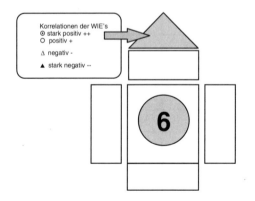

Korrelation der einzelnen Wie (Produktmerkmale)

Gibt es negative Korrelationen oder positive Unterstützung?

Wie stark positiv oder negativ korrelieren die einzelnen Produktmerkmale?

Bild 75: Schritt 6 in Phase I, Korrelation der Produktmerkmale

Die Korrelationsmatrix im Dach des House of Quality beschreibt die Beziehung der Merkmale untereinander. Die eventuellen Zielkonflikte zwischen den Produktmerkmalen werden im Dach sichtbar. Es wird die Korrelation der Wie's untereinander unter Berücksichtigung der Zielwerte (siehe Schritt 4b) und der Änderungsrichtung (siehe Schritt 4c) überprüft.

In dem folgenden Beispiel (Bild 76) zur Heiztherme wird nun gefragt: Wie korrelieren die Designcharakteristika „Wartungsintervall reduzieren" und „Wirkungsgrad erhöhen" miteinander?
Eine Verbesserung des Wirkungsgrades auf den angestrebten Wert von 95% führt zu einer Reduzierung des Wartungsintervalls. In diesem Fall ergibt sich eine stark positive Korrelation, die mit einem doppelten Punkt ⊙ bewertet wird.
So werden nun alle Produktmerkmale (Designcharakteristika) miteinander verglichen und bewertet. Die Symbole verdeutlichen auch hier den Zusammenhang und den Grad der Ausprägung.

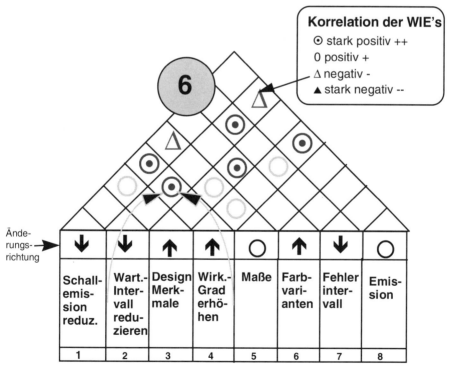

Bild 76: Korrelation der Designcharakteristiken, Schritt 6 in Phase I

Ein Beispiel:

Die Produktmerkmale „Leichtbauweise" und „Kraftstoffverbrauch" korrelieren im Fahrzeugbau stark positiv, dagegen kann „Leichtbauweise" mit „Aufprallsicherheit" stark negativ korrelieren, wenn man bei „Aufprallsicherheit" an dicke Bleche für die Karosserie denkt. Dieser Kundenwunsch kann aber bei der Suche nach alternativen Lösungen erfüllt werden (z.B. Airbag).

Negative Korrelationen weisen bei der Qualitätsentwicklung auf die technisch-physikalischen Grenzbereiche hin und geben Hinweise auf notwendige Änderungen oder auf die Notwendigkeit völlig anderer Lösungen (z. B. Verwendung anderer Materialien).

Die Bewertung im Dach des Hauses unterstützt die Forderung nach einer ganzheitlichen Betrachtung, die bei der Fülle der zu untersuchenden Details sonst leicht verlorengeht, dies gilt natürlich auch für ein Planungsvorgehen, das nicht nach QFD erfolgt.

Der Vorteil des House of Quality liegt in der Vielseitigkeit der Darstellung wichtiger Einflußfaktoren und Informationen auf einem Blatt, das auch gerne mit einer Landkarte verglichen wird. Das Auge kann über diese Landkarte wandern und alle Zusammenhänge deutlich erkennen.

Schritt 7:　　Objektiver und subjektiver Vergleich
Schritt 7a:　Technischer Vergleich zum Wettbewerb
Schritt 7b:　Bewertungsvergleich

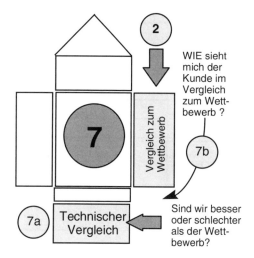

(7a) Technischer Vergleich zum
　　　Wettbewerb
(7b) Bewertungsvergleich von:
(2)　subjektiver Kundensicht und
(7a) objektiver Techniksicht

Übereinstimmung von (2) und
(7a)? Oder starke Abweichungen
zwischen (2) und (7a)?

Warum?
Was ist zu tun?

Bild 77: Schritt 7 der Phase I, technischer Vergleich (7a) und Verifikation der Kundenangaben (2) durch Datenabgleich (7b)

Den technischen Vergleich mit Fremdprodukten führen die Experten aus dem technischen Bereich durch, sofern dort Vergleichsuntersuchungen an Produkten anderer Hersteller durchgeführt werden können.
Hier wird das eigene Produkt oder die eigene Dienstleistung bezüglich ihrer Qualitätsmerkmale vorzugsweise mit den Produkten oder Dienstleistungen der Anbieter verglichen, die aus der Arbeit zu Schritt 2 (Konkurrenzvergleich) bekannt sind. Ein vergleichbares Produkt des jeweiligen Marktführers sollte nach Möglichkeit nicht fehlen.

Die aufgelisteten Wie's sind an den Vergleichsmustern objektiv zu überprüfen und der festgestellte Leistungsgrad ist in der Bewertungsskala aufzutragen.

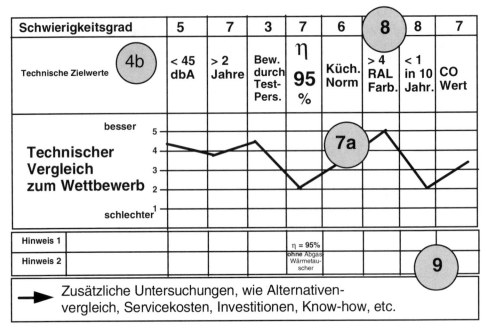

Schwierigkeitsgrad		5	7	3	7	6	8	8	7
Technische Zielwerte **4b**		< 45 dbA	> 2 Jahre	Bew. durch Test-Pers.	η **95** %	Küch. Norm	> 4 RAL Farb.	< 1 in 10 Jahr.	CO Wert

besser 5
Technischer 4
Vergleich 3
zum Wettbewerb 2
schlechter 1

7a

Hinweis 1									
Hinweis 2				$\eta = 95\%$ ohne Abgas Wärmetauscher				**9**	

➤ Zusätzliche Untersuchungen, wie Alternativen-
vergleich, Servicekosten, Investitionen, Know-how, etc.

Bild 78: Schritt 7a der Phase I, technischer Vergleich

Schritt 7b: Vergleich des technischen Wettbewerbs mit der Bewertung aus der Sicht des Kunden

Nach der Untersuchung verschiedener Wettbewerbsprodukte sind die eigenen Stärken und Schwächen erkennbar. Erkennbar wird jetzt auch die Differenz zwischen der tatsächlichen Leistungsfähigkeit (7a) auf der einen und der vom Kunden empfundenen Leistungsfähigkeit (2) auf der anderen Seite.

Im Schritt 2 wurde gefragt: „Wie sieht mich der Kunde im Vergleich zum Wettbewerb?"

Im Schritt 7b wird gefragt: „Stimmen die subjektiven Bewertungen der Kunden mit den objektiv ermittelten Werten aus dem technischen Vergleich 7a überein?"

Ist die Kundenmeinung schlechter als das objektive Versuchsergebnis, so kann ein Imageproblem vorliegen, das durch die Marketingabteilung und den Vertrieb zu beheben ist. Eine anschließende Aufklärungs- bzw. Werbekampagne kann dann das beschädigte Image langsam wieder verbessern. Aus den ermittelten Vergleichsdaten lassen sich auch die zukünftigen Verkaufsschwerpunkte erkennen.

Schritt 8: Schwierigkeitsgrad festlegen

Der Schwierigkeitsgrad, ausgedrückt in Punkten z.B. zwischen 1 und 10 (wobei 1 sehr niedrig und 10 sehr hoch ist) bezieht sich auf die Frage nach der Realisierungsmöglichkeit der anzustrebenden Verbesserung oder Neuentwicklung. Der Wert wird in die Spalte unter den Was-Wie-Bewertungsergebnissen eingetragen.

Der Schwierigkeitsgrad entscheidet maßgeblich über die Umsetzung der gefundenen Merkmale.

Schritt 9: Zusatzinformationen

Dies ist vom Vorgehen her kein zusätzlicher Arbeitsschritt. In den Matrix-Feldern sind während der Arbeiten ab Schritt 4 (Entwickeln der Wie's) immer dann Eintragungen vorzunehmen, wenn wichtige Zusatzinformationen nicht verloren gehen sollen, die zum besseren Verständnis z.B. der Entscheidungen zu den Korrelationen beitragen.

Die hier nur sehr kurze Tabelle im „Keller" des Hauses sollte nach den individuellen Bedürfnissen erweitert und vertieft werden. Die Tabelle kann zum Beispiel auch durch Angaben des Kundendienstes, der Produktion oder des Verkaufs zu den einzelnen Produktmerkmalen ergänzt werden.

Eine Erweiterung der Spalten in der Breite durch Nebenspalten zur Darstellung von Kosten oder Terminen ist möglich. Das Ziel der tabellarischen Darstellung nach QFD ist die Einfachheit der Visualisierung komplexer Zusammenhänge und deren Nachvollziehbarkeit. Es gibt aber keine zwingende Schrittfolge und keine standardisierte QFD-Qualitätstabelle, dazu sind die Aufgabenstellungen in den einzelnen Unternehmen viel zu unterschiedlich.

Schritt 10: Auswahl der Designelemente für die Phase II

Die Räume und Skalen des QFD-Hauses sind nun vollständig ausgefüllt, der Wissens- und Ideenreichtum der Gruppe ist verständlich und nachvollziehbar im „House of Quality" dokumentiert. Die gemeinsame Projektarbeit sorgt für einen immensen Wissenstransfer zwischen Abteilungen, die bei dem Arbeitsvorgehen nach herkömmlicher Art kaum Gelegenheit haben, sich so intensiv auszutauschen. Nicht nur das gegenseitige Verständnis zu Sachfragen, sondern auch die konstruktive Zusammenarbeit wird durch ein zunehmend gutes Arbeitsklima belebt. Das gemeinsame Ziel „Unser Produkt wird Marktführer" bringt alle in ein Boot.

Das Team befaßt sich am Ende der Arbeit zur Phase I mit der Auswahl der wichtigen und kritischen Designelemente, die für die Verwirklichung der Verbesserung oder der Neuentwicklung ausschlaggebende Bedeutung haben.

Die Auswahlkriterien sind:
- hohe Bedeutung der Kundenforderung;
- im Konkurrenzvergleich hohe Chancen;
- 1-3 Produktmerkmale mit ausgeprägt hoher Gesamtbedeutung (A-Kriterien);
- die A-Kriterien zeigen hohe Korrelation zu den wichtigsten Kundenforderungen (siehe folgendes Beispiel: Heiztherme);
- die A-Kriterien korrelieren positiv mit den anderen Kriterien im Dach;
- die A-Kriterien sind bezüglich ihres Schwierigkeitsgrades beherrschbar;
- die A-Kriterien überwinden bisherige Probleme;
- die notwendigen Investitionen sind rentabel.

2.4.2 Interpretation nach Abschluß des ersten Hauses: Zusammenfassung der Schritte 1-10

Ohne Hintergrundwissen des Teams kann eine falsche Interpretation der Ergebnisse erfolgen. Die Interpretation ist daher immer durch das Team und nicht durch den Moderator vorzunehmen. Die Entscheidungen des Teams und die daraus getroffenen Schlußfolgerungen sind in einem Protokoll zu dokumentieren. Die Zusammenfassung der 10 Arbeitsschritte in der QFD-Phase I wird an dem Praxisbeispiel zum „Heizkessel kleiner Leistung" in Bild 79 vorgenommen, die Matrix zeigt als wichtigstes ausgewähltes Produktmerkmal den „Wirkungsgrad". An dieser QFD-Landkarte erkennt man, warum das Kriterium „Wirkungsgrad" zum wichtigsten Merkmal erklärt wurde. Diese Entscheidung ist für das Team der Phase II und alle folgenden Arbeitsgruppen leicht nachvollziehbar. Trotz der Vielfalt der Informationen auf einem Blatt lassen sich Entscheidungen treffen, die an den Fakten orientiert sind. Das vom Kunden mit höchstem Bedeutungswert 9 versehene Merkmal „Gasverbrauch niedrig" wird durch das Schwerpunktmerkmal „Wirkungsgrad erhöhen" erfüllt. Damit wird gleichzeitig erreicht, daß

1. das schwache Marktimage, das im Vergleich zum Wettbewerb nur mit 1 Punkt bewertet wurde, verbessert wird.
2. die im technischen Vergleich ebenfalls schwache Bewertung, die durch die eigene Technikabteilung festgestellt wurde, verbessert wird.
3. durch die Verwirklichung dieses Kundenwunsches, der vier weitere Forderungen (31%) stark unterstützt, nämlich „wenig Wartung", „Gasverbrauch niedrig", „lange Lebensdauer" und die Forderungen der Abgasnorm, ein hoher Beitrag zur Kundenzufriedenheit gegeben ist.
4. dieser Wunsch bei der Umsetzung trotz des hohen Schwierigkeitsgrades (7) bei der Realisierung keine Probleme entstehen, weil im Dach keine negativen Korrelationen, d.h. keine Konflikte auftreten.

Ein Review der geleisteten Arbeit zur Phase I mit dem Management ist nun angezeigt, daran sollten alle bisherigen Teammitglieder und die an der Phase II zu beteiligenden Projektmitarbeiter teilnehmen. Die Phase I ist damit beendet. Das Haus kann aber durch zusätzliche Betrachtungen (z.B. Verkaufsschwerpunkte), wie in Kapitel 2.4.4 beschrieben, erweitert werden.

2.4.3 Praxisbeispiel zu Phase I - Gas-Heiztherme

Die QFD-Matrix als Informations-Landkarte zur Entscheidungsfindung

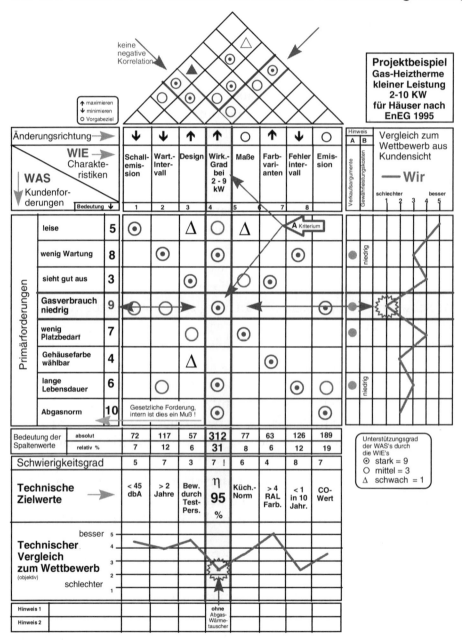

Bild 79: QFD-Matrix für eine Gastherme kleiner Leistung, die Schritte 1-10

Vorgehensweise Projekt Gas-Heiztherme nach EnEG 1995

Gefordert wurde eine Gas-Heiztherme kleiner Leistung (max.10 kW) für gut isolierte Einfamilienhäuser und Etagenwohnungen.

1. Schritt: Die Kundenforderungen wurden erfaßt und bewertet:

Nennung	_Bedeutung für den Kunden_
1. leise	5
2. wenig Wartung	8
3. sieht gut aus	3
4. niedriger Gasverbrauch	9
5. geringer Platzbedarf	7
6. Gehäusefarbe wählbar	4
7. lange Lebensdauer	6
8. Abgasnorm*)	10 *)

   *) Dies war keine Kundenforderung, aber Normen und Gesetze haben
      immer die höchste Priorität und dürfen nicht außer acht gelassen werden.

2. Schritt: Zu den Kundenforderungen „WAS" werden die Qualitätsmerkmale „WIE" festgelegt und die Änderungsrichtung bestimmt:

WAS ?	_WIE ?_	_Änderungsrichtung_
1. leise	Schallemission reduzieren	↓
2. wenig Wartung	Wartungsintervall verringern	↓
3. sieht gut aus	Designmerkmale	↑
4. niedriger Gasverbrauch	Wirkungsgrad bei 2-9 kW	↑
5. geringer Platzbedarf	Maße (Küchennorm) einhalten	O
6. Gehäusefarbe wählbar	Farbvarianten erhöhen	↑
7. lange Lebensdauer	Fehlerintervall reduzieren	↓
8. Abgasnorm*)	Emission, Normeinhaltung	O

3. Schritt: Jetzt beginnt die Arbeit in den „Zimmern des Hauses". Gefragt wird:

1. Wie stark unterstützt die „Reduzierung der Schallemission" die Kundenanforderung „leise?"   → sehr stark   ⊙
2. Wie stark unterstützt die „Erhöhung des Wirkungsgrades" die Kundenanforderung „leise?"   → mittel   O
3. Wie stark unterstützt die „Verbesserung der Designmerkmale" die Kundenanforderung „leise ?"   → sehr schwach   Δ
4. Wie stark unterstützt die „Reduzierung des Wartungsintervalls" die Forderung „wenig Wartung?"   → sehr stark   ⊙
5. Wie stark unterstützt die „Erhöhung der Farbvarianten" die Kundenanforde-
   derung „Gehäusefarbe wählbar?"   → sehr stark   ⊙
6. Wie stark unterstützt die „Reduzierung des Fehlerintervalls" die Kundenanforderung „lange Lebensdauer ?"   → sehr stark   ⊙

Nachdem jedes weitere „Wie" mit allen Kundenanforderungen verglichen und bewertet wurde sind die eingetragenen Werte zu multiplizieren und spaltenweise zu addieren. So ergibt sich die absolute Bedeutung, aus der die relative Bedeutung (%) errechnet wird.

2.4.4 Verkaufsschwerpunkte und Durchbruchziele

Marketing und Vertrieb können zum Ende der Phase I in einer Spalte neben dem Konkurrenzvergleich die Verkaufsschwerpunkte markieren, die besonders werbewirksam herausgestellt werden sollen. Durch weitere Betrachtungen, z. B. die Bestimmung der Durchbruchziele oder die Schulung der Verkäufer kann die Tabelle erweitert werden.

Die Einschätzung, d.h. die subjektive Bewertung durch Kunden ist bei völlig neuen Produkten äußerst schwierig, da noch keine Vergleichsprodukte vorliegen. Auch das Unternehmen muß überlegen, welches Gesamtkonzept es imagemäßig verfolgen will. Daimler verkauft z.B. „Sicherheit" und nicht den „niedrigen Preis".

Der Hersteller der Gastherme (Abb. 79) untersucht in der folgenden Tabelle (Abb. 80) seine Verkaufsschwerpunkte und kommt dabei zu folgendem Ergebnis:

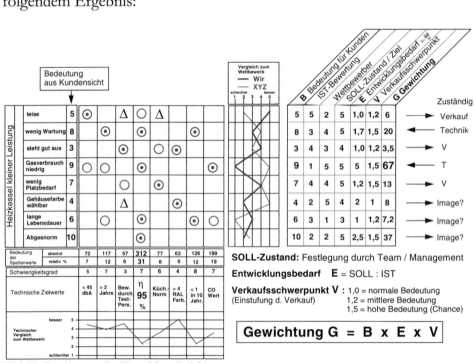

Bild 80: Bestimmen der Durchbruchziele

Die *Verkaufsschwerpunkte* werden vom Vertrieb und von Marketing festgelegt. Sie setzen hier Zahlen zu jeder Kundenforderung ein, die eine Aussage darüber geben, wie gut sich das Produkt zukünftig verkaufen ließe. Dabei werden die Bewertungspunkte der Bedeutung wie folgt festgelegt:

1,0 - normale Bedeutung

1,2 - mittlere Bedeutung

1,5 - hohe Bedeutung und zukünftige Chancen.

Die Gewichtung (G) errechnet sich dann nach der Formel in Bild 80: Bedeutung (B) multipliziert mit Entwicklungsbedarf (E) und Verkaufsschwerpunkt (V).

Der niedrige Gasverbrauch wurde von den Kunden mit der Bedeutung 9 bewertet. Daraus ergibt sich eine Gewichtung (G) von

$$G = B \times E^* \times V$$
$$G = 9 \times 5 \times 1,5 = 67,5$$

$$^{*)} E = \text{Soll} : \text{Ist}$$
$$\text{Soll} = 5$$
$$\text{Ist} = 1 ; \quad E = 5 : 1 = 5$$

Der Istwert entspricht der Bewertung durch den Kunden, und der Sollwert zeigt das angestrebte Ziel des Unternehmens.

Mit dem vorstehenden Ergebnis wird die Arbeit des Teams in der ersten Phase bestätigt, das die Verbesserung des Wirkungsgrades mit der Folge der Reduzierung des Gasverbrauchs erkannt und erarbeitet hatte. Die Verbesserung des Wirkungsgrades ist das mit 67 Punkten am höchsten bewertete „Durchbruchziel."

Die Marketing- und Verkaufsabteilung können den Kunden nun die energiesparende und ressourcenschonende Therme, die für Häuser nach der Wäremeschutzverordnung EnEG 1995 konzipiert wurde, verkaufen. Die Therme erfüllt darüber hinaus bereits die verschärften Kriterien des Wärmeschutzes nach der „Energiesparverordnung 2000" (ESVO). Bei einer ökologie- und kostenorientierten Käuferschicht wird das Produkt mit Sicherheit großen Zuspruch finden.

Zusammenfassung der Phase I

In 10 Schritten ist die heute übliche Vorgehensweise nach QFD in der „House of Quality"-Matrix beschrieben. Zu den Kundenforderungen sind die Produktmerkmale ermittelt und bewertet. Die Korrelationsmatrix, das Dach des Hauses, zeigt die Beziehungsstärke der Merkmale zueinander. Alle Zusammenhänge und deren Wechselwirkungen sind beschrieben und dokumentiert. Jetzt zeigt sich, daß QFD nicht nur eine systematische Planung fördert, sondern auch in hervorragender Weise zur Visualisierung komplexer Zusammenhänge und deren Nachvollziehbarkeit zur Erleichterung der Entscheidungsfindung und des weiteren Vorgehens beiträgt. An dem Beispiel „Heiztherme" (Bild 79) wird dies exemplarisch dokumentiert.

Das mit den Schritten 1-10 beschriebene Vorgehen in der HoQ-Matrix ist eine Kann-Empfehlung, deren Reihenfolge und Umfang von der jeweiligen Aufgabenstellung abhängt. QFD setzt der Phantasie keine Grenzen, QFD darf aber nicht zum Selbstzweck werden. Solange das Team das übergeordnete Ziel und die Kundenerwartungen stets im Auge behält, bleibt der Aufwand auf das notwendige Maß beschränkt.

Wenn nach Beendigung der Phase I bereits eindeutige Ergebnisse vorliegen, kann das Projekt nach dem QFD-Leitfaden hier beendet und im gewohnten Entwicklungsprozeß, wenn er sich bewährt hat, fortgesetzt werden. Die weiteren Untersuchungen können, soweit das erforderlich ist, mit FMEA (Fehler-Möglichkeits- und Einfluß-Analyse, siehe Kapitel 6) und anderen bekannten Qualitätsmethoden weiter überwacht werden. Das Team muß sich nicht zwanghaft durch alle 4 Phasen „quälen", sondern sollte intuitiv entscheiden, wie es weiter vorgehen will, um effiziente Ergebnisse zu erzielen.

Heute enden ca. 60% der QFD-Projekte nach der Phase I. Soll aber sichergestellt werden, daß die „Stimme des Kunden" im ganzen Unternehmen verstanden wird, dann sollte auf die weiterführenden Phasen nach dem QFD-Leitfaden (Phase II, III, IV) nicht verzichtet werden, denn es reicht nicht, Kundenorientierung auf die Werbefahnen und Hochglanzprospekte zu schreiben. Kundenorientierung muß von allen Mitarbeitern erfahren, erarbeitet und gelebt werden.

Nach heutigem Kenntnisstand hilft QFD in hervorragender Weise zu zielorientierter und zu konsensbildender Teamarbeit über die Schnittstellen der Organisation hinweg.

QFD kann nur dann erfolgreich sein, wenn die Methode nicht unreflektiert verordnet wird, sondern von allen Beteiligten gewollt ist. Zwanghaft befohlene Maßnahmen erzeugen Widerstände, die ein Scheitern herbeiführen.

Wenn das Management der Promotor und das Team der treibende Motor im QFD-Prozeß sind, dann ist ein erfolgreicher Projektabschluß gesichert.

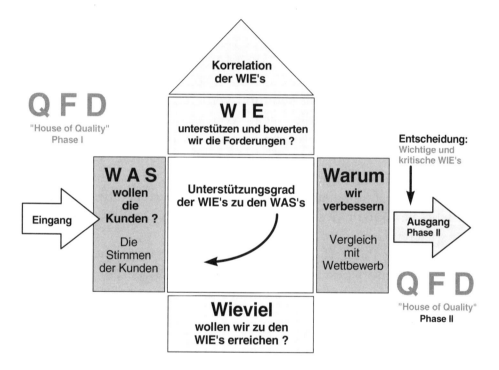

Bild 81: Zusammenfassung Phase I

Aus den Kundenforderungen in der Phase I gingen die Merkmale der Produkte/Dienstleistungen hervor, die nun die Eingangsgröße der Phase II bilden. Die Ausgangsgröße der Phase I wird also zur Eingangsgröße der Phase II.

2.5   Phase II: Baugruppen-, Teile-, Komponenten- bzw. Konstruktionsplanung

Der Produktplanung folgt in Phase II die konstruktionstechnische Konzeptfindung. Das bedeutet, daß nach der Ermittlung der wichtigen oder kritischen Produktmerkmale zu den Kundenanforderungen in Phase I in der nächsten Arbeitsphase des QFD-Prozesses die konkreten Lösungen, d. h. die Funktionsgruppen und ihre Elemente zu jedem bedeutenden Merkmal (Designcharakteristika) entwickelt werden müssen.

Die gefundenen Qualitätsanforderungen sind in der Phase II in konstruktive Lösungen bis hinunter zu den Teilesystemen umzusetzen. Das Projektteam überprüfte vor der Arbeit in Phase II nicht nur die Vollständigkeit der *Produktmerkmale der Phase I,* sondern ergänzte die Anforderungen auch durch detailliertere und vertiefende Darstellungen. Hierbei ist insbesondere an die nicht von den Kunden ausdrücklich genannten Anforderungen (Basisfaktoren) zu denken, die als selbstverständlich gelten und nicht mehr bewußt sind, die aber für die Funktion des Gesamtproduktes grundlegende Bedeutung haben. Versäumt das Team die Darstellung aller Unterfunktionen des Produktes, so besteht die Gefahr des Vergessens und der Nicht-Berücksichtigung bei der späteren Umsetzung.

Das Vorgehen in Phase II erfolgt in gleicher Weise wie im vorstehenden Kapitel 2.4 - Phase I beschrieben, d.h. es ist ein Wiederdurchlaufen der HoQ-Matrix auf einer höheren Ebene.

Schritt 1 und 1a:

Die Ausgangsgröße der QFD-Phase I wird zur Eingangsgröße der Phase II, d.h., die ausgewählten Produktmerkmale „Wie" der Phase I erscheinen nun als „Was" in dem Arbeitsblatt für die Phase II. Das QFD-Arbeitsblatt II (vgl. Abb. 83 Teilematrix) ist eine modifizierte Form der HoQ-Matrix des ersten Hauses. Das Arbeitsblatt Phase II wird auch Konstruktions-, bzw. Teilematrix oder „Part Deployment Matrix" genannt. Auch diese empfohlene Matrix sollte, dem individuellen Bedarf des Unternehmens entsprechend gestaltet werden. Die Teilematrix kann zur Untersuchung weiterer Korrelationen z.B. auch mit einem Dach versehen werden.

Das weitere Vorgehen erfolgt dann, wie in Phase I beschrieben. Zu den aus der ersten Phase ausgewählten wichtigsten Produktmerkmalen (1) werden auch die Zielwerte (1a) in die Teilematrix übertragen. Die Produktmerkmale sind dann vom Projektteam in die Unterfunktionen zu zerlegen, damit die konkreten Teile und Baugruppen ermittelt werden können. Zum Erkennen der Zusammenhänge in komplexen technischen Systemen mit einer Vielzahl von Funktionen und zur Dokumentation dieser Funktionen bietet sich z.B. ein *Funktionenbaum* an. Jede Funktion wird möglichst treffend im Funktionenbaum beschrieben (vgl. Abb. 82). Bei der Entwicklung des Funktionenbaumes zeigt sich der Vorteil des Team-Brainstorming: Der „Baum" einer Einzelperson wird meist unvollständig ausgebildet sein, während der „Baum" aus einer Teamarbeit außerordentlich vielschichtige Aspekte aufzeigt, deren unterschiedliche Bedeutungen in der Hierarchie des „Baumes" Platz finden. An einem Praxisbeispiel aus der Automobilindustrie wird dieses Vorgehen (in Abb. 82) aufgezeigt.

Praxisbeispiel: Funktionsbaum „Verbesserter Fahrkomfort"

Die Designcharakteristiken sollen im Funktionenbaum Bild 82 untersucht werden. Hierbei erfolgt das „Aufdröseln" (deployment) in drei Ebenen. In der ersten Ebene finden wir die primären Forderungen - Was will der Kunde? Der Kunde wünscht sich verbesserten „Fahrkomfort", dieses ist der Oberbegriff der ersten Ebene des Funktionsbaumes. Der verbesserte Fahrkomfort kann zum einen durch die „Reduzierung der Geräusche" und zum anderen durch konstruktive Maßnahmen wie z.B. „Sicherheit erhöhen", d.h. durch Veränderungen am Fahrwerk erreicht werden.

In der 2. Ebene finden wir die Übersetzung der Kundenanforderungen (Was) in die Sprache des Unternehmens (Wie).
Gefragt wird: „Wie erreichen wir die Reduzierung der Fahrgeräusche"?
Das QFD-Projektteam gruppiert die Designmerkmale in drei (oder mehr) Ebenen, um alle Unterfunktionen sowie die Baugruppen und Teile in ihrem Zusammenwirken zu ermitteln.
Die Funktionsmerkmale sind mit ihren Meßwerten zu den Funktionen definiert. Der Funktionsbaum dient auch als *Vorstufe* (Phase I) zur Konstruktions- bzw. Teilematrix (Phase II).

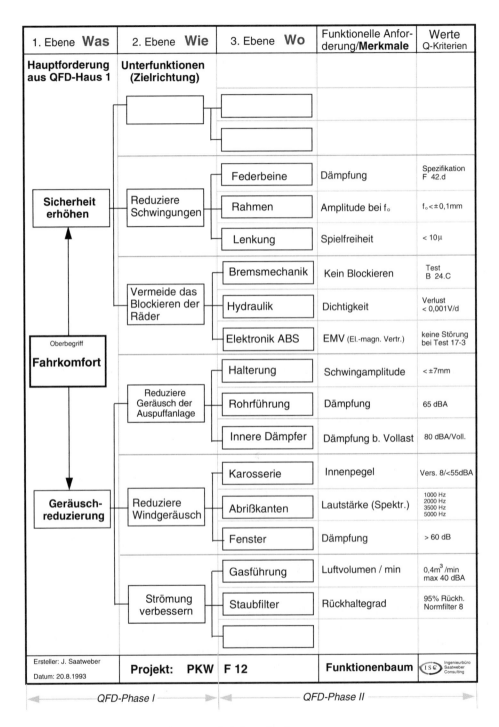

1. Ebene **Was**	2. Ebene **Wie**	3. Ebene **Wo**	Funktionelle Anforderung/**Merkmale**	**Werte** Q-Kriterien
Hauptforderung aus QFD-Haus 1	**Unterfunktionen (Zielrichtung)**			
Sicherheit erhöhen	Reduziere Schwingungen	Federbeine	Dämpfung	Spezifikation F 42.d
		Rahmen	Amplitude bei f_o	$f_o < \pm 0,1mm$
		Lenkung	Spielfreiheit	$< 10\mu$
	Vermeide das Blockieren der Räder	Bremsmechanik	Kein Blockieren	Test B 24.C
		Hydraulik	Dichtigkeit	Verlust $< 0,001V/d$
		Elektronik ABS	EMV (El.-magn. Vertr.)	keine Störung bei Test 17-3
Fahrkomfort Oberbegriff	Reduziere Geräusch der Auspuffanlage	Halterung	Schwingamplitude	$< \pm 7mm$
		Rohrführung	Dämpfung	65 dBA
		Innere Dämpfer	Dämpfung b. Vollast	80 dBA/Voll.
Geräusch-reduzierung	Reduziere Windgeräusch	Karosserie	Innenpegel	Vers. 8/<55dBA
		Abrißkanten	Lautstärke (Spektr.)	1000 Hz 2000 Hz 3500 Hz 5000 Hz
		Fenster	Dämpfung	> 60 dB
	Strömung verbessern	Gasführung	Luftvolumen / min	$0,4m^3/min$ max 40 dBA
		Staubfilter	Rückhaltegrad	95% Rückh. Normfilter 8
Ersteller: J. Saatweber Datum: 20.8.1993	**Projekt: PKW**	**F 12**	**Funktionenbaum**	ISC Ingenieurbüro Saatweber Consulting

◄──── *QFD-Phase I* ────►◄──── *QFD-Phase II* ────►

Bild 82: Funktionsbaum „Verbesserter Fahrkomfort"

Analyse des in Abb. 82 gezeigten Funktionsbaumes:

In der 1. Ebene (Was)

finden wir zu der Kundenanforderung „verbesserter Fahrkomfort" zwei Möglichkeiten der Verbesserung, nämlich
- die Geräuschreduzierung und
- Sicherheit erhöhen, durch Verbesserungen am Fahrwerk

In der 2. Ebene (Wie)

werden zu „Geräuschreduzierung" und „Sicherheit erhöhen" die möglichen Einflußkomponenten gesucht.
Die „Geräuschreduzierung" wird erreicht durch
- verbesserte Auspuffanlage,
- reduzierte Windgeräusche,
- verbesserte Strömung (Luftansaugung).

Die Kundenanforderung „Sicherheit erhöhen" wird angestrebt durch
- reduzierte Schwingungen,
- vermeiden blockierter Räder.

In der 3. Ebene: Wo?

wird zu jedem Kriterium der 2. Ebene die Sub-Ebene
untersucht. In dem Beispiel „reduziere Windgeräusche"
werden Verbesserungsmöglichkeiten an drei Konstruk-
tionselementen gesehen:
- Karosserie,
- Abrißkanten,
- Fenster.

Hierzu sind nun die funktionellen Anforderungen mit den angestrebten
Zielwerten zu ermitteln. Bei dieser Vorgehensweise zeigt sich, daß die
Genauigkeit des zu untersuchenden Ziels von Ebene zu Ebene zunimmt.
Der Vorteil der Darstellung ist, daß die Rückverfolgbarkeit des Pfades
zum Ausgangspunkt jederzeit möglich ist.

Schritt 2 und 2a:

Im zweiten Schritt sind die Funktionen in die Funktionsanforderung mit ihren Zielwerten zu übersetzen und mit den kritischen Teilen zu bestimmen. Danach erfolgt wiederum eine Bewertung wie in Phase I (siehe hierzu auch die Teilematrix in
Bild 111, Leuchtdiode).

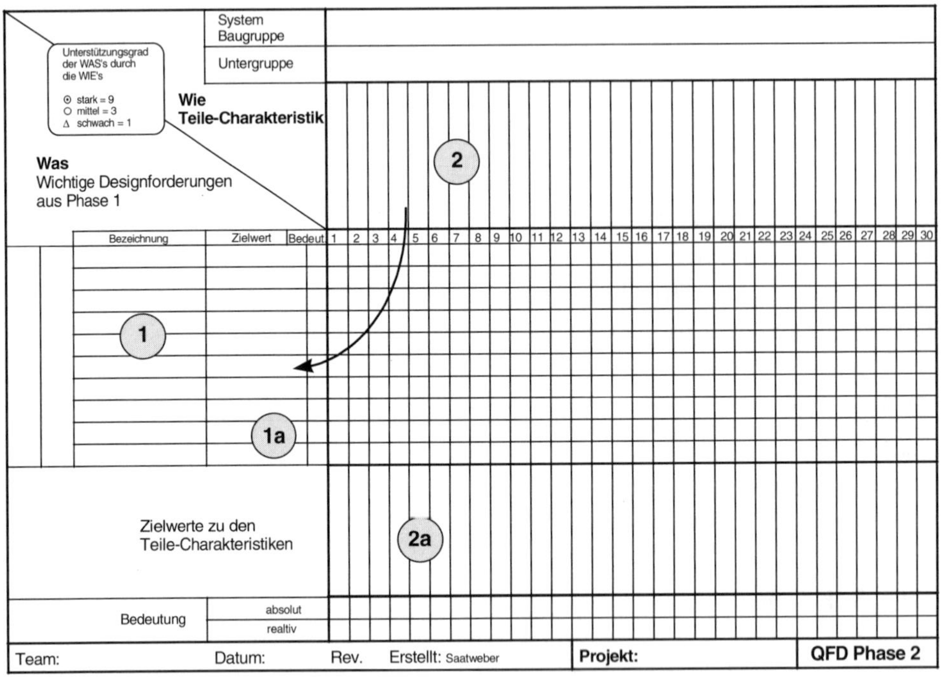

Bild 83: Teile Matrix, QFD-Phase II

Wird ein Funktionenbaum erstellt, so können die Zielwerte zu den kritischen Teilen in die Matrix übernommen werden. Die Aufgabenstellung für die Teileplanung ist die Auswahl des besten Konzeptes, sowie die Bestimmung der kritischen Teile und die Definition der Teilemerkmale. Das weitere Vorgehen ist identisch mit dem Vorgehen in Phase I.

Die Aufgabenstellung der Konstruktionsmatrix ist:

1. Festlegung der *wichtigen*, neuen und *kritischen* Konstruktionsanforderungen.
2. Bestimmung der charakteristischen Zielwerte.
3. Die Auswahl des besten Entwicklungskonzeptes.
4. Bestimmung der *wichtigen* Elemente für Phase III, d.h. der Elemente, die einer eingehenden Prozeßplanung in Phase III zu unterziehen sind.

Wichtig sind die Konstruktionselemente, deren Funktion zur Erfüllung der besonders hohen Kundenforderungen unerläßlich sind. *Neue* Konstruktionselemente müssen bezüglich ihrer Beherrschbarkeit (Konstruktion) und ihrer Herstellbarkeit in der Serienproduktion anhand der Qualitätsmerkmale überprüft werden. Weiterhin ist das Zusammenwirken mit den anderen Konstruktionsteilen festzustellen. Die Lieferanten neuer Materialien und Teile müssen wegen der geplanten Verarbeitung konsultiert werden.

Kritisch sind die Konstruktionselemente, die technisch noch nicht sicher beherrscht werden. *Kritisch* sind auch die Merkmale, die mit negativen Korrelationen im Dach des 1. Hauses gefunden wurden und außerdem sind die Konstruktionen *kritisch*, die in der Vergangenheit zu Produktstörungen beim Kunden führten.

Während der Phase II sind umfangreiche Studien zur Stützung der Ergebnisse zu leisten, wie sie bei jeder Entwicklung durchzuführen sind. Von besonderer Bedeutung sind alle absichernden Verfahren, die der präventiven Qualitätssicherung dienen wie z.B. FMEA (Kapitel 6). Weitere Techniken, die hier zum Einsatz kommen können, sind die Versuchsmethodik nach Taguchi und Shainin (vgl. Kap. 11).

Je nach Intensität der Projektarbeit werden vor der Ermittlung der kritischen Teile im „Teile-Haus" Untersuchungen zu Fremdlösungen im Vergleich zu Eigenlösungen unter Einbeziehung sowohl von technischen als auch von Kostenaspekten angestellt. Die Matrix kann durch einen „Anbau" für die Kostenbetrachtungen erweitert werden. Hier können die Einzelkosten der Bauteile, die an der Erfüllung von Funktionen beteiligt sind, ermittelt werden (vgl. Kap. 8, Abb.147).

Vor der Konzeptdefinition sollten alternative Lösungen nach Pugh (Kapitel 7) auch unter dem Gesichtspunkt der Zuverlässigkeit, der Kosteneinsparung oder einem gesetzten Kostenlimit betrachtet werden. Liegt das Lösungskonzept jedoch bereits weitgehend fest, oder reicht die Zeit nicht für die vertiefenden Untersuchungen, so können nach der Erstellung der Teileliste aus dieser die kritischen Teile entnommen und mit ihren Werten in die Matrix der Phase II übertragen werden. Die Bestimmung der kritischen Teile erfolgt anhand einer FMEA, notfalls auch nach „bestem Wissen".

Während bei einem Produkt-QFD in der Phase II die Komponenten oder Teile betrachtet werden, können bei einem Unternehmensplanungs-QFD in der Phase II die Abteilungen oder Unterprozesse der Firma betrachtet werden.

Bei einem Entwicklungsprojekt nach QFD zu einer Dienstleistung wären in der Phase II die Elemente der Dienstleistung zu planen. Diese Elemente enthalten materielle und immaterielle Anteile. „Was wird erbracht?" beschreibt den Produktanteil und „wie wird die Leistung erbracht?" (z.B. Bedienung im Restaurant) den immateriellen Anteil. Zu beiden Aspekten sind die Merkmale (Wie) zu definieren.

In der Phase II wurden die Teilecharakteristika ermittelt, die erforderlich sind, um die geforderten Funktionen zu erfüllen. Nach Abschluß der Teileplanung sind den Teilemerkmalen Sollwerte zuzuordnen.

Am Ende der Phase II bestehen neben dem Pflichtenheft die Ergebnisse der Teileplanung. Diese sind Dokumentationen wie Zeichnungen, Entwürfe, Stücklisten für das konkrete Produkt sowie die Qualitäts-anforderungen an die Teilsysteme.

In der folgenden III. Phase werden nun die Prozeßparameter ermittelt, die für die *Herstellung der Produkte* (bzw. Dienstleistung) nötig sind. Weiterhin muß die Prozeßfähigkeit der ausgewählten Prozesse bewertet werden.

2.6   Phase III: Prozeßplanung

Die in Phase II gefundenen kritischen Teile-Charakteristiken bilden in der Phase III die Anforderungen im Eingang der Prozeßmatrix, in deren Ausgang die kritischen Prozeßparameter zu dokumentieren sind. Das beste Teilekonzept aus Phase II nützt nichts, wenn die Fertigungsprozesse den Anforderungen nicht gerecht werden können. Daher ist die Leistungsfähigkeit des Prozesses zu maximieren. Das Ziel der Prozeßplanung ist es, folgendes zu erreichen:

- Entwicklung der Prozeßmerkmale (Charakteristiken);
- Festlegung der optimalen Prozeßzielwerte;
- Ermittlung weiterer kritischer Prozeßgrößen;
- Festlegen der zu bearbeitenden Kriterien für die Phase IV - Verfahrensplanung.

In der Prozeßplanungsphase wird der Herstellprozeß so festgelegt, daß die Reproduzierbarkeit der Produkte eingehalten werden kann. Durch eine frühzeitige Mitarbeit der Fertigungsplaner und der Produktion im QFD-Prozeß wird sichergestellt, daß sich die Produktion frühzeitig mit den neuen Techniken befaßt und das Spezialwissen der Produktion in die Konstruktion einfließen kann. QFD fördert die Erkenntnis der Mitarbeiter, warum bestimmte Dinge nur so und nicht anders gehandhabt werden dürfen.

Die Kopfzeile des Plans in Bild 84 zeigt den Prozeßablauf, unter dessen Einzelstufen die für die jeweilige Stufe maßgebenden kritischen Prozeßparameter zu finden sind. Hier können auch die Zulieferer der Baugruppen oder Teile nach entsprechender Schulung einbezogen werden.

Der Ablauf in der Phase III, das Erstellen der Prozeßplanungsmatrix und das Finden der kritischen Prozeßparameter erfolgt in gleicher Weise wie in den vorherigen Phasen I und II. In den Eingang der Matrix (1) werden die Charakteristika der kritischen Teile aus Phase II mit ihren Zielwerten übertragen. Dann sind die Prozeßcharakteristiken (2) mit ihren technischen Zielwerten (2a) zu ermitteln und die Bewertung (3) der Beziehung durchzuführen. Das Was-Wie-Frage- und Antwortspiel wird hier auf einer höheren Ebene vollzogen, d.h. „die Stimme des Kunden" durchdringt alle QFD-Phasen.

Prozeß-Matrix Phase III

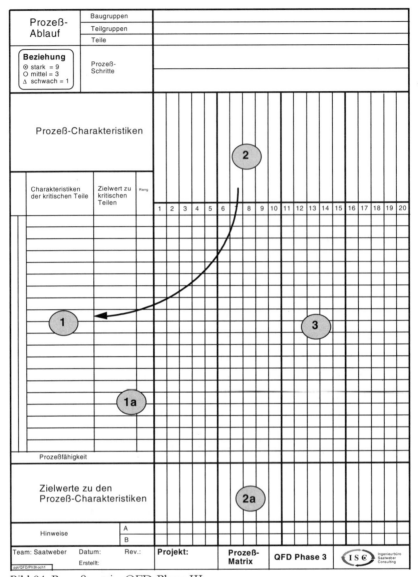

Bild 84: Prozeßmatrix, QFD-Phase III

Die knappe Dokumentation der Prozeßmatrix zeigt hier nicht die verschiedenen Zwischenschritte, wie Überlegungen zu Alternativen und deren Auswahl oder die Prozeß-FMEA. Nach Abschluß der Phase III sind die Prozesse optimiert, alle kritischen Prozeßelemente identifiziert, die kritischen Prozeßgrößen ermittelt und die Fertigungsprozesse optimal abgestimmt.

2.7   Phase IV: Produktions- bzw. Verfahrensplanung

Die QFD-Phasen I, II, und III dienten zur Vorarbeit der Phase IV. In der letzten QFD-Phase IV sind nach der Erstellung der Prozeßmatrix diejenigen Prozeßparameter deutlich bewußt, deren Steuerung schwierig ist oder die besonderer Arbeitsanweisungen und Prüfpläne bedürfen. Die Überlegungen der vorherigen Phasen münden nun in die konkreten Pläne und Anweisungen für die Werker in der Produktion. Die Vorgaben aus den vorherigen Phasen sind in die Sprache der Fertigung zu übertragen.

Die Verfahrensmatrix in Bild 85 zeigt die kritischen Prozeßparameter aus Phase III und listet in ihrem Ausgang drei Kriterien auf:

- Betriebsbedingungen,
- Qualitätssicherungspläne,
- Instandhaltungsanweisungen und Arbeitsanweisungen.

In einem Maßnahmenkatalog können auch wichtige Aspekte aufgelistet werden, die zu den einzelnen Prozeßschritten bedacht und geplant werden sollten. Das Team hat weiterhin die Aufgabe, die vorgesehenen Prozesse auf auftretende Schwierigkeiten hin zu untersuchen und deren Auftreten durch geeignete vorbeugende Maßnahmen, z.B. nach Poka Yoke (Kap. 11) zu verhindern. Überlegungen nach Poka Yoke haben zum Ziel, die Fertigungs- und Montageabläufe (narren-)sicher zu machen. Die Bedeutung der Phase IV wird häufig mit dem Argument unterschätzt: „Das haben wir alles" oder „unsere Leute in der Fertigung (oder Verwaltung, Verkauf, Kundendienst) wissen schon, was, wie und wann zu tun ist". Selbst wenn dem so ist, zeigt die Realität häufig, daß die Menschen am Ende der Kette nicht wissen, warum ein Vorgang bestimmten Vorgaben folgen muß. Unzureichende Schulung und Information über die Hintergründe fördern Demotivation und verhindern die Bereitschaft zur andauernden Suche nach Verbesserungen.

Die Entwicklung *aller Phasen* nach QFD bis hin zu den Arbeitsanweisungen verdeutlicht demgegenüber allen Beteiligten die Kette von den Kundenforderungen bis zur Umsetzung im gesamten Betriebsgeschehen. Am Ende der Untersuchungen steht eine vollständige Dokumentation als Grundlage für die Fertigung zur Verfügung. Zur Vermeidung von Mißverständnissen muß betont werden, daß QFD nicht eine Flut von schriftlichen Verfahrens- und Arbeitsanweisungen zum Ziel hat, die keiner liest.

Im Gegenteil, deren Reduzierung ist gewollt. Hervorragend geschulte Mitarbeiter sowie „schlanke", unbürokratische Prozesse hoher Stabilität sind ebenso wichtige Ziele des QFD wie die absolute Kundenzufriedenheit.

Verfahrensmatrix QFD-Phase IV

Ablauf	Baugruppen	
	Teilgruppen	
	Teile	
Prozeßschritte		
Kritische / Wichtige Prozeß-Parameter (aus Prozeß-Matrix)		
Werte zu den kritischen Prozeß-Parametern (aus Prozeß-Matrix)		
Prozeßfähigkeit		
Wichtigkeit / Bedeutung		
Arbeits-Merkmale und Risikobewertung	A	Schwierigkeitsgrad der Parameter-Kontrolle
	B	Auftretenshäufigkeit der zu erwartenden Probleme
	C	Auswirkung der zu erwartenden Probleme
	D	Entdeckungs-wahrscheinlichkeit
Punktebewertung wie FMEA	Σ	Bewertung: Summe oder Produkt aus A-B-C-D
Planung	Anlagenwartung	
	Ersatzteile	
	Serviceverträge	
	Prüfungen	
	Prüfmittel u. Kalibrierung	
	SPC / Regelkarten	
	Schulung / Erfahrung	
Qualitäts-Management-System	Verfahrensanweisung	
	Arbeitsanweisung	
Zeiten	Durchlaufzeit	
	Taktzeiten	
	Arbeitszeit direkt	
	Arbeitszeit indirekt	
Sonstiges		
Team: Datum: Rev.: Erstellt: [aptQFD/Ph4hoch1]	Projekt: Planung der Verfahren	QFD Phase 4 I S C Ingenieurbüro Saatweber Consulting

Bild 85: Verfahrensmatrix

Am Ende der Phase IV steht die vollständige Dokumentation, die der Fertigung als Grundlage dient. Die „Stimme des Kunden" wurde in die „Sprache des Unternehmens" bzw. bei Produkten in die Sprache der Fabrik übersetzt. Engpässe in der Produktion lassen sich auf diese Weise aufdecken und beheben. Die konsequente Planung nach QFD stellt sicher, daß die ausgelieferten Produkte dem Kundenwunsch entsprechen.

Nach Beendigung des QFD-Projektes sollte in einer Feedback-Phase (Phase V) festgestellt werden, ob die Kunden mit dem neuen verbesserten Produkt bzw. der Dienstleistung zufrieden sind. Dies kann z.B. durch eine Kundenbefragung erfolgen oder durch Vorstellen des neuen Produktes auf einer Fachmesse.

2.8   Zusammenfassung

QFD ist ein systematischer Leitfaden mit aufeinander abgestimmten Planungs- und Kommunikationsprozeduren. Mit QFD können alle Fähigkeiten eines Unternehmens koordiniert und fokussiert werden. Die Fokussierung richtet sich auf die Entwicklung von Produkten und Dienstleistungen mit dem Ziel, nur die Produkte zu entwickeln, die dem Kundenwunsch entsprechen. Dieses Ziel ist nur dann erreichbar, wenn Marketing-, Entwicklungs- und Produktionsfachleute eng zusammenarbeiten und die Planungsschritte gemeinsam abstimmen.

Vom ersten Schritt: Kundenforderungen und deren Priorität festlegen (was fordern die Kunden?) über die Bewertung des eigenen Produktes im Vergleich zum Mitbewerber aus der Sicht des Kunden, bis zur „Übersetzung" in die Qualitätsmerkmale (wie erfüllen wir die Kundenforderungen?) erfolgt eine systematische Planung bis hin zum fertigen Produkt/Dienstleistung. In mehreren aufeinander abgestimmten Phasen wird über die Zielwerte, deren Realisierung, über Korrelationsstärken (Unterstützungsgrad der Lösungsansätze zu dem jeweiligen Kundenwunsch) und den Schwierigkeitsgrad der Realisierung der Lösungsansätze durch den Hersteller entschieden. Der technische Vergleich zu Mitbewerber-Produkten sowie der technische Vergleich im eigenen Hause runden die Gesamtbetrachtung der Matrix ab.

Im House of Quality sind die Einzelfunktionen und Einzelmerkmale auf detaillierten Ebenen so koordiniert, daß die globalen Anforderungen erfüllt werden. Weiterhin sind eine Reihe von Zwischenstufen zu betrachten, die am Umsetzungsprozeß beteiligt sind. QFD besitzt zwar eine formale Struktur durch die HoQ-Matrix, die aber nicht zum Formalismus führen darf. Der QFD-Formalismus dient lediglich dem Betrachten der Eingangsgrößen (Kundenwünsche) und der Suche nach den dazugehörenden Lösungsansätzen. So können Wechselwirkungen untersucht und eine konsensfähige Entscheidung der Beteiligten herbeigeführt werden. Der Formalismus selbst spielt dabei eine untergeordnete Rolle. Auch das numerische Ergebnis sollte nicht isoliert als einzelstehender absoluter Wert, sondern stets im Zusammenhang betrachtet werden. Daher könnte es sein, daß ein Unternehmen sich zunächst für die Umsetzung eines Kriteriums entscheidet, das numerisch nicht die höchste Bewertung, aber den niedrigsten Schwierigkeitsgrad in der Umsetzung aufweist (siehe Praxisbeispiel Computer-Dienstleistung, Kapitel 3.2).

Die durch die Komplexität der Gesamtaufgabe bedingte Funktions-differenzierung erfordert integrative Kooperationsbereitschaft der Team-mitglieder. Zu welchem Ergebnis die Umsetzung der Kundenforderung führt, hängt immer von der fachlichen Kompetenz und Kooperations-bereitschaft der beteiligten Personen ab. QFD dient hierbei als „Verstän-digungsmittel" zwischen den Teammitgliedern aus den unterschied-lichsten Abteilungen des Unternehmens.

Die QFD-Systematik ermöglicht eine gute nachvollziehbare Dokumen-tation der Arbeits- und Planungsergebnisse. Der Vorteil der QFD-Doku-mentation liegt in der einfachen Darstellungsweise, die jederzeit die Rückverfolgbarkeit der Entscheidungen ermöglicht (siehe Beispiel Heiz-therme, Abb. 79) und Transparenz schafft. Insbesondere bei späteren Überlegungen und Nachfolgeprojekten (Enkel-Produkte) kann die Dokumentation der QFD-Matrix immer wieder herangezogen werden.

Auch bei der verschärften Norm QS 9000 (Quality Systems Require-ment) der amerikanischen Automobilhersteller an deren Zulieferer und Ausrüster wird QFD an Bedeutung gewinnen, weil von den „Big Three" (Chrysler, General Motors und Ford) ab Mitte/Ende 1997 im APQP (Advanced Product Quality Planning and Control Plans) eine dokumen-tierte Produktqualitätsvorausplanung verlangt wird. Diese verschärften Forderungen der „Big Three" gelten auch für deren europäische Töchter Opel, Vauxhall, sowie den Nutzfahrzeugherstellern Mack Trucks, Freightliner, Navistar, Paccar und Volvo GM Heavy Truck Corporation.

Das Management sollte sich an dem Entwicklungsprozeß aktiv betei-ligen, denn ein längerfristiger Unternehmenserfolg ist in ganz erhebli-chem Maße abhängig vom Markterfolg des nächsten Produktes bzw. der Dienstleistung. Diese Beteiligung kann durch Integration in das QFD-Team geschehen oder durch Übertragen einer selbständigen Handlungs- und Entscheidungsfreiheit an das Team.

Ein weiterer Vorteil ist darin zu sehen, daß QFD-erfahrene Unterneh-men ihre neuen Produkte schneller zu günstigen Kosten anbieten und ihren Marktanteil sichern, bzw. erhöhen können. Die „Stimme des Kunden" bildet in *allen* QFD-Phasen die Grundlage von maßgeblichen Entscheidungen, denn *QFD ist absolut kundenorientiert.*

Der Produkt- bzw. Dienstleistungs-Planungsprozeß
Zusammenfassung aller Phasen

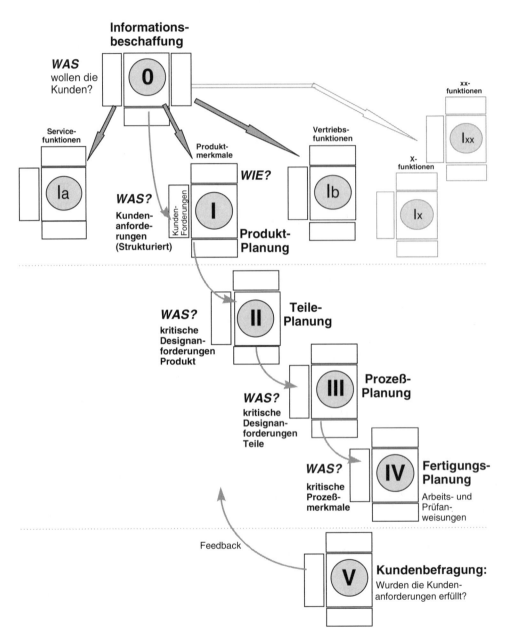

Bild 86: Der Ablauf der QFD-Phasen 0-I-II-III-IV-V

In der Abbildung 86 sind alle „Haupt- und Neben-Häuser" zusammengefaßt. Das mag zunächst komplex erscheinen, es macht aber das „Was-
Wie-Spiel" des gesamten QFD-Prozesses deutlich, wobei jedes Was zum
Wie wird und dieses in der folgenden Phase wiederum zum Was. Den
vier aufeinander aufbauenden Phasen I-IV geht die Phase 0 voraus, die
die Erfassung der Kundenforderungen sicher stellt.
Nach Abschluß der Phase IV sollte in der Phase V das Ergebnis überprüft werden (wurde die Kundenanforderung auch wirklich erfüllt?). Die
gestrichelten Linien soll den iterativen Ablauf von drei aufeinander folgenden Haupt-Prozessen andeuten, diese sind:

1. **Prä-QFD** (Phase 0)
   Vor dem QFD-Start in der Phase I beginnt der wichtigste Teil der
   QFD, die Informationsbeschaffung (Phase 0). Von den strukturierten
   Kundenanforderungen (primäre, sekundäre, tertiäre Forderungen)
   werden die tertiären Forderungen in den Eingang des ersten Hauses
   übertragen. Die „Stimme des Kunden" wird im nächsten Schritt
   (Haupt-QFD) in die „Sprache des Unternehmens" übersetzt.

2. **Haupt-QFD** (Phasen I, II, III, IV)
   Zu den tertiären „Was" (Kundenanforderungen) werden dann im I.
   Haus die „Wie's" (Lösungsansätze/Merkmale) ermittelt. Gleichzeitig
   ist zu überlegen, ob funktional nicht miteinander verbundene Prozesse
   (z.B. Vertrieb) in separaten QFD-Häusern bearbeitet werden können.
   Dies wird symbolisiert durch die Nebenhäuser 1a, 1b und 1x. Damit
   wird eine übersichtliche Bearbeitung in weniger komplexen Häusern
   möglich.
   Ein solches „Deployment" könnte auch dann vorgenommen werden,
   wenn die Anforderungen einzelner Kundengruppen an das gleiche
   Produkt sehr unterschiedlich sind. In dem Praxisbeispiel der Firma
   Metabo, Kapitel 9, wird auf diese Schwierigkeit hingewiesen.

In jeder der nun folgenden Phasen I-IV wird gefragt:
-Was wird gefordert? und
-wie erfüllen wir die Forderung?

In der *I. Phase* werden also die Kundenforderungen (Was) den charakteristischen Merkmalen der Erfüllung (Wie) gegenübergestellt.

In der *II. Phase* werden die kritischen Produktmerkmale („Was" der Phase I) in Qualitätsmerkmale einzelner Teile oder Baugruppen (Wie) umgesetzt.

In der *III. Phase* werden aus den kritischen Baugruppenmerkmalen (Was) die Prozeßmerkmale, sowie die Prozeßablauf- und Prüfablauf-pläne (Wie) ermittelt.

In der *IV. Phase* münden die kritischen Prozeßmerkmale (Was) in Arbeits- und Prüfanweisungen (Wie).
Damit ist die „Stimme des Kunden" in allen Phasen durchgängig hörbar, denn aus den Kundenanforderungen an das Produkt (Dienst-leistung) werden die Designanforderung für die Teile, aus diesen die Prozeßanforderungen und daraus schließlich die Arbeits- und Prüf-anweisung.

3. **Post-QFD** (Feedback-Phase)
Nach erfolgreichem Abschluß des Projektes sollte festgestellt werden:
- Wurde das angestrebte Ziel erreicht?
- Sind die Kunden zufrieden?
- Wie sind die Marktdaten (Marktanteile), was hat sich verändert?
- War die Produktverbesserung bzw. Neuentwicklung erfolgreich?
- Welche Verbesserungen werden im nächsten Schritt angestrebt?
- Wann wird das nächste QFD-Projekt gestartet?

Wenn alle Bestrebungen des Unternehmens darauf ausgerichtet sind, die Wünsche des Kunden zu erfüllen, dann wird der Kunde dies mit seiner Treue zum Unternehmen honorieren. Er wird weiterhin bei dem kun-denorientierten Unternehmen kaufen und wird damit immer profitabler für das Unternehmen, denn für die Werbung neuer Kunden muß ein vielfaches von dem investiert werden, was zum Erhalt der bestehenden Kundenbeziehung einzusetzen ist.
Wenn alle am QFD-Projekt Beteiligten und die Geschäftsleitung als oberstes Ziel formulieren: *Wir wollen Kunden zufriedenstellen,* dann wird sich für das Unternehmen der gewünschte Erfolg am Markt einstellen.

3   Praxisbeispiele

Die bisherigen Ausführungen sollen durch drei Praxisbeispiele aus dem Produktions- und Dienstleistungsbereich ergänzt werden:
1. Produktion einer neuen Kamera,
2. Dienstleistung eines PC-Herstellers,
3. Produktion von Leuchtdioden (LED).

3.1   Praxisbeispiel Kamerahersteller

Der hier vorgestellte Kameraproduzent ist als zuverlässig bekannt, seine Geräte genießen großes Ansehen im Fachhandel und auch bei Endkunden. Das Unternehmen erlebte alle Höhen und Tiefen des Fotomarktes, konnte aber durch Zuverlässigkeit, guten Service und neue Ideen einen hohen Marktanteil in seinem Marktsegment erringen. Der Verkauf der Produkte erfolgt über den Fotofachhandel, der laufend durch Schulungen über neue Produkte und deren Besonderheiten durch den Hersteller informiert wird. Der Vorstand des Kameraherstellers überprüfte vor zwei Jahren die längerfristigen Ziele des Unternehmens und überarbeitete mit den Fachabteilungen einige Firmenstrategien.
Eine dieser Strategie sieht vor, daß die Mitarbeiter projektbegleitende Schulungen zu QFD erhalten sollen, und daß alle Entwicklungsprozesse zukünftig nach QFD vorgenommen werden. In einem Referenzentwicklungsplan wurden dazu auch die zeitlichen Abläufe vom Lastenheft bis zum Pflichtenheft unter Berücksichtigung parallel ablaufender Prozesse (Simultaneous Engineering - SE) erfaßt.

In einem Kick-Off-Meeting stellt der Marketingleiter die Kundenbedürfnisse (vgl. Abb. 89) im angestrebten Marktsegment (Abb. 87 und 88) vor. Die folgende Situationsfeldanalyse zeigt die Verteilung des Kameramarktes über zwei Achsen. Der y-Achse ist die technische Ausführung und der x-Achse sind die Anwenderprofile zugeordnet, wobei an den Achsenenden die jeweiligen Extreme wie „Einfachtechnik" und „Präzisionstechnik" bzw. „Gelegenheitsknipser und „Gestalter" zu finden sind. Eine vertiefende Analyse ergab, daß der kleine, aber interessante Markt der „interessierten Amateure" wächst.

Auf der Basis dieser zusätzlichen Analysen traf die Geschäftsleitung ihre Entscheidung: „Wir wollen die beste Amateurkamera für mobile Menschen herstellen und unseren Marktanteil erhöhen".

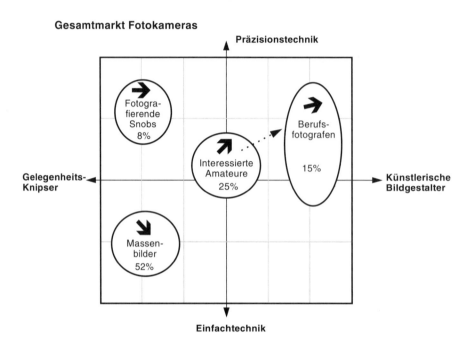

Bild 87: Portfolioanalyse für Fotokameras

In der Wachstumsanalyse (Bild 88) ist die zu erwartende Marktveränderung bei Präzisionskameras dargestellt (die Zahlen sind fiktiv). Die Pfeilrichtung zeigt die zu erwartende Tendenz für die nächsten fünf Jahre. Nachdem nun alle Voraussetzungen für die Kundenbefragung getroffen sind (Kunden im Segment), beginnt die Umfrage, bei der herausgefunden werden soll, welche Anforderungen und Wünsche die „interessierten Amateure" an ihre zukünftige Kamera im Kopf haben. Für den Marketingleiter kommt es darauf an, insbesondere auch die kreativen Ideen, die Visionen der Pioniere unter den „interessierten Amateuren" zu erhalten.

Wie in den vorherigen Kapiteln bereits beschrieben ist dies nötig, um nach dem Kano-Modell die „begeisternden Faktoren", das heißt die innovativen Elemente einer Kamera für ein zukünftiges breites Kundenpotential zu erkennen. Wer diese Wünsche erfaßt, die dem Kunden einen zusätzliche Nutzen bringen oder zusätzliche Anwendungen ermöglichen, wird seinen Marktanteil halten oder erweitern.

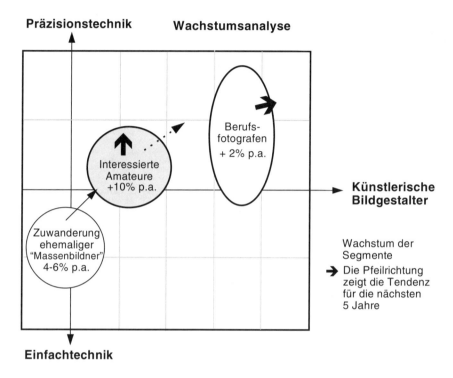

Bild 88: Wachstumsanalyse Fotomarkt

Mit diesem Hintergrundwissen im Kopf läßt der Marketingleiter eine ausgewählte repräsentative Anzahl der Endkunden (interessierte Amateure) und den Fotofachhandel durch ein Marketing-Institut befragen. Diese Studie wird ergänzt durch eigene Beobachtungen auf Messen und in Gesprächen mit Kunden, sowie durch die Informationen des Außendienstes. Das daraus vorliegende umfangreiche Paket an aufbereiteten Daten und verbalen Informationen wird auf die Verwertbarkeit für das erste QFD-Haus untersucht.

Das QFD-Team gruppiert die Kundenforderungen auf einer Pinwand (Bild 89) und nimmt im nächsten Schritt die Strukturierung dieser Aussagen vor.

3.1.1 Strukturierung der Kundenforderungen in primäre, sekundäre und tertiäre Anforderungen

Die in der Befragung ermittelten Kundenwünsche, schrieben die Work-shop-Teilnehmer auf Karten und hefteten diese an eine Pinwand (vgl. Bild 89).

Bild 89: „Die Stimme der Kunden" - unsortiert

Anschließend wurden die Kundenkommentare gruppiert. Die Gruppie-rung (Cluster) der vorstehenden Kundenwünsche ergab die Hauptblöcke „Technik und Ergonomie" (vgl. Abb. 90).

Die Teilnehmer entschlossen sich bei der Prioritätenbestimmung zu einer Punktebewertung. Jeder Teilnehmer erhielt 3 gelbe Punkte für die über-geordneten Gruppen „Technik und Ergonomie" und fünf blaue Punkte für die Bewertung der Untergruppen im Technikblock. Auf einer weite-ren Pinwand sortieren die Workshop-Teilnehmer dann das Ergebnis dieser Abfrage, es ist in Bild 90 dargestellt.

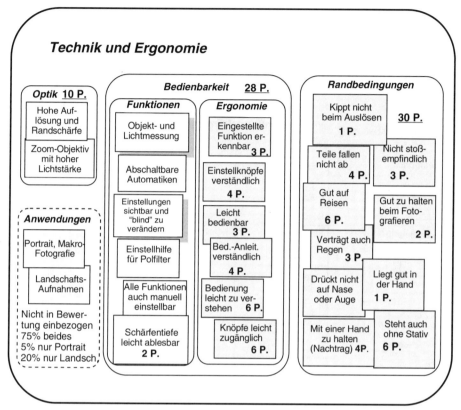

Bild 90: Gruppierung und Bewertung der Kundenforderungen

Die zwei der am höchsten bewerteten Gruppierungen innerhalb der Hauptgruppe „Technik und Ergonomie":

- Bedienbarkeit, hier insbesondere die Ergonomie sowie die
- Randbedingungen

wurden im ersten Schritt der weiteren Untersuchungen aufgegriffen. Das Ergebnis ist signifikant, denn die anvisierte Kundengruppe der „interessierten Amateure" gehört zu den gut verdienenden und äußerst reisefreudigen Touristen, die ihre Aufnahmen gelegentlich unter Zeitdruck auf dem Weg zum nächsten Objekt in den „Kasten" bringen müssen. Sie brauchen eine technisch perfekte, leicht bedienbare und immer funktionierende sichere Kamera.

Die im linken Teil der Pinwand (Abb. 90) bewerteten „Anwendungen" und die „Optik", bedürfen weiterer Betrachtungen. Hierzu wird das

Team eine weitere separate QFD-Matrix erarbeiten, um das erste Haus nicht zu komplex werden zu lassen.

Die beiden Schwerpunktthemen „Ergonomie" und „Randbedingungen", werden wie folgt auf einer Pinwand weiter strukturiert:

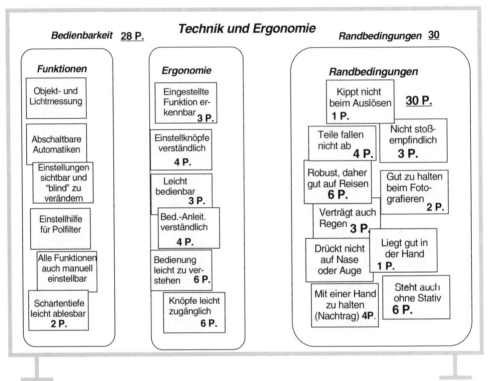

Bild 91: Strukturierung der Kundenforderungen

Das Kamerateam hat die Gruppierung der Kundenforderungen zu den „Randbedingungen" und zur „Ergonomie" abgeschlossen. Diese Forderungen sind nach Themenbereichen geordnet in die linken Zeilen des Funktionenbaumes im Bild 94 in Kurzform, aber unverfälscht, einzutragen.

Die Kundenanforderungen sagen, was gewünscht wird. Die Werte für die von den Kunden angegebenen Prioritäten (1-10) finden in der Spalte „Bedeutung" Platz. Vor einem selektivem Zuhören und dem Hineininterpretieren eigener Vorstellungen in diese Kundenforderungen durch das Team muß gewarnt werden. Erscheinen Kundenforderungen widersprüchlich in sich, so kann eine vertiefende Interviewphase zweckmäßig sein, um mit den Kunden anhand einer Korrelationsmatrix, ähnlich dem Dach des Hauses, die Situation weiter abzuklären.

Das Team entschloß sich, die beiden Hauptforderungen zunächst in getrennten QFD-Häusern zu untersuchen, da ein direkter technischer Zusammenhang nicht erkennbar war. Aber Vorsicht: Auch bei zunächst offensichtlich völlig unterschiedlichen Funktionen können Wechsel-beziehungen bestehen, die erst bei der konstruktiven Ausführung die gegenseitige Beeinflussung zeigen. So könnte es beispielsweise bei der Umsetzung der Kundenforderung „andere Filmformate" notwendig werden, andere Objektive zu verwenden, die aber dann aufgrund ihres höheren Gewichts die Stabilitätsforderung tangieren bzw. mit der Forde-rung nach „niedrigem Gewicht" negativ korrelieren.

Zum Thema „Gut zu halten beim Fotografieren" findet das Team in der Gruppierung „Randbedingungen" weitere Hinweise:

Bild 92: Struktur der Kundenforderungen - Randbedingungen

Wenn die Aussage 3: „Gut zu halten beim Fotografieren" in die Hierar-chie der Forderungen eingruppiert wird, zeigt sich folgendes Bild:

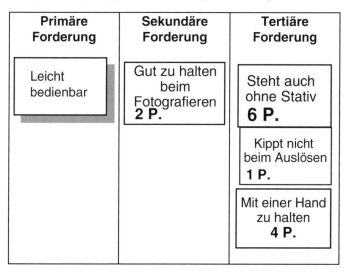

Bild 93: Struktur der Kundenanforderung „leicht bedienbar"

Der Strukturast wird nach der sekundären Forderung noch weiter aufgliedert. Je konkreter der Wunsch beschrieben ist, desto treffsicherer können die Techniker die geeignete Lösung in Form einer Funktion entwickeln. Die tertiären Anforderungen sind nun in den Eingang des QFD-Hauses zu übertragen. Dabei ist zu fragen:

Was verstehen die Kunden unter „leicht bedienbar" (1). Drei sekundäre Anforderungen sind in „leicht bedienbar" enthalten:

1.1 Bedienung leicht zu verstehen;

1.2 gut und leicht auf Reisen mitzunehmen;

1.3 gut zu halten beim Fotografieren.

Die Struktur der Kundenanforderung „leicht bedienbar" (1) ist in dem folgenden Funktionenbaum aufgezeigt.

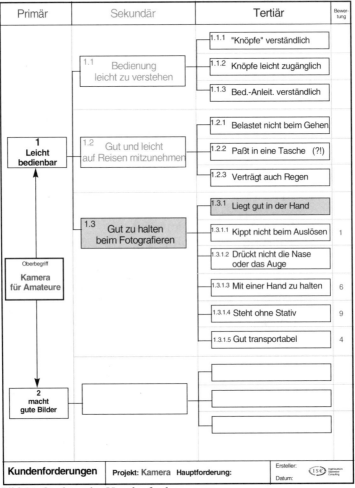

Bild 94: Struktur der Kundenforderungen

Nachdem die Kundenstimmen strukturiert sind beginnt die „Übersetzung" der tertiären Anforderungen aus Abb. 94 in die Sprache der Technik, bzw. des Unternehmens (vgl. Abb. 95).

3.1.2 Übersetzung der tertiären Kundenforderungen in die Sprache der Technik

Zu den strukturierten tertiären Anforderungen werden die Qualitätsmerkmale, die beschreiben wie dies technisch lösbar ist, formuliert. Danach sind diese tertiären Forderungen vom QFD-Team in das erste Feld des House of Quality zu übertragen.

Bild 95: Die Übersetzung in die Sprache der Technik (Was-Wie?)

Das Team muß im 1. Schritt eine weitere wichtige Fragen abklären: Wieviele Kundenanforderungen wollen und können wir auflisten? Wurde von den Kunden ein breites Spektrum wichtiger Forderungen genannt, von denen ein Teil nicht berücksichtigt wird, besteht die Gefahr, nicht an den richtigen Dingen zu arbeiten.

Durch paarweise Gewichtung oder paarweisen Vergleich können die Forderungen „abgeglichen" werden. Es sollten nicht mehr als ca. 20 Was-Anforderungen aufgenommen werden. Bei zu komplexen QFD-Häusern leidet die Übersichtlichkeit. Es ist dann besser, ein oder mehrere weitere Häuser zu „bauen", wie das am Beispiel der Abbildung 100 gezeigt wird. Die Zusammenführung der „Reihenhäuser" erfolgt dann in Bild 101.

Das Team wird daher eine Gruppierung der Kundenforderungen um die wichtigsten Anforderungen herum vornehmen und diese Gruppen den Zufriedenheitswerten aus dem Konkurrenzvergleich gegenüberstellen.

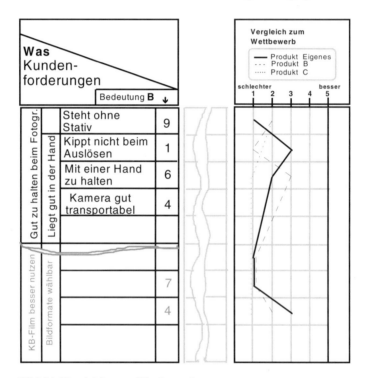

Bild 96: Vergleich zum Wettbewerb

Der vorstehende Konkurrenzvergleich zeigt, wo die größten Defizite sind, so daß die Prioritäten für die weitere Arbeit richtig gesetzt werden können. In diesem konkreten Fall mußte der Hersteller sein Vorgänger-modell bewerten lassen, denn die neue Kamera ist noch nicht am Markt.

Zu jeder Kundenanforderung wurden ein oder mehrere Merkmale zur Charakterisierung der Funktion in das Feld 4a eingetragen. Die Pfeile in der Matrix weisen auf den Zusammenhang zwischen Merkmal und Anforderung hin. Nun beginnt das Team mit der Bewertung. Es legt die Stärke (Unterstützungsgrad) des Zusammenhangs zwischen „Was" und „Wie" fest.

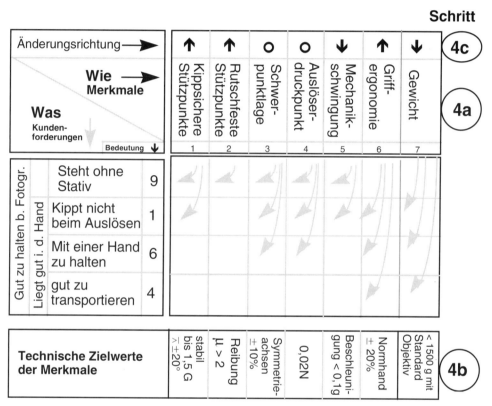

Bild 97: Produktmerkmale zu den Kundenforderungen

Bei einem Review nach dem 4. Schritt wurde diese Auswahlentscheidung überprüft.

In Bild 98 wird eine von mehreren Primärforderungen „Gut zu halten beim Fotografieren" bewertet. Die weiteren Primärforderungen wurden hier aus Gründen der Übersichtlichkeit nicht dargestellt. Die Forderung „Kleinbildfilm besser nutzen" wird in einer weiteren Matrix untersucht. Eine Zusammenführung beider Matrizen ist ohne weiteres möglich, eine solches „Zusammenschieben" der QFD-Häuser wird in Bild 101 gezeigt.

Bild 98: Bewertungsmatrix, Schritt 5a-5b

Die Merkmale sind nun mit den Zielwerten definiert. Der Zielwert enthält die anzustrebende Größe mit ihrer Dimension. Im Schritt 4c bestimmte das Team die Änderungsrichtung dieser Zielwerte.

Die Arbeitsgruppe legte die Unterstützungsgrade fest und addierte die Spaltenwerte. Der höchste Spaltenwert mit 23% ist das Kameragewicht. Trotz dieser hohen Bewertung konzentriert sich das Team nicht ausschließlich auf diesen Punkt, sondern betrachtet zunächst das Haus in seiner Gesamtheit. Das Merkmal mit der höchsten Bewertung muß selbstverständlich in das zu beschließende Maßnahmenbündel einbezogen werden, seine hohe Wirkung wird aber nur im Zusammenwirken mit weiteren anderen Maßnahmen erreicht werden.

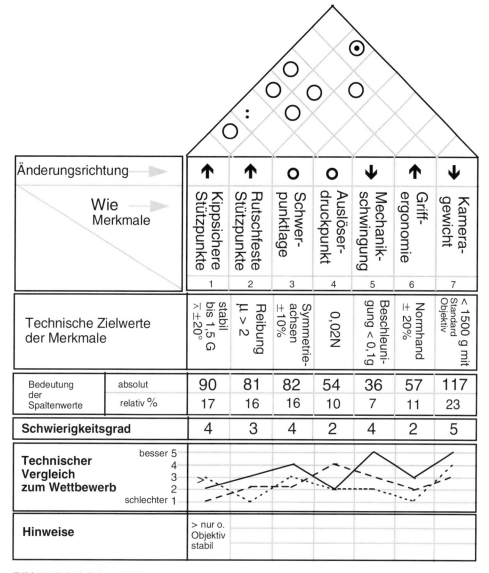

Bild 99: Die Schritte 7-8-9

Der technische Vergleich der Produkte verschiedener Hersteller zeigt die Stärken und Schwächen des eigenen Produktes auf. Die Bewertung der Schwierigkeit zur Herstellung des neuen Produktes orientiert sich am Ausmaß der geforderten Veränderung unter Berücksichtigung des vorhandenen Know-hows. Die Bewertung im Dach des Hauses unterstützt die Forderung nach einer gesamtheitlichen Betrachtungsweise.

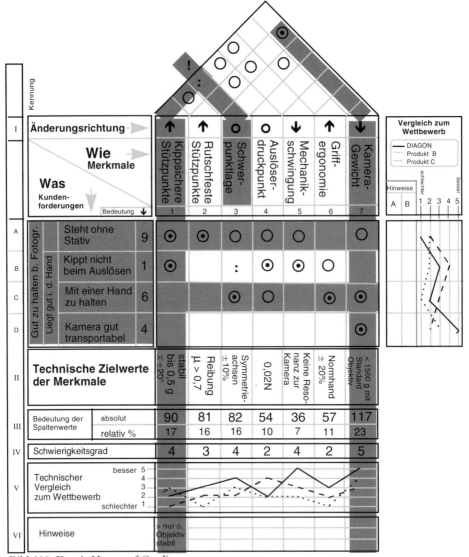

Bild 100: Das 1. House of Quality

Das in Abb. 100 vollständig abgebildete erste Haus zeigt die Arbeitsergebnisse des Teams in übersichtlicher Darstellung. In dem folgenden
Haus in Bild 101 sind die beiden unterschiedlichen Kundenforderungen

- gut zu halten beim Fotografieren und
- Kleinbildfilm besser nutzen

unter einem QFD-Dach zusammengefaßt. Hier zeigt sich der Vorteil der
gleichzeitigen Darstellung mit einer Vielzahl von Informationen. Bei
getrennter Bearbeitung der Themen kann die Gefahr bestehen, daß kriti-

sche Zusammenhänge unbeachtet bleiben. Die hier berücksichtigte Basis-anforderung „Kamera gut transportabel" führte zu dem „Kamerage-wicht", das bei unabhängiger Bearbeitung des zweiten Themas leicht unbeachtet geblieben wäre.

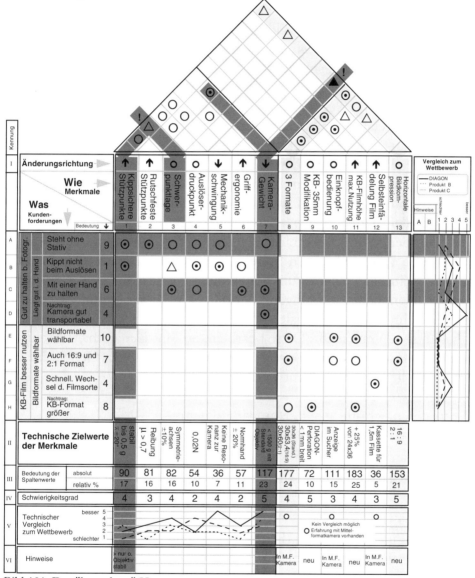

Bild 101: Das "komplette" Haus

Zusätzlich zu den arabischen Ziffern in den Merkmalsspalten sind in Abb. 101 am linken Rand römische Zahlen aufgeführt. Das empfiehlt sich, um zu jedem wichtigen Diskussionspunkt ein kurzes Protokoll im

PC ablegen zu können. Die Numerierung erleichtert das einfache Auffinden bei eventuellen Rückfragen.

Die Fachleute zu beiden Themen arbeiten nun zusammen und sorgen für die Gesamtbetrachtung des Hauses und der Dachmatrix. In dem Dach der Abbildung 101 ist ein Warndreieck zu dem Merkmal „Kameragewicht" und „horizontale Bildkompression" erkennbar. Die im Team vertretenen Optikspezialisten erkannten das Problem und wußten technische Realisierungsmöglichkeiten. Die Realisierung ist mit zusätzlichen Linsen im Objektiv möglich, dies bedeutet aber nach derzeitigem Kenntnisstand eine Gewichtserhöhung. Daraus ergibt sich nun die starke negative Korrelation in der Dachmatrix. Dieser Zielkonflikt weist das Team darauf hin, daß hier nach neuen, heute noch nicht üblichen Lösungswegen gesucht werden muß.

Das Team befaßt sich am Ende der Phase I mit der Auswahl der wichtigen und kritischen Entwicklungsmerkmale, die für die Neuentwicklung der Kamera von ausschlaggebender Bedeutung sind. Nach Abschluß der gesamten Betrachtungen in Bild 101 beginnt das Team mit detaillierten Untersuchungen in den Zwischenstufen zum zweiten Haus, der Teilematrix. In einem Funktionenbaum werden die Zusammenhänge von den Kundenanforderungen über die technischen Funktionen bis hin zu den technischen Merkmalen, die zur Erfüllung der Forderungen einzuhalten sind, untersucht. Diese bearbeiteten Matrizen enthalten sehr viel Firmen-Know-how und können hier aus Gründen der Geheimhaltung z.Z. noch nicht veröffentlicht werden.

Die weiteren Schritte sehen dann wie folgt aus:

- Die Konstrukteure beginnen nun mit den ersten Ideenskizzen, die vom Team gemeinsam diskutiert werden.
- Anschließend sind die wichtigsten Konstruktionselemente in die Teilematrix zu übertragen. Der Beitrag dieser Elemente sollte in einem ausgewogenen Verhältnis zur Bedeutung der Anforderungen stehen.
- Mittels Pugh-Diagramm (Kapitel 7) beginnt die Suche nach alternativen Lösungen zur optimalen Konzeptauswahl.
- Die Fertigungsplaner werden bereits in der Phase II beteiligt, um die Konstrukteure bei der fertigungsgerechten Konstruktion zu beraten und die entsprechenden Vorbereitungen für die Fertigungsplanung so frühzeitig wie möglich einzuleiten.

- Der Einkauf sorgt dafür, daß die wichtigsten Zulieferer der Konstrukteure und Fertigungsplaner in einem frühen Stadium der Planung mit fachlichem Rat zur Verfügung stehen. Sie wissen nun auch selbst, worauf sie bei zukünftigen Lieferungen zu achten haben.
- Danach wird in Phase III die Prozeßplanungsmatrix erstellt, in der der Prozeßablauf und die einzelnen Prozeßschritte festgelegt sind.
- Die Fertigung konnte durch die frühzeitige Einbeziehung mit ihrer Planung fast parallel beginnen, und die Nullserie mit bereits an Prototypen geschulten Mitarbeitern produzieren.
- Für alle Prozeßmerkmale sind ebenfalls Zielwerte festzulegen.

Bei dem Kamerahersteller sind diese *Zielwerte* z.B.
- in der Druckgießerei die Chassis und Deckel;
- in der Metallbearbeitung die Gehäuseteile, die Fußteile und die Mechanikteile, die auf Maßhaltigkeit und Maschineneinstellungen zu prüfen sind;
- bei der Vulkanisation die Herstellung der Gummifüße für das Stativ der Kamera, hier muß die Temperatureinhaltung überwacht werden;
- bei der Montage die Vollständigkeit der Vormontage;
- bei der Endprüfung das Prüfen von Beweglichkeit, Funktion und Deckelsitz;
- bei der Verpackung der Schutz der Kamera und das Prüfen der Vollständigkeit.

Nach Abschluß der Phase III beginnt dann die Verfahrensplanung in der Phase IV. Der Kamerahersteller führte noch eine FMEA zum Montageprozeß durch, um sicherzustellen, daß nur vollständige Lieferungen das Haus verlassen. Die FMEA zum Montageprozeß führte zu dem Beschluß: Die Vollständigkeit des verpackten Produktes wird zukünftig durch eine Präzisionswaage festgestellt.
Mit der Schulung der Außendienstmitarbeiter und der vorbereitenden Werbung durch Marketing wurde bereits am Ende der Phase III begonnen. Das fertige Produkt, die hochwertige Kamera für reisefreudige Amateure konnte nach sehr kurzer Entwicklungszeit auf der Photokina in Köln präsentiert werden. Das ausgereifte Modell begeisterte den Fotofachhandel und das interessierte Publikum.

3.2   Praxisbeispiel Dienstleistung

QFD-Fallbeispiel:
Verbesserung der Kommunikation
zwischen Kunden und Lieferanten

Das Beispiel konzentriert sich auf die „weichen" Probleme einer zurück-
liegenden Kundenbefragung eines Computerherstellers, die unter dem
Oberbegriff „Kommunikation zwischen Kunden und Lieferant" zusammengefaßt werden kann.

Dieses signifikante Beispiel beschäftigt auch in anderen Unternehmen
interne und externe Experten auf der Suche nach geeigneten Lösungen.

Kommunikation muß heute als eine Dienstleistung bzw. ein „Produkt"
begriffen werden, die die Kunden erwarten. Kundenzufriedenheit ergibt
sich nicht mehr nur durch eine reibungslos funktionierende Hardware,
sondern durch Erreichbarkeit, Beratung, Schulung, Service, also Dienstleistungen, die unter „Kommunikation mit Kunden" zusammengefaßt
werden können und wie normale Dienstleistungen systematisch zu entwickeln sind.

Die Entwicklung („Design") von Dienstleistungen muß im Verlauf der
Entwicklungsphasen folgende vier Faktoren berücksichtigen:

1. die Inhalte der Dienstleistung selbst („Produkt");
2. den oder die Prozesse der Leistungserbringung;
3. die Fähigkeit der dienstleistenden Mitarbeiter;
4. die Leistungsmerkmale (Qualitätsmerkmale) für die verschiedenen
   Faktoren.

Daß sich QFD auch bei der Bearbeitung „weicher Faktoren" einsetzen
läßt, soll an dem folgenden Beispiel gezeigt werden.

Das Supportzentrum der Hewlett Packard GmbH führte 1989 eine
schriftliche Kundenbefragung durch, um die Anforderungen der Kunden
an die Beratungsleistung des Unternehmens zu erfassen. Neben dem
statistischen Ergebnis standen umfangreiche Kundenkommentare zur
Verfügung, mit denen ein QFD-Projekt gestartet werden konnte.

Hewlett Packard (HP) erhielt aufgrund hoher Kundenbindung umfassende Kommentare seiner Vertragskunden, die auch weiterhin an einer guten Zusammenarbeit und am Erfolg von HP interessiert sind.

Die häufig genannten Kundenkommentare dieser Umfrage, die als die Hauptwünsche der Kunden anzusehen sind, sind in Bild 102 in komprimierter Form dargestellt.

Kundenumfrage 1988/89
Kundenkommentare

"Harte" Probleme:

Hardware/Software ➡ Werke
Vertrieb/Kundendienst ➡ Vertriebsregionen

"Weiche" Probleme:

- Zuständigkeit ?
- Vollständige Lieferung ?
- Termingerechte Installation ?
- Telefonische Erreichbarkeit ?
- Zusammenarbeit der Abteilungen ?
- Beratung ohne Vertrag ?
- Fehlende deutsche Unterlagen
- Hardware-Software-Problem ?
- Vorschläge ?
- Allgemeine Informationen und Beschwerden ?

Bild 102: Ergebnis der Kundenumfrage

Wie können nun die Kundenforderungen in einwandfreie Funktionen aller beteiligten Prozesse umgesetzt werden?

- Zunächst wurden die am häufigsten genannten Kundenforderungen anhand einer Pareto-Analyse(vgl. Kap. 11), bei der untersucht wird welche Ursache den größten Einfluß auf das Problem hat, ausgewählt und in den Eingang des 1. QFD-Hauses (Bild 103) eingetragen.
- Der Grad der Wichtigkeit/Bedeutung ergab sich aus der Anzahl der Kundenkommentare zu der jeweiligen Forderung.
- In das rechte Feld der Matrix wurde die Beurteilung der Leistung durch die Kunden nach den statistischen Ergebnissen der Umfrage eingetragen. Ein „Konkurrenzvergleich aus Kundensicht" mußte hier mangels Daten unterbleiben.
- Zu den einzelnen Kundenforderungen wurden dann die Lösungsansätze gesucht.

Das Team diskutierte danach die Gewichtung der einzelnen Forderungen und die Erreichbarkeit der Meßkriterien für die Lösungsansätze.

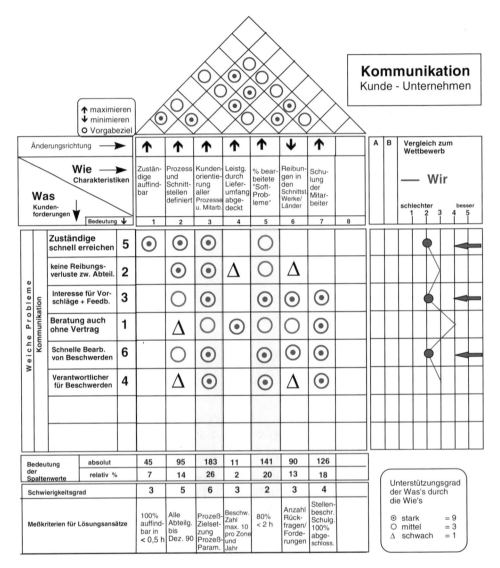

Bild 103: QFD-Kommunikation, 1. Haus

Nach Abschluß der Bewertung ergibt sich in Spalte 3 der ersten QFD-Matrix mit dem Wie-Charakteristikum „Kundenorientierung aller Prozesse und Mitarbeiter" die relativ höchste Bewertung mit 26%. Da der Umsetzungsgrad dieser Forderung zum damaligen Zeitpunkt noch äußerst schwierig war (Schwierigkeitsgrad 6), entschloß sich das Team zunächst die mit 20% am zweithöchsten bewertete Forderung „Prozent bearbeitete Softprobleme" aufzugreifen. Der Schwierigkeitsgrad der Umsetzung ist hier mit 2 wesentlich geringer bewertet und das Problem ließ sich in kürzerer Zeit lösen.

Das erste QFD-Haus erfordert nun weitere Planungsphasen. Der aus der Kundenforderung „schnelle Bearbeitung von Beschwerden" resultierende Lösungsansatz „Prozent bearbeitete Softprobleme" wird als Was in das zweite Haus (Abb. 104) übertragen. Dazu fand das Team 10 Lösungsmöglichkeiten, die diese Forderung unterstützen. Für jede Lösungsmöglichkeit wurde ein herausragender Zielwert definiert.

		1 lokale Problemaufnahme und Weiterleitung an Koordinator	2 Bearbeitung durch Koordinierungsstellen, Terminierung und Feedback	3 Koordinator -> Werke Bearbeitung und Feedback an Koordinator	4 System für interne Kommunikation Termine und Feedback	5 System für Statistik/Bericht	6 Dokumentation der Elemente "Kunden-Feedback-System"	7 Schulungsunterlagen	8 Prozeßparameter	9 Eskalationsprozeß	10 Review-Plan	11
KOMMUNIKATION	% bearbeitete "Soft" - Probleme 6	⊙	⊙	⊙	○	Δ	⊙	○	Δ	○	○	
	Bedeutung	54	54	54	18	6	54	18	6	18	18	
Unterstützungsgrad der WAS's durch die WIE's ⊙ stark = 9 ○ mittel = 3 Δ schwach = 1	Zielwerte	0% vollständige Lieferung	< 2 Tage	<15 Tage	< DM 2000,- pro Analyst	< 500,- pro Analyst	Rückfragen < 5%	kein lokaler Mehraufwand	monatlicher Bericht	< 30 Tage	Review 4 p.a.	

Wie → Prozeßelemente
Was Anforderungen

Bild 104: Kommunikationsprozeß, QFD-Phase II

Der dargestellte QFD-Prozeß-Phase II erforderte einige weitere Planungsschritte und interne Abstimmungsprozesse. Die Entwicklung eines Prozesses mündete im HP-CFS - Customer-Feedback-System (CFS), das weltweit als Rückkopplungssystem in der Kommunikationsschleife (Bilder 105, 106) benutzt wird.

Das Ziel des Kommunikationsprozesses mit Rückkopplung ist es:
Zeitgerechte und effektive Lösungen von „weichen" Kundenproblemen zu erreichen.

Die dazu vorgesehenen Einzelmaßnahmen sind:

- formelle und zeitnahe Kommunikation, koordiniert durch Verantwortliche;
- Verhinderung des Wiederauftretens;
- Eskalationsprozeß einleiten (intern);
- Informationen für Prozeßverbesserungen durch das Vorgehen nach P-D-C-A - Plan-Do-Check-Act;
- Informationen bereitstellen für zukünftige Produkte und Dienstleistungen aus den Kundenkommentaren.

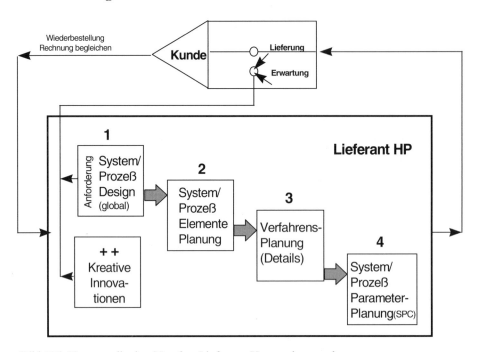

Bild 105: Kommunikation Kunde - Lieferant, Unternehmensplanung

Der Ablauf des daraus resultierenden Rückkopplungsprozesses wird im Bild 106 gezeigt. Das Informationssystem bindet die Werke in den verschiedenen Ländern (Amerika, Asien, Europa) in diesen Rückkopplungsprozeß ein.

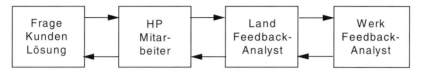

Bild 106: Kommunikationsprozeß mit Rückkopplung

Das CFS-Feedback-System, das die HP-Kunden nach der Einführung mit hohem Interesse aufgegriffen, wurde im Laufe der Jahre weiter perfektioniert und führte zur Erhöhung der Kundenzufriedenheit.

Der QFD-Prozeß für die Dienstleistungsentwicklung

Der typische Ablauf bei der Dienstleistungs-QFD kann wie in Bild 107 dargestellt erfolgen. Zu den Kundenforderungen werden die Dienstleistungsmerkmale zu den Leistungen (A), dem Prozeß (B) und den Mitarbeitern (C) ermittelt. Bei nicht komplexen Projekten kann der Weg 1 eingeschlagen werden, bei dem die QFD-Phasen II-IV zusammengefaßt werden.

Der Weg 2 wird bei komplexen Dienstleistungsprozessen empfohlen. Zu den neuen kritischen Merkmalen der Phase I sind in der Phase II die Leistungsmerkmale zu definieren. Die hier ermittelten kritischen Merkmale bilden dann die Eingangsgröße der Phase III.

Zu ihnen sind die Prozeßabläufe mit ihren Kennzahlen und Parametern zu bestimmen. Die kritischen Merkmale der Phase III münden dann in Phase IV in die Detailplanung, in diesem Fall: Weiterbildung der Mitarbeiter mit konkreten Schulungsplänen (Inhalte und zeitliche Abläufe).

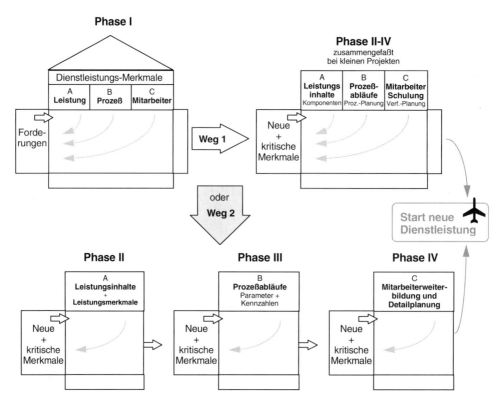

Bild 107: Die QFD-Phasen I-IV bei Dienstleistungen

Der Prozeß für ein Kunden-Feedback-System (CFS) wird in Bild 108 zusammengefaßt. Die Fragen, Probleme und Mitteilungen der Kunden werden von einem Mitarbeiter angenommen und falls möglich sofort gelöst. Nicht sofort lösbare schwierige Fragen bzw. komplexe Probleme leitet der Mitarbeiter der Call-Annahme an einen Spezialisten weiter. Die Lösung muß innerhalb der vertraglich vereinbarten Zeit erfolgen. Kann die Lösung nicht in der vereinbarten Zeit herbeigeführt werden, so ist ein sogenannter „Eskalationsprozeß" auszulösen, der festgelegte interne Prozeduren in Gang setzt.

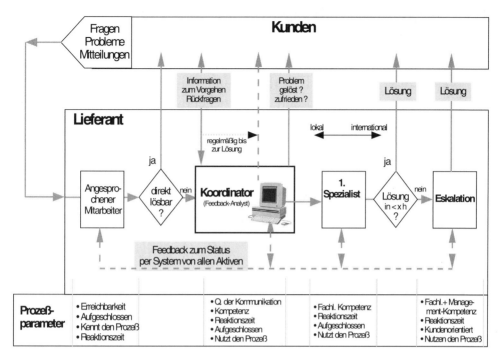

Bild 108: Prozeß für Kunden-Feedback-System (CFS)

Hewlett Packard verläßt sich neben dem CFS bei der Messung der Kundenzufriedenheit noch auf ein anderes formalisiertes System, den Customer Satisfaction Survey, der ebenso wie das Customer Feedback System in der gesamten Firma eingesetzt wird.

Der Customer Satisfaction Survey wird weltweit in regelmäßigen Abständen durchgeführt. Dabei wird stichprobenartig die Zufriedenheit der Kunden auf allen wichtigen Gebieten gemessen (Verkaufsablauf, Verkaufsinformationen, Schulung, Liefertermine, Kosten-/Nutzenbetrachtungen). Die hierbei ermittelten Daten werden analysiert und mit den Ergebnissen der Konkurrenz (Benchmarking) verglichen. Die festgestellten Mängel führen zu gezielten Korrekturmaßnahmen. Anhand der Umfrageergebnisse werden Jahresziele und langfristige Ziele im „Hoshin Kanri" (vgl. Kap. 1.4.1) aufgestellt.
Diese konsequente Betrachtung und Überwachung der Kundenzufriedenheit trägt maßgeblich zum Erfolg von Hewlett Packard bei.

3.3   Praxisbeispiel - Leuchtdiode (LED)

Der Hersteller der Leuchtdioden (Light Emitting Diodes - LED) plante die Weiterentwicklung und Verbesserung seiner Produkte nach dem QFD-Leitfaden. Die Kunden, vorwiegend Weiterverarbeiter und Zulieferer der Automobilindustrie, gaben ihre Forderungen an Leuchtdioden an. Der Anforderungskatalog weist auf Probleme hin, die sich bei den Kunden zeigten. Insbesondere wurde die hohe Temperaturempfindlichkeit der LED's beim Lötvorgang bemängelt. Ein Fehler, der sich erst nach der Verarbeitung im Test zeigte, wenn die Leuchtdioden bereits auf der Platine fixiert waren. Die Temperaturerhöhung beim Lötvorgang führte zu mechanischen Spannungen der Substrathalterungen. Daraus resultierten die (am höchsten gewichteten) Kundenforderungen an das neue Produkt:

- Die Leuchtdiode muß Farben in spektraler Reinheit abgeben.

- Die Leuchtdiode soll nach dem Einbau (Löten) funktionieren und die Spezifikationen einhalten. Insbesondere die empfindlichen Anschlußdrähte („Beinchen") dürfen nicht beschädigt werden.

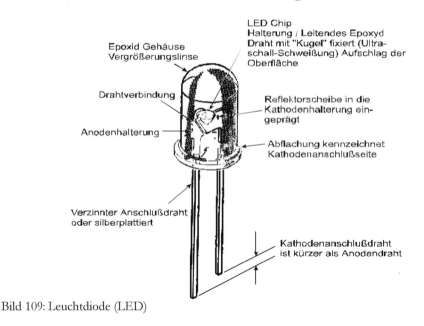

Bild 109: Leuchtdiode (LED)

Alle weiteren (tertiären) Kundenforderungen wurden in die QFD-Matrix Bild 110 übertragen und bilden den Eingang (Was?) der QFD-Phase I.

LED-QFD-Phase I

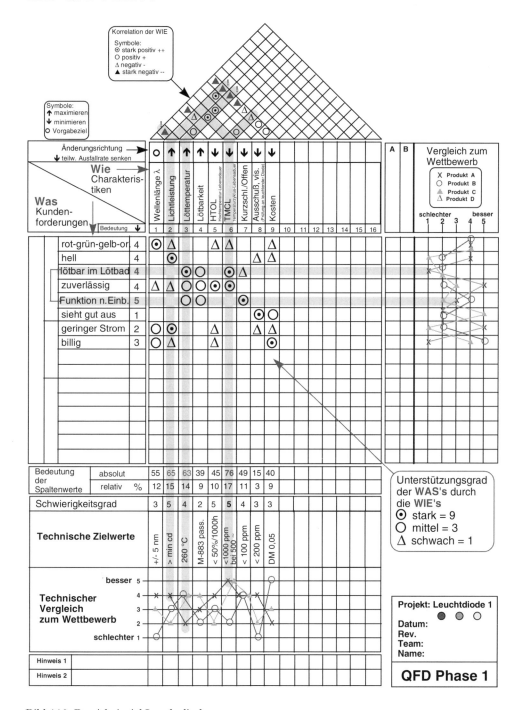

Bild 110: Praxisbeispiel Leuchtdiode

Zu den Kundenforderungen werden nun die Merkmale (Wie lösen wir die Forderungen?) bestimmt und bewertet.

Die Kurzbezeichnungen in der vorstehenden Matrix bedeuten:

TMCL: Temperaturwechselfestigkeit
HTCL: Hochtemperaturlebensdauer

Die hoch bewertete Kundenforderung „Lötbar im Lötbad" wird durch die Lösungsansätze „Löttemperatur erhöhen" und „TMCL/Temperaturwechselfestigkeit erhöhen" stark unterstützt.
Die Forderung „Funktion nach Einbau" wird ebenfalls durch „Löttemperatur erhöhen" unterstützt, aber nur schwach.

Diese in Phase I untersuchten Kundenforderungen mit ihren wichtigsten (markierten) Lösungsmerkmalen bilden nun die Eingangsgrößen in der Phase II (Bild 111). Sie werden mit ihren Zielwerten in die Matrix übertragen.

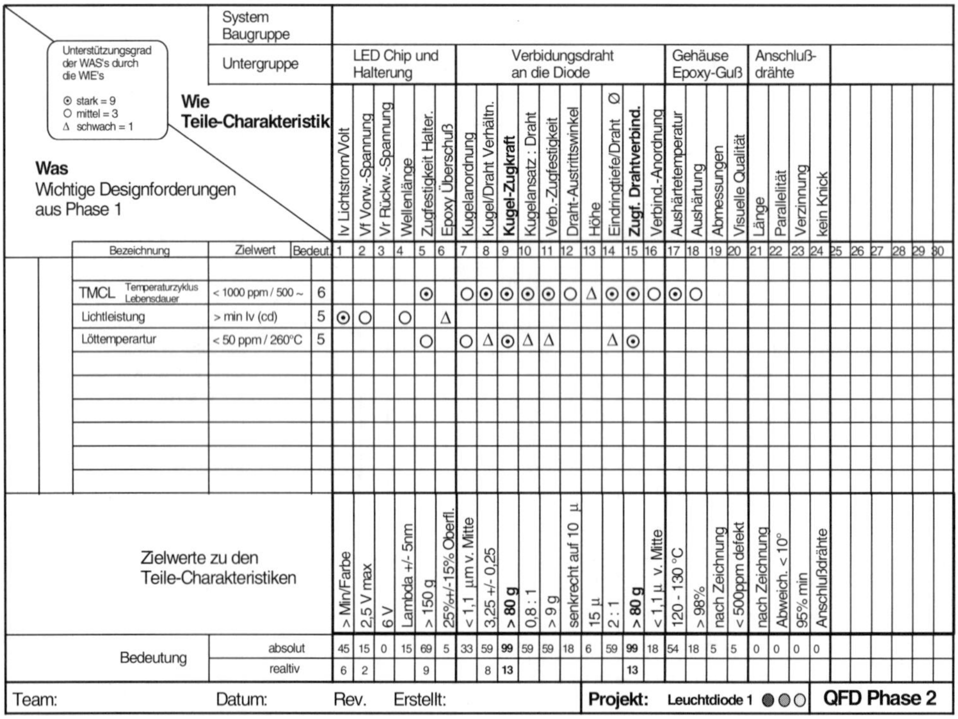

Bild 111: Leuchtdiode, QFD-Phase II

Zu den drei kritischen Designforderungen der Phase II:
„TMCL-Temperaturzyklus Lebensdauer", „Lichtleistung" und „Löttemperatur", sind die geeigneten Komponenten/Bauteile zu ermitteln.
Der Verbindungsdraht an der Diode erweist sich dabei als kritisches Teil.
Die kritischen Teile-Charakteristiken der Phase II (Bild 111) sind:

- die Kugelzugkraft mit 13% und
- die Zugfestigkeit der Drahtverbindung mit 13%.

Diese „Wie's" der Phase II bilden nun in der Phase III den Eingang (Was?) der nächsten Matrix, in der die Prozeßcharakteristiken ermittelt werden.

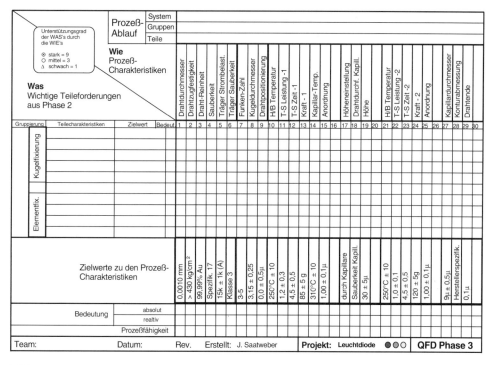

Bild 112: Leuchtdiode Phase III

Ergebnis:
Nach den eingeleiteten Verbesserungen ging die Fehlerrate bei der Verarbeitung der Leuchtdioden ganz erheblich zurück, was mit einer Erhöhung der Kundenzufriedenheit einher ging.

4   Einführung von QFD im Unternehmen

Teambildung und Kommunikation im QFD-Prozeß

Die Grundvoraussetzung für die erfolgreiche Einführung von QFD ist die Unterstützung durch das Management. In den folgenden Kapiteln wird die Vorgehensweise bei der Einführung gezeigt, und es werden die erforderlichen Hilfsmittel vorgestellt. Durch interdisziplinäre Teams mit gut ausgebildeten Moderatoren und Mitarbeitern, die eine offene Kommunikation pflegen, wird die Arbeit am ersten Projekt erleichtert. Bei der Einführung von QFD sind zusammengefaßt folgende Punkte zu beachten:

Bild 113: Einführung von QFD im Unternehmen

4.1   Voraussetzungen für die Einführung von QFD

Der Erfolg der Einführung und der unternehmensweiten Anwendung von QFD hängt wesentlich von den Antworten auf drei Fragen ab:
- Ist Qualität Bestandteil der Firmenziele?
- Welche Strategien unterstützen das Qualitätsziel?
- Finden regelmäßige Strategie-Reviews statt und gibt es Pläne für die Umsetzung der Review-Ergebnisse?

Wenn der Vorstand im Dienst für seine Kunden, d.h. für seine Mitarbeiter, seine vornehmste Aufgabe sieht und praktiziert, ist der Erfolg gesichert. Die folgenden Schritte sind bei der Einführung von QFD zu berücksichtigen:

- die Verpflichtung des Managements zur Einführung von QFD;
- die Einführung des Managements in die Ziele des QFD mit Übersicht zum Vorgehen;
- das Projektziel mit dem Management definieren;
- Produkt bzw. Dienstleistung für das 1. Projekt auswählen, das Ziel definieren, es sollte
  - einfach, aber nicht trivial sein (nicht gerade der Fahrradständer auf dem Firmengelände!),
  - nicht zu komplex sein (max. 20 Kundenanforderungen),
  - sich um ein reales Produkt oder Dienstleistung handeln,
  - breites Interesse daran im eigenen Haus bestehen,
  - es sollte möglichst ein konkreter Kundenbedarf vorliegen;
- Kundeninformationen sind vorhanden oder erhältlich;
- Chancen für Verbesserungen sind erkennbar;
- Fähigkeiten sind vorhanden (Fachkompetenz);
- Teambildung (interdisziplinär) ist gegeben, die QFD-Schulung erfolgt parallel mit der Projektarbeit;
- Projekt-Reviews werden durchgeführt.

Die wesentlichen Voraussetzungen sind in Abb. 114 zusammengefaßt:

Voraussetzungen für die konsequente Anwendung von QFD

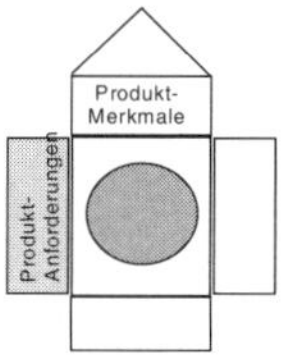

- Unterstützung und Engagement durch die Firmenleitung
- Schulung der Beteiligten zur Methode
- Teamfähige Mitarbeiter mit persönlicher Qualifikation
- Geeignetes Umfeld
- Fachkompetente Zusammensetzung der Teams
- Regelmäßige Teilnahme an den Arbeitsmeetings
- Ein in der Methode ausgebildeter Moderator
- TQM und QFD müssen von allen Beteiligten verstanden und gewollt sein

Bild 114: Voraussetzungen für die QFD-Anwendung

4.1.1 Die Arbeit am ersten QFD-Projekt

Für die Arbeit am ersten QFD-Projekt sind folgende Hinweise zu berücksichtigen:
Nachdem der Kundenkreis exakt definiert ist wird eine Kundenbefragung durchgeführt. Ist ein subjektiver Vergleich der Kunden zum Wettbewerb nicht möglich, so sind Benchmarking-Informationen zu beschaffen. Nach dem Abschluß der Informationsbeschaffung erfolgt eine Gruppierung bzw. Strukturierung der Kundenanforderungen (primär, sekundär und tertiär). Auch die gesetzlichen Anforderungen oder Normenforderungen sind unbedingt zu beachten.
Zu den Kundenanforderungen sind im nächsten Schritt die Designmerkmale zu „brainstormen", zusammen mit der Festlegung der Zielwerte und der Veränderungsrichtung.
Dann wird die Bewertung der Designmerkmale zu den Kundenanforderungen in Beziehung gesetzt und anschließend die Korrelation der Merkmale (im „Dach") untersucht.
Nachdem das Team den Schwierigkeitsgrad der Realisierung festlegte ist im nächsten Schritt der technische Stand im Vergleich zum Wettbewerb durchzuführen.
Nach einer abschließenden Betrachtung ist ein Zeitplan zu erstellen, das Pflichtenheft zu definieren, ein Review durchzuführen und abschließend der Projektstart festzulegen.

Der beste Garant für den Erfolg des Unternehmens durch QFD ist das beispielhafte Vorgehen durch das Management selbst, z.B. durch Anwendung einer QFD zur Geschäftsplanung. Für die Managementplanung, d.h. die Planung der Ziele, ihrer Strategien und deren Umsetzung kann eine reduzierte Form des QFD, das „Strategie-Deployment" eine nützliche Alternative sein (siehe Kapitel 1.4.1). Dieses Planungsverfahren, auch „Strukturierter Planungsprozeß" oder in Japan „Hoshin Kanri" (Goldener Kompaß) genannt, kann als Stufe zwischen MBO und QFD eingeordnet werden (MBO: Management by Objectives). Dies mag als zu komplex empfunden werden, aber wir können die komplexen Probleme unserer Zeit nicht mit den gleichen Methoden lösen, die zu den heutigen Problemen beitrugen.

4.2   Vorgehensweise bei der Einführung von QFD

Das Management muß die Voraussetzungen für die Einführung von QFD schaffen. Dazu gehört neben der Bereitstellung der erforderlichen Hilfsmittel die Bewilligung von geeigneten Schulungsmaßnahmen und die zeitweise Freistellung der Teammitglieder zur Projektarbeit.
Teamfähige Mitarbeiter müssen in der QFD-Methodik ausgebildet werden. Wichtig hierbei ist die optimale Zusammensetzung des Teams (siehe Kapitel 4.3). Für die QFD-Arbeitsgruppe muß das Prinzip „Fähigkeit vor Position" und eine Verteilung der Hierarchiestufen im Projektteam erfüllt sein. Die Zusammensetzung des Teams kann je nach aktueller Aufgabenstellung im Verlauf des Projektes personell wechseln. Der Teamleiter zeichnet sich durch konsensbildende Moderation aus. Er sollte organisatorische Fähigkeiten besitzen. Seine soziale Kompetenz ist wichtiger als die Fachkompetenz (siehe Moderation Kapitel 4.4). Das Ziel des Moderators muß stets sein, die Teamkollegen erfolgreich zu machen.

Die Schulung zu QFD kann entweder ein betriebsinterner erfahrener Moderator oder ein externer QFD-Trainer durchführen. Auch die projektbegleitende Beratung sollte anfangs durch erfahrene Experten erfolgen. Das Ziel der Beratung muß sowohl der erfolgreiche Abschluß des ersten Projektes als auch die Heranbildung eines hauseigenen QFD-Moderators sein.

Das Management zeigt gegenüber der Arbeit der Gruppe Interesse durch gelegentliche Teilnahme an den Sitzungen. Hierbei sollten Fragen an das Team im Vordergrund stehen, direktive Eingriffe sind unzulässig. Die wichtigen Review-Termine sind vom Management wahrzunehmen.

Es hat sich als vorteilhaft erwiesen, wenn das QFD-Team in der Planungsphase auch räumlich beieinander ist. Vorbildhaft praktiziert wird dies zum Beispiel von der Firma Mettler Toledo in Albstadt.

4.2.1 Zeitbedarf bei der Einführung von QFD

Der zeitliche Aufwand für ein QFD-Projekt hängt im wesentlichen von der Komplexität des Produktes oder der Dienstleistung ab und von der Anzahl der zu bearbeitenden Kundenforderungen. Folgende Vorgehensweise hat sich in der Praxis als sinnvoll erwiesen und wird für das weitere Vorgehen empfohlen:

1. IST-Analyse

Vor dem Projektstart sollte eine IST-Analyse zu allen internen und externen kundenbezogenen Informationen und zu den vorhandenen Kunden- und Qualitätsforderungen unter Mitwirkung der zuständigen Abteilungen im Hause des Unternehmens durchgeführt werden. Dabei ist zu fragen:

- Was ist an aktuellen Marketing-, Verkaufs- und Serviceinformationen im Hause vorhanden?
- Gibt es zur Erfassung von Kunden- oder Händlerreklamationen etablierte Verfahren?
- Welche Verfahren werden heute benutzt?
- Wie kann man die vorhandenen Informationen nutzen?
- Wie wird heute sichergestellt, daß die Entwicklung bzw. Konstruktion direkte Kundeninformationen erhält?
- Was wird aus heutiger Sicht als Defizit empfunden?

Diese Fragestellungen könnten auch in der ersten Teamsitzung bearbeitet werden.
Der geschätzte Zeitbedarf :   ca. 1 Tag

2. Informationsbeschaffung

Mit dem Projektteam werden unter Hinzuziehung kompetenter Fachleute Verfahren und Prozesse erarbeitet, die festlegen:

- wie fehlende Informationen beschafft werden;
- wie fehlende Informationen aufbereitet werden;
- wie fehlende Informationen *intern* bereitgestellt und veröffentlicht werden;
- wer informiert werden soll/darf.

Diese Aufgabenstellung ist unter Nutzung des eventuell vorhandenen QM-Systems durchzuführen.

Der geschätzte Zeitbedarf :   ca. 1 Tag

3. Projektvorstellung

Das Projektteam wird im Rahmen einer Kick-Off Veranstaltung vorgestellt und das weitere Vorhaben ist den Beteiligten zu erläutern. Gleichzeitig werden die Trainingsmethoden und der Trainingsbedarf festgelegt.

* Kick-Off-Veranstaltung: das Projektteam stellt sich vor, Ziele und Aufgabenstellung werden mit einem Projektplan bekanntgegeben.
* QFD-Training und Workshop:
  Methoden der Informationsbeschaffung festlegen;
  Wer sind unsere Kunden?
  Segmentierung der Kunden;
  Wie erfassen wir die „Stimme des Kunden"?
  Umsetzung im House of Quality
* Projektarbeit an den 4 QFD-Phasen

Der geschätzte Zeitbedarf :   ca. 3 Tage

4. Die Arbeit am Projekt

Nun beginnt die Arbeit am konkreten Projekt. Der Zeitbedarf hängt hierbei in starkem Maße von der Komplexität des ausgewählten Produktes/Dienstleistung ab, er kann deshalb nur grob geschätzt werden. Als erstes Projekt empfiehlt sich eine Produkt- oder Dienstleistungsverbesserung, denn QFD-Projekte scheitern häufig dann, wenn zu Anfang der Einführung ein zu komplexes Produkt gewählt wird.

* Das QFD-Projektteam beginnt mit der Arbeit am konkreten Fall;
  Die Projektarbeit wird moderiert und das Projekt betreut.

Der geschätzte Zeitbedarf :   ca. 5-7 Tage

Der geschätzte Zeitbedarf insgesamt :   Gesamt ca. 10-12 Tage

Nach dieser Einführungsphase trifft sich das Team regelmäßig zur weiteren Projektarbeit.

Für das erste QFD-Projekt ist ein höherer Zeitbedarf einzuplanen, bei späteren Projekten („Enkelprodukte") reduziert sich dieser Aufwand durch die Sicherheit im Vorgehen ganz erheblich.

Ein QFD-Projekt ist zum Scheitern verurteilt, wenn ein zu starker zeitlicher Druck auf das Team ausgeübt wird. Erst bei den Folgeprojekten wird sich die zeitliche Straffung merklich auswirken. Es ist bekannt, daß einige QFD-Anwender ihre Entwicklungsprozesse um bis zu 50% reduzieren konnten.

4.2.2 Ermittlung des Schulungsbedarfs

Der Schulungsbedarf ist abhängig von dem Wissenstand der einzelnen Teilnehmer. Die Teilnehmer der Marketingabteilung haben in der Regel einen Wissensvorsprung bei der Informationsbeschaffung und dem Erfassen der Kundenanforderungen, die Mitarbeiter der Qualitätsabteilungen bei den Qualitätsmethoden.

QFD ist einfach zu verstehen und leicht zu erlernen. Ein zweitägiges QFD-Training ist in der Regel für den Einstieg in das erste Projekt ausreichend. Danach beginnt am konkreten Projekt „learning by doing".

Anfangsschwierigkeiten bestehen meistens bei der Übersetzung der „Stimme des Kunden" in die „Sprache des Ingenieurs", bzw. die „Sprache des Unternehmens", diese Übersetzung darf nicht aus der Sicht des Ingenieurs, bzw. des Unternehmens interpretiert werden, sondern immer nur aus der Sicht des Kunden. Für diese Übersetzungsphase sollte reichlich Zeit eingeplant werden, dies erleichtert nicht nur das weitere Vorgehen, sondern stellt auch sicher, daß die Kundenanforderungen wirklich verstanden sind, und ein breiter Wissenstransfer möglich wird.

4.2.3 Hilfsmittel zur Arbeit mit QFD

Für die Arbeit des Teams sollten folgende Hilfsmittel zur Verfügung stehen:
Arbeitsraum, Einrichtung und Material:
- ein belüftbarer Arbeitsraum mit ca. 5m² Fläche je Teilnehmer;
- leicht umstellbare Tische für die Arbeit in Gruppen;
- 2-3 Pinwände und 1-2 Flipcharts, Packpapier zum Bespannen der Pinwände;
- Befestigungsmöglichkeit für Packpapier, Kreppklebestreifen;
- Haftnotizzettel oder/und Pinwandkarten (Metaplantechnik);
- Overheadprojektor und Leinwand;
- Folien, Folienstifte, fein, wasserlöslich;
- DIN A0-Papierfolien mit HoQ-Matrizen;
- ausreichend Getränke und Kaffee sollten nicht vergessen werden;
- Telefonanrufe und Rufeinrichtungen im Arbeitsraum sind nicht erwünscht;
- vorteilhaft wären: PC, Drucker, QFD-Software (z.B. Capture).

Die Arbeit des Teams, insbesondere die Dokumentation der aktuellen Ergebnisse, kann durch die Direkteingabe in ein PC-System zeitsparend erleichtert werden. QFD-Software setzt die während des Meetings eingegeben Daten sofort in die übliche QFD-Tabellenform mit der Neukalkulation der Werte um; das umständliche Abschreiben von Pinwänden entfällt; der Ausdruck entspricht den üblichen QFD-Tabellen. Die Teilnehmer können somit stets mit den aktuellen Unterlagen arbeiten. Ein ansteuerbarer LCD-Projektor oder Großbildprojektor fördert diese gemeinsame Arbeit.
Die QFD-Software „Capture" Version 3.0 von ITI [10.2] beinhaltet die bewährten Funktionen aus 2.x und darüber hinaus die Möglichkeit der Matrix-Verknüpfungen. Über gebräuchliche Grafikformate kann der Export der QFD-Grafiken in Berichte und Dokumente eingebunden werden.
Die erforderlichen Systemvoraussetzungen sind:
- MS-Windows 3.x oder Windows 95
- 8 MB freier Plattenspeicher
- 8 MB Hauptspeicher (besser 16 MB)
- INTEL 486DX/66-Prozessor

4.3   Teambildung

Bei der Generierung von innovativen Produkten reicht das Wissen eines Menschen heute nicht mehr aus. Nicht der schrullige Forscher oder der einsame Tüftler im stillen Kämmerlein können die komplexen Probleme lösen, nur ein Team kompetenter Mitarbeiter ist dazu in der Lage. Durch die Globalisierung der Unternehmen wird die Zusammenarbeit in multi-kulturellen Teams zunehmen, Offenheit gegenüber anderen Kulturen und das Denken in globalen Zusammenhängen sind Voraussetzung für eine erfolgreiche Teamarbeit.

In einem QFD-Team arbeiten Mitarbeiter mit unterschiedlicher Aus-bildung, Erfahrung und persönlicher Einstellung zusammen, also Fach-leute der Funktionsbereiche, die Verantwortung für das Projekt tragen. Die Teamzusammensetzung erfolgt interdisziplinär und interfunktional, die Teilnehmer kommen aus Marketing, Vertrieb, Konstruktion, Ent-wicklung, Produktion, Einkauf, Qualitätssicherung und anderen am Projekt beteiligten Abteilungen des Unternehmens. Für die Arbeits-gruppe gilt das Prinzip „Fähigkeit vor Position". Gebraucht werden vor allem die aufgeschlossenen Pioniere (vgl. Abb. 117). Die Teammitglieder sollten an dem Projekt Interesse haben, sie dürfen keinesfalls „Ab-kommandierte" sein, die „gerade Zeit haben".

Eine effiziente Teamkonzeption ist erforderlich, um eine wirkungsvolle Teamkommunikation zu erreichen. Allerdings können die Ergebnisse immer nur so gut sein, wie die Teammitglieder selbst. Es gibt keine präzisen Verhaltensregeln für die Teamkommunikation. Ein Kriterium für den Teamerfolg ist die Kooperationsbereitschaft der Teammitglieder, d.h., ihr sachlicher und fachlicher Umgang miteinander. Eine hohe tech-nologische Kompetenz, verteilt auf die unterschiedlichen Team-mitglieder, wird dann am besten genutzt, wenn auch soziale Kompetenz im Team aufgebaut werden kann. Unterschiedliche „Denkstrukturen" der Teammitglieder können Konfliktpotential entstehen lassen, dies läßt sich aber durch die zielgerichtete Arbeit am gemeinsamen Projekt aus-gleichen.

Die Auswahlkriterien für die Teamarbeit sind in der Abb. 115 zusam-mengefaßt:

Team - Auswahl	Team - Arbeit
Interdisziplinär Interfunktional	6 - 8 Teammitglieder
Fähigkeit vor Position	Protokollführer
Aufgeschlossen (Pioniere)	Geplante Meetings
Hierarchiestufen verteilt	40 - 60 h / Teammitglied
Teamleiter / Berater ist Moderator - nicht Führer	Projekt 3 - 6 Monate
	Reviews mit Management

Bild 115: Die Team-Auswahl und die Projektarbeit

Bei den Teamsitzungen sollte ein fähiger Moderator (intern oder extern) dem Team zur Verfügung stehen. Die Teamsitzungen sind zu planen. Eine Gruppengröße von 6-8 Teilnehmern hat sich als vorteilhaft erwiesen. Vorteilhaft ist weiterhin, wenn mindestens ein Teammitglied den gesamten Projektablauf begleitet und überschaut (vgl. Abb. 116). Das QFD-Team kann, je nach Aufgabenstellung, durch Spezialisten aus den Fachabteilungen ergänzt werden.

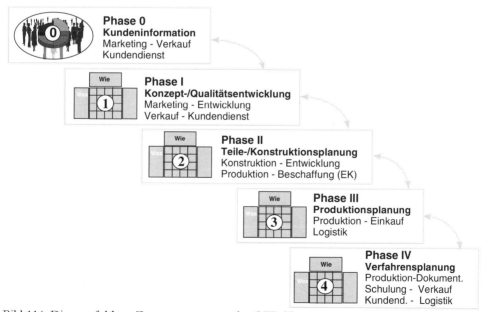

Bild 116: Die empfohlene Zusammensetzung der QFD-Teams

QFD hilft in hervorragender Weise zu zielorientierter und konsensbildender Arbeit im Team über die Schnittstellen der Organisation hinweg. Teamarbeit macht Freude, sie beschleunigt den Arbeitsfortschritt, das gesamte Firmen- und Mitarbeiter-Know-how kann durch den gebündelten Sachverstand der Teammitglieder in das Projekt einfließen. Darüber hinaus wird jeder der Teilnehmer von der Alleinverantwortung entlastet. Gemeinsam getroffene Entscheidungen beteiligen am gemeinsamen Erfolg (aber auch am eventuellen Mißerfolg). In der Regel ist das Teamergebnis qualitativ besser als die Summe von Einzelleistungen.

Die in den Meetings getroffenen Entscheidungen sind in einem kurzen Protokoll festzuhalten. Die nächsten Zusammenkünfte sind rechtzeitig zu planen (Datum, Uhrzeit, Teilnehmer, Gäste). Die Teammitglieder sollten dem Wandel aufgeschlossen gegenüberstehen. Die „Struktur" der Menschen im Unternehmen unterscheidet sich allerdings genauso wie in der pluralistischen Gesellschaft. Für QFD werden die „Pioniere" (Bild 117) gebraucht, die die konservative Masse überzeugen und zur Mitarbeit motivieren. Auch die kreativen „Erfinder" sind auf die Pioniere angewiesen, die ihre Ideen aufgreifen und umsetzen. Die Erfinder wollen jeden Tag etwas Neues erfinden, die Umsetzung liegt ihnen aber fern, dazu brauchen sie die Pioniere, die dann wiederum den großen Block der Konservativen überzeugen und anschieben. Auf die „Gleichgültigen" sollte man verzichten, sie erweisen sich als „Bremser".

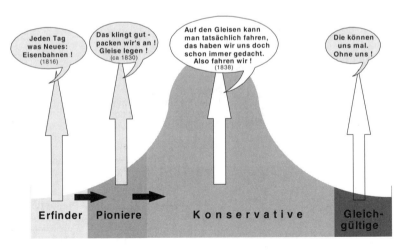

Bild 117: Menschen im Unternehmen

Die Kommunikation im Team ist so zu gestalten, daß die Ideengenerierung in der Gruppe effizient erfolgt, um möglichst Kreativitätsspitzenleistungen zu erreichen.

Teamarbeit braucht kreative Geister und einen Moderator, der das Team auf dem methodischen Pfad begleitet, ohne an einer „QFD-Verfahrensanweisung" zu kleben, denn QFD ist ein Leitfaden, der situativ auszugestalten ist.

4.4 Anforderungen an QFD-Moderatoren

Die methodische Führung durch den QFD-Prozeß sollte ein ausgebildeter und mit der Thematik vertrauter Moderator übernehmen, der sich durch *konsensbildende* Moderation auszeichnet. Er ist nicht der Führer des Teams, sondern dessen Berater, sein Ziel ist der Erfolg der Gruppe. Er hilft der Gruppe durch zielorientiertes Fragen mehr als durch spezialisiertes Fachwissen zum Thema. Er versucht, der Gruppe gedanklich zwei Schritte voraus zu sein.

Beim Einsatz firmeninterner Moderatoren hat sich herausgestellt, daß es besser ist, keine Fachspezialisten einzusetzen, weil diese sich selbst zu leicht in Details verlieben. Interne Moderatoren sollten eine hohe Akzeptanz und Rückhalt im Unternehmen genießen und jegliche Unterstützung für die Gruppe bei der Projektumsetzung erhalten. Ihre Aufgabe ist es, das Team zu coachen und sich selbst zurückzunehmen.

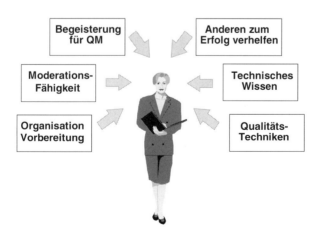

Bild 118: Anforderungen an QFD-Moderatoren

QFD-Moderatoren sollten sich durch breites Wissen auszeichnen. Sie kennen ihr Unternehmen und haben Erfahrung „von der Werkbank bis zum Vorstand". Sie werden von allen akzeptiert, sind aufgeschlossen und beherrschen die Präsentations- und Moderationstechniken, wie z.B. Metaplantechnik und Brainstorming. Sie sind sensibel und erkennen rechtzeitig „atmosphärische Störungen" im Team, die sie ansprechen und ausdiskutieren. Sollte ein externer Moderator bevorzugt werden, so ist es wichtig, daß er sich über das Unternehmen, dessen Kultur und Grundwerte gut informiert. Auch eine vorherige Betriebsbesichtigung wird dringend empfohlen.

Von Moderatoren wird neben Organisationstalent auch das Beherrschen der Qualitätstechniken erwartet. Die soziale Kompetenz des Moderators ist wichtiger als technisches Detailwissen, denn das technische Knowhow bringen die Teammitglieder ein. Moderatoren sollten durch ihren Arbeitsstil und ihre Vorgehensweise eine positive Atmosphäre schaffen und sie müssen kommunikativ sein, d.h.,

- sie haben jederzeit ein offenes Ohr für die Teammitglieder und steuern den Informationsfluß im Team;
- sie sind redegewandt und schlichten auftretende Konflikte;
- sie haben Einfühlungsvermögen und sie sind souverän;
- sie stellen klare und eindeutige Fragen, die zum Überlegen anregen.

Bild 119: Bevorzugte Fähigkeiten von Moderatoren

Der Kommunikationsstil der Moderatoren sollte offen, klar und ein-deutig, sowie zielorientiert (mit Geduld!) sein. Moderatoren sind verpflichtet, sich neutral zu verhalten, sie orientieren sich an Daten und Fakten, sind selbstkritisch und selbstbewußt. QFD-Moderatoren müssen in der Lage sein, den gruppendynamischen Planungsprozeß souverän zu steuern und eventuell auftretende Denkblockaden zu knacken.

Bild 120: Anforderungen an Moderatoren, bevorzugte Eigenschaften

Da Kommunikation ein wichtiger Bestandteil des Total Quality Management ist, muß der Moderator in der Lage sein, Störungen im Kommunikationsprozeß frühzeitig zu erkennen.

Die Kommunikationskultur eines Unternehmens entscheidet über den Erfolg oder Mißerfolg eines QFD-Projektes. Daher ist eine Betrachtung der Kommunikationsprozesse (Kapitel 4.5) empfehlenswert.

Eine qualitativ hochwertige Teamarbeit ist nur dann zu leisten, wenn so kommuniziert wird, daß die Ideen und Vorschläge aller Teammitglieder genutzt und die auftretenden Konflikte vermieden werden. Welche Kommunikationsmodelle bieten sich an, was ist bei der Kommunikation zu beachten?

4.5   Kommunikation als vierte Qualitätsdimension

*"Kommunikation ist das Blut, das in den Adern der
Gesellschaft fließt." (Helmut Schelsky)*

QFD verlangt nach einer offenen Kommunikation über alle Hierarchieebenen hinweg. QFD braucht eine Kommunikationskultur, die die Arbeit im Team fördert und vorhandene Mauern zwischen den Fachbereichen durch offene Aussprache und gemeinsames Überlegen aufbricht. Die Entwicklung einer positiven Kommunikationskultur ist ein wichtiger Beitrag zu einem lebenden und wirksamen Qualitätsmanagementsystem.

Die Betriebsabläufe werden heute aber vorwiegend dreidimensional, wie in dem Kräftedreieck in Abb. 13 (Kap. 1.6) dargestellt gesehen. Es werden lediglich Kosten, Qualität und Zeit gesehen, aber der Mensch, im Mittelpunkt des Dreiecks, bleibt häufig unbeachtet, mit den Folgen von Frustration und innerer Kündigung.

Im Unternehmen finden *Kommunikationsprozesse* auf allen Ebenen statt: Telefonate, Gespräche mit dem Chef, mit Kollegen und mit Kunden, sowie Meetings und Projektbesprechungen gehören zur täglichen Routine. Bei dieser Kommunikationsvermittlung kommt es immer wieder zu Konflikten. Woran liegt dies, und warum gibt es Kommunikationsprobleme mit denen, die im Mittelpunkt des Unternehmens stehen?

Der Kunde ist der Komparator im Kommunikationsprozeß (vgl. Bild 121), er vergleicht, ob seine Erwartungen erfüllt wurden. Er entscheidet, ob er die Rechnung bezahlt und wieder bestellt.

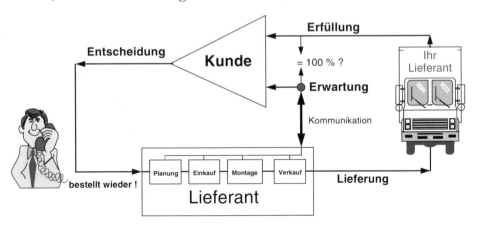

Bild 121: Kommunikation im Kunden-Lieferanten-Prozeß, der Kunde als Komparator

Der „Technologie-Chef" von Daimler Benz, Hartmut Weule stellt fest: „Innovationsschwäche ist Teil eines Kommunikationsproblems, oder positiv gesagt: Nur wenn die Kommunikation klappt, wird auch einer Innovationsfreude der Boden bereitet. Es geht mir also um eine innovationsförderliche Dialogkultur" [24].

Diese wichtige Erkenntnis erfordert, die Probleme zu untersuchen, die zu Störungen in der Kommunikation führen. Zur Untersuchung der *Kommunikationsprobleme* existieren unterschiedliche Modelle. Einig sind sich die Kommunikationswissenschaftler Schulz von Thun und Watzlawick [25] unter anderem darin, daß man nicht *nicht* kommunizieren kann. Wir können uns der Kommunikation also nicht entziehen, denn gerade die nonverbale Kommunikation verrät deutlich unsere Einstellung.

Konflikte entstehen immer dann, wenn auf unterschiedlichen Ebenen kommuniziert wird. „Sachaspekt" und „Beziehungsaspekt" nennt die Fachsprache diese unterschiedlichen Kommunikationsebenen. Bis zu 60% der Zeit (lt. Seibt) werden heute bei Besprechungen in Beziehungsprobleme investiert. Diese Reibungsverluste minimieren die Arbeitseffizienz ganz erheblich. Einen Ausweg aus dieser Konfliktsituation gibt es erst dann, wenn die Zerstrittenen sich eingestehen, daß sie kein sachliches Problem lösen, sondern ein Beziehungsproblem klären müssen.

Zur Lösung dieser betriebsinternen Konflikte werden heute immer häufiger externe Berater eingesetzt, die durch „Kommunikationsentwicklung" zur Klimaverbesserung im Unternehmen beitragen sollen. Wichtig ist es, wieder ein sensibles Gespür und Bewußtsein für den Umgang mit Konflikten zu entwickeln und die Menschen im Unternehmen ernst zu nehmen.
Vorstände sind gut beraten, weniger Zeit mit ihren Aufsichtsgremien und dafür wieder mehr Zeit für Gespräche mit den Mitarbeitern und Kunden zu verbringen. „Wer Menschen führen will, muß lernen, hinter ihnen zu gehen", lehrte Konfuzius vor mehr als 2000 Jahren. Auch heute können die zu führenden Menschen nur durch Sensibilität, Vertrauen und eine offene Kommunikation erreicht werden.
Nach wie vor bleibt der Mensch die Quelle für Innovationen, die in sachlichen Diskussionen heranreifen, bis sie letztendlich zu einer machbaren Produktidee werden.

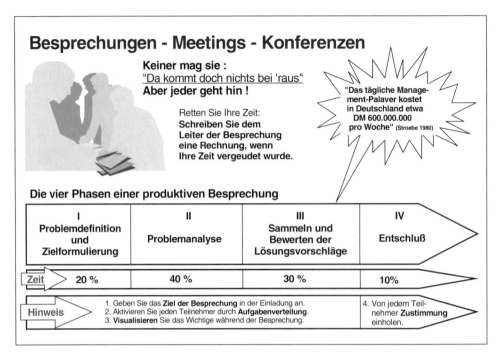

Besprechungen - Meetings - Konferenzen

Keiner mag sie :
"Da kommt doch nichts bei 'raus"
Aber jeder geht hin !

Retten Sie Ihre Zeit:
**Schreiben Sie dem
Leiter der Besprechung
eine Rechnung, wenn
Ihre Zeit vergeudet wurde.**

"Das tägliche Management-Palaver kostet in Deutschland etwa DM 600.000.000 pro Woche" (Stroebe 1980)

Die vier Phasen einer produktiven Besprechung

I Problemdefinition und Zielformulierung	II Problemanalyse	III Sammeln und Bewerten der Lösungsvorschläge	IV Entschluß
Zeit 20 %	40 %	30 %	10%
Hinweis	1. Geben Sie das **Ziel der Besprechung** in der Einladung an. 2. Aktivieren Sie jeden Teilnehmer durch **Aufgabenverteilung**. 3. **Visualisieren** Sie das Wichtige während der Besprechung.		4. Von jedem Teilnehmer **Zustimmung** einholen.

Bild 122: Meetings - vertane Zeit?

Im QFD-Prozeß wird es immer wieder zu Meinungsverschiedenheiten und unterschiedlichen Auffassungen kommen, die auf der Suche nach dem gemeinsamen Ziel sachlich ausdiskutiert werden müssen. Dabei kann die Betrachtung der vier Aspekte, die im folgenden Kapitel beschrieben werden, hilfreich sein.

4.5.1 Die 4 Seiten bzw. Aspekte einer Nachricht

Die vier Seiten einer Nachricht sind ein psychologisches Modell der zwischenmenschlichen Kommunikation. Der Vorteil des vorgestellten Modells, das seinen Ursprung in der Nachrichtentechnik hat, besteht darin, daß die Vielfalt der möglichen Kommunikationsstörungen und Probleme besser eingeordnet werden können. Die „Klarheit" der Kommunikation ist eine vierdimensionale Angelegenheit. Die vier Aspekte sind als prinzipiell gleichrangig anzusehen, auch wenn in jeder einzelnen Situation der eine oder andere Aspekt im Vordergrund stehen mag.

Die Nachricht enthält zunächst eine *Sachinformation* (Daten, Fakten, Beweismittel, Argumente, etc.), wichtig sind hier Fach- und Allgemeinwissen. Darüber hinaus stecken auch in jeder Nachricht Informationen über die sendende Person, zum Beispiel: ob sie einen guten Eindruck hinterläßt, ob sie engagiert und seriös auftritt, ist sie glaubwürdig und zuverlässig? Damit wird ein Stück ihrer selbst offenbart. In jeder Nachricht kann sowohl eine gewollte *Selbstoffenbarung* wie auch eine unfreiwillige Selbstenthüllung stecken.

Aus der Nachricht ist erkennbar, wie der Sender zum Empfänger steht, und was er von ihm hält. Das erkennt man sowohl an den gewählten Formulierungen, als auch am Tonfall. Der Empfänger reagiert auf dieser Seite der Nachricht besonders sensibel, denn hier fühlt er sich gut behandelt oder abgelehnt. Durch die Art der Nachrichtenübermittlung wird eine *Beziehung* aufgebaut, die positiv, neutral oder negativ sein kann. Wer positiv angenommen werden möchte, muß sich Gedanken machen, *wie* er als Mensch wahrgenommen wird, und ob es gelingt, ein der Kommunikation förderliches Klima zu schaffen. Hier wird über Sympathie und Antipathie entschieden und eine angenehme oder distanzierte Atmosphäre erzeugt. Diese emotionale Komponente hat eine weitaus größere Bedeutung für den Gesprächsverlauf als die Sachebene.

Die Nachricht soll den Empfänger auch veranlassen, bestimmte Dinge zu tun oder zu unterlassen. Der Sender versucht auf den Empfänger Einfluß zu nehmen, dies ist der in der Nachricht enthaltene *Appell*. Versteckte Einflußnahme ist Manipulation und sollte tunlichst unterlassen werden.

Die vier Aspekte einer Nachricht

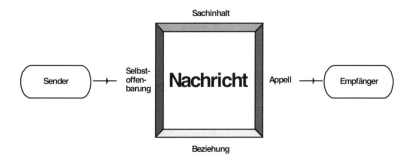

Bild 123: Die 4 Aspekte einer Nachricht

Wie in der Nachrichtentechnik kodiert der Sender seine Nachricht, die vom Empfänger dekodiert wird. Hierbei können „Empfängerverzerrungen" auftreten, die durch das jeweils empfangende Ohr hervorgerufen werden.

Friedemann Schulz von Thun untersucht in seinem Buch "Miteinander reden" [25] den Inhalt und die Aspekte von Nachrichten, wobei er das Ohr als wichtigstes Kommunikationsmittel ansieht. Mit dem Ohr können wir sowohl auf der Sachebene, als auch auf der Beziehungsebene hören. Der „vierohrige Empfang" soll dabei näher betrachtet werden.

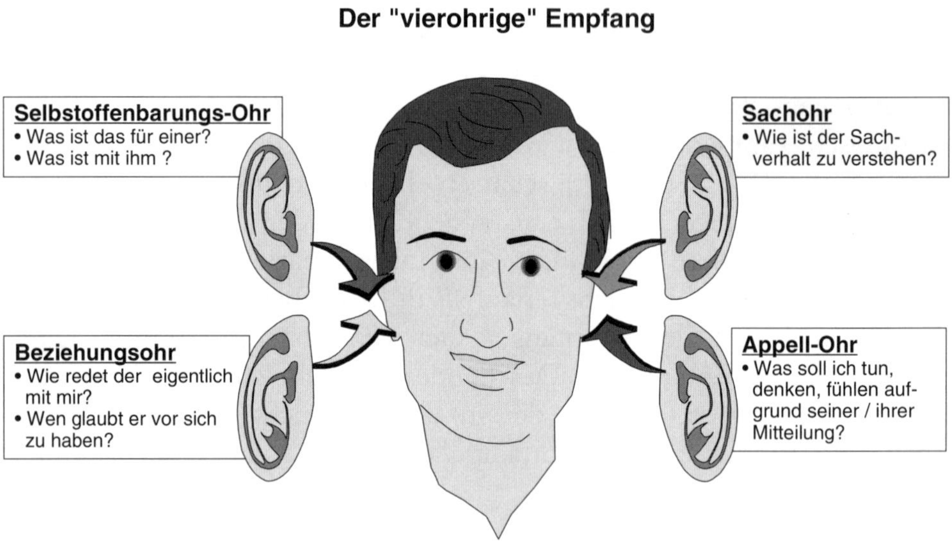

Der "vierohrige" Empfang

Selbstoffenbarungs-Ohr
• Was ist das für einer?
• Was ist mit ihm ?

Sachohr
• Wie ist der Sachverhalt zu verstehen?

Beziehungsohr
• Wie redet der eigentlich mit mir?
• Wen glaubt er vor sich zu haben?

Appell-Ohr
• Was soll ich tun, denken, fühlen aufgrund seiner / ihrer Mitteilung?

Bild 124: Der vierohrige Empfang, welches Ohr empfängt?

Der Empfänger ist mit seinen zwei Ohren „biologisch" schlecht ausgestattet: Im Grunde braucht er vier Ohren - ein Ohr für jede Seite der Nachricht. Je nachdem, welches seiner vier Ohren der Empfänger gerade auf Empfang geschaltet hat, nimmt das Gespräch einen sehr unterschiedlichen Verlauf. Hört er gerade auf dem

Sachohr: Was meint der Sender in der Sache?

Beziehungsohr: Wie steht der Sender in seiner Beziehung zu mir?

Selbstoffenbarungsohr: Was tut der Sender von sich kund?

Appellohr: Wozu will der Sender mich veranlassen?

Oft ist dem Empfänger gar nicht bewußt, daß er einige seiner Ohren abgeschaltet hat und dadurch die Weichen für das zwischenmenschliche Geschehen stellt. Alle Ohren sollten gleichmäßig funktionieren, ohne ein-, zwei- oder dreiseitige Taubheit. Aufgrund unserer Sozialisation ist aber meist ein Ohr überempfindlich. Auf welchem Ohr man bevorzugt hört, hängt vom eigenen Selbstbewußtsein und von den Einstellungen zu anderen ab. Selbstsichere und positiv eingestellte Menschen vermuten nicht in jedem Satz Angriffe. Am besten ist ein ausbalanciertes Gehör, das die Botschaften treffsicher entschlüsselt. Bei Zweifeln sollte nachgefragt werden, damit man weiß, wie es gemeint war.

Was in jedem Unternehmen am meisten gebraucht wird, das +|UHQ wird am wenigsten gelehrt. Heute, im Kommunikationszeitalter, müssen Nachrichten in wenigen Sekunden aufgenommen werden, das wirkliche Zuhören geht dabei verloren. Die Unkultur des Unterbrechens, Wortabschneidens oder des „Ins-Wort-Fallens" erleben wir tagtäglich und insbesondere in den Medien. Fernsehmoderatoren praktizieren diese Unsitte häufig bis zum Exzeß - sie moderieren nicht, sie manipulieren allzu oft.

Die Menschen im Unternehmen müssen wieder lernen zuzuhören. Dies ist insbesondere im QFD-Team erwünscht und von Bedeutung, denn Marketing und Konstruktion, die höchst unterschiedliche Ansichten vertreten und gegenseitige Abneigung pflegen, müssen lernen, sich zuzuhören um die unterschiedlichen Standpunkte zu verstehen. Karl Jaspers formulierte sehr treffend, worauf es beim Hören ankommt:

Wir wollen lernen, miteinander zu *REDEN*.
Das heißt, wir wollen nicht nur unsere
Meinung wiederholen, sondern *HÖREN*,
was der andere denkt.

 Wir wollen nicht nur behaupten, sondern im Zusammenhang nachdenken, auf Gründe *HÖREN*, bereit bleiben, zu neuer Einsicht kommen.

Wir wollen den anderen gelten lassen, uns innerlich versuchsweise auf den Standpunkt des anderen stellen, ja wir wollen das uns Widersprechende geradezu aufsuchen.

Karl Jaspers (Die Schuldfrage)

Bild 125: Hören, Jaspers „Schuldfrage"

Warum Kommunikation heute so wichtig ist, bringt der Technologiechef von Mercedes Benz, Prof. Weule [24] auf den Punkt: „Um ein Innovationsklima zu erzeugen, brauchen wir den intensiven Dialog aller Bereiche, in denen Zukunft gestaltet wird."

Die offene Kommunikation zwischen den Führungsebenen und den Abteilungen eines Unternehmens fördert diesen Dialog. Das Zuhören muß, auch von den Verkäufern, wieder erlernt werden. Der amerikanische Marketing Experte McCormack vertritt die Ansicht, daß es für das Verkaufen keine wichtigere Voraussetzung als die Fähigkeit zum Zuhören gibt. Wenn das Gehörte im eigenen Unternehmen systematisch weiterverbreitet wird, so sind dies günstige Voraussetzungen für die Informationsbeschaffung im QFD-Prozeß.
Schon Joseph Schumpeter war der Ansicht, daß der wahre Unternehmer ein „kreativer Zuhörer" sein muß.

Der Informationsaustausch darf nicht behindert oder gar verhindert werden. Nur angstfrei kommunizierende und motivierte Mitarbeiter, die in interdisziplinären Teams zusammenarbeiten, sind in der Lage, die QFD-Projekte konstruktiv zu gestalten und in kurzer Zeit zu marktgerechten Produkten und Dienstleistungen zu führen.

5   QFD und die Zertifizierung nach DIN EN ISO 9001

Unternehmen verwenden heute außerordentlich viel Zeit und Energie darauf, ihr Qualitätsmanagementsystem nach DIN EN ISO 9001 oder 9002 zertifizieren zu lassen. Die mit der Zertifizierung verbundene Bürokratie ist der Kundennähe aber nicht besonders förderlich. QFD-Entwicklungsprozesse fordern hingegen zwangsläufig die Nähe zum Kunden, weil die „Stimme des Kunden" konsequent bei der Entwicklung neuer Produkte und Dienstleistungen gehört werden muß.

Als Yoji Akao erstmals mit QFD experimentierte und entwickelte, existierte die DIN ISO Normenreihe noch nicht. Er konnte mit Kreativität neue Konzepte ausprobieren. Bei der Norm steht hingegen das Prüfen und Absichern im Vordergrund, also mehr die Beschäftigung mit der Vergangenheit. QFD dokumentiert Ideen und Pläne für die Zukunft und stellt hierbei die Sicherung der Kundenzufriedenheit in den Mittelpunkt aller Planungen, um damit den wirtschaftlichen Erfolg des Unternehmens zu sichern.

Zur Illustration des Vorhergesagten diene hier ein Auszug aus der DIN EN ISO 9001 (Ausgabe August 1994) zur Forderung an das „Design" (Element 4 der Norm) im Rahmen eines zertifizierten Qualitätsmanagementsystems. Hierin erscheint weder der zufriedene Kunde noch das wirtschaftliche Ergebnis als Ziel der Übung.

So ist nicht verwunderlich, im Rahmen der Zertifizierungsaudits umfangreich dokumentierte Regelungen zum Entwicklungsprozeß in der Firma anzutreffen, die zwar die Normforderung erfüllen, aber die Firma keinen Schritt weiterbringen. Das Zertifikat bestätigt eben nicht ein ausgeprägt hohes Maß an Kundenorientierung oder die Freisetzung der Kreativität der Mitarbeiter, sondern nur die Erfüllung der Norm und der davon abgeleiteten Regelungen. Das ist unzureichend und führt keine Firma zu Spitzenleistungen. Die Norm fordert in ihrem Text simple Selbstverständlichkeiten; durch die Übernahme einiger Anglizismen wurde sie „aufgepeppt."

Normtext: DIN EN ISO 9001 Aug. 1994 (Beuth Verlag, Berlin)

4.4 Designlenkung

4.4.1 Allgemeines: Der Lieferant muß Verfahrensanweisungen zur Lenkung und Verifizierung des Produktdesigns einführen und aufrechterhalten, um die Erfüllung der festgelegten Qualitätsforderung sicherzustellen.

4.4.2 Design- und Entwicklungsplanung: Der Lieferant muß Pläne für jede Design- und Entwicklungstätigkeit erstellen. Die Pläne müssen diese Tätigkeiten beschreiben oder auf sie Bezug nehmen sowie die Verantwortung für ihre Verwirklichung festlegen. Die Design- und Entwicklungstätigkeiten müssen qualifiziertem Personal zugeordnet werden, das mit angemessenen Mitteln ausgerüstet ist. Die Pläne müssen entsprechend dem Designfortschritt aktualisiert werden.

4.4.3 Organisatorische und technische Schnittstellen: Organisatorische und technische Schnittstellen zwischen verschiedenen Gruppen, die zum Designprozeß beitragen, müssen festgelegt, und die erforderliche Information muß dokumentiert, übermittelt und regelmäßig geprüft werden.

4.4.6 Designprüfung: In zweckmäßigen Designphasen müssen formelle, dokumentierte Prüfungen der Designergebnisse geplant und ausgeführt werden. Teilnehmer jeder Designprüfung müssen sowohl Vertreter aller Stellen einschließen, die mit der Designphase befaßt sind, die der Prüfung unterzogen wird, als auch andere Spezialisten, die erforderlich sind. Aufzeichnungen über solche Prüfungen müssen aufbewahrt werden.

4.4.7 Designverifizierung: In zweckmäßigen Designphasen muß eine Designverifizierung ausgeführt werden, um sicherzustellen, daß das Entwicklungsergebnis der betreffenden Phase die Forderungen aus den Designvorgaben für die betreffende Phase erfüllt. Die Maßnahmen der Designverifizierung müssen aufgezeichnet werden.

4.4.8 Designvalidierung: Designvalidierung muß ausgeführt werden, um sicherzustellen, daß das Produkt die festgelegten Erfordernisse oder Forderungen des Anwenders erfüllt.

4.4.9 Designänderungen: Alle Designänderungen und -modifikationen müssen identifiziert, dokumentiert, einer Prüfung unterzogen und vor ihrer Verwirklichung durch befugtes Personal genehmigt werden.

Unternehmen, die sich nach DIN EN ISO 9001 zertifizieren, sind angehalten, die 20 Elemente der Norm im Qualitätsmanagement-Handbuch (QMH) zu beschreiben. Der Entwicklungsprozeß in der DIN EN ISO 9001, der in der Normensprache mit „Design" bezeichnet wird, ist nach dem vorstehend zitierten Normelement 4 zu dokumentieren. QFD-Anwender können ihren Entwicklungsprozeß im Qualitätsmanagement-handbuch (QMH) nach den vier QFD-Phasen dokumentieren und das eigene Vorgehen nach QFD in einem Entwicklungsleitfaden (Verfahrensanweisung) beschreiben. Beim individuellen Vorgehen zu einem Entwicklungsprojekt nach QFD fällt dann quasi automatisch die Dokumentation der Projekte bis hin zur „Validierung" des Entwicklungsergebnisses an. Die folgende Übersicht (Bild 126) verdeutlicht eine Darstellungsmöglichkeit des Zusammenhangs zwischen der Normforderung und dem QFD-Prozeß.

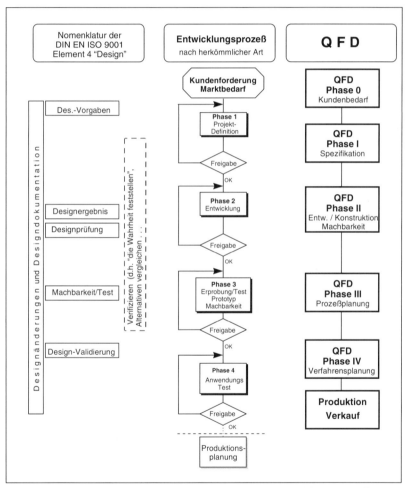

Bild 126: QFD und ISO 9001, Ablaufdiagramm zum Entwicklungsprozeß

Ein Unternehmen, das zukünftig den QFD-Leitfaden als Vehikel zur unternehmensweiten Entwicklung nutzt, kann einen zweifachen Erfolg verbuchen:

1. Eine dokumentierte Entwicklungsplanung nach QFD, die als Neben-
   effekt den Nachweis der Praxis zum Normelement 4 „Designlenkung"
   erleichtert und
2. als Haupteffekt einen Schub nach vorne, an dem alle Unternehmens-
   prozesse beteiligt sind und mitwirken müssen.

QFD begleitet die Produktentstehung durchgängig, von der Entwicklung
bis zur Serienreife, wobei die Entwicklung wie folgt abläuft.

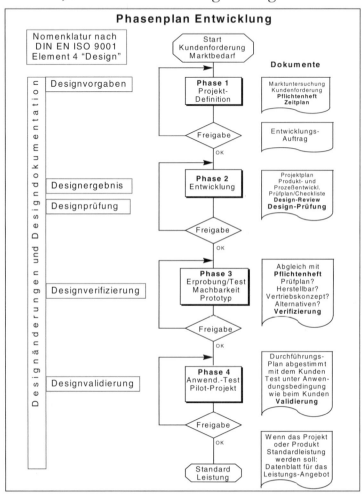

Bild 127: Phasenplan zum Entwicklungsprozeß (Beispiel)

In Abb. 127 ist das Beispiel zu einem Entwicklungsablauf dargestellt. In
der Phase 1 wird das Projekt nach den vorliegenden Marktuntersu-
chungen definiert und das Pflichtenheft erstellt. Danach wird der Ent-
wicklungsauftrag erteilt und freigegeben. In Phase 2 ist die Design-

prüfung vorzunehmen, in Phase 3 erfolgt die Machbarkeitsprüfung. Nach einem Abgleich mit dem Pflichtenheft beginnen in der vierten Phase die Tests unter Anwendungsbedingungen (Validierung). Jede dieser vier Phasen endet mit einem Review und vor jeder weiteren Phase muß eine Freigabe erfolgen. Die Verifizierung erfolgt in allen Design-phasen, hier sollte auch nach Alternativen gesucht werden. Wird das ent-wickelte Produkt zur Standardleistung, sind Datenblätter und Leistungs-angebote zu erstellen.

☐ Neu-Entwicklung	☐ Weiter-Entwicklung	☐ Kunden-Projekt
Vorschlag zur Entwicklung von Abt.:		Kunde:
"Vision" der neuen Leistung Kundennutzen: Nutzen für uns: (z.B. Unterstützung von Geschäftsstrategien) Zeitbedarf bis zur Verfügbarkeit ca: Aufwand ca: Manntage DM Konkurrenzsituation: Weitere Information		Kundenforderungen / Bedarf Weitere Information
Projektleiter Projektteam		
Hinweise		
Genehmigung für Phase 2		
Datum	Unterschrift	
Erstellt: Datum: Rev. Blatt von	Entwicklung / Projekte **Phase 1** **Projekt:**	

Bild 128: Designphase 1, Vorschlag für ein Formblatt

Für die Dokumentation des Entwicklungsprozesses im Qualitätsmanage-menthandbuch können Formblätter ähnlich dem Beispiel in Abb. 128 verwendet werden (für die weiteren Phasen siehe Anhang, Kap.13).

Entwicklung von Dienstleistungen

Auch Dienstleistungen erfordern Entwicklungsstufen zur Planung der Dienstleistung selbst und zum Erbringungsprozess, der geplant, dokumentiert und durch befähigtes Personal überprüft werden muß. In der folgenden Abb. 129 sind die einzelnen Entwicklungsstufen einer Dienstleistung als Ablaufplan dargestellt.

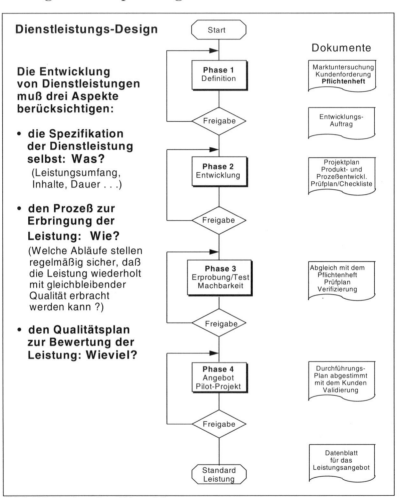

Bild 129: Design einer Dienstleistung

Das Diensleistungs-Design muß drei Aspekte berücksichtigen:
1. Die Spezifikation der Dienstleistung selbst - Was?
2. Den Prozeß der Dienstleistungserbringung- Wie?
3. Den Qualitätsplan - Wieviel?

Zusammenfassung

Der Ablauf eines QFD-Prozesses ist nicht normierbar. Die benutzten Matrizen fördern zwar ein systematisches Vorgehen und dienen der Klarheit der Gedanken, aber jedes QFD-Projekt wird einen anderen Verlauf nehmen, weil nicht normierbare kreative Menschen im Team neue Produkte erfinden und entwickeln. Allerdings ist die gegenwärtige Situation so, daß viele Unternehmen unter sehr starkem „Zertifizierungs-druck" stehen, insbesondere die gesamte Automobilzulieferindustrie. Einkäufer von Automobilwerken und Beschaffungsämtern erleichtern sich die Arbeit, indem sie nur noch bei zertifizierten Lieferanten bestellen. Insofern müssen diese Firmen, wenn sie überhaupt noch einen Auftrag erhalten wollen, sich der Zertifizierung stellen.

Wenn das Qualitätsmanagementsystem nach DIN ISO 9000 sich nicht nur an der Erfüllung der Normenforderungen und an dem „Stempel" erschöpft, sondern den Qualitäts-Karren jeden Tag ein Stück auf dem nicht endenden Weg hinaufzieht, kann dies der erste Schritt auf dem Weg zu einem TQM-Unternehmen sein, in dem Qualität nicht nur im Handbuch steht, sondern auch von den Mitarbeitern und dem Management gelebt wird.

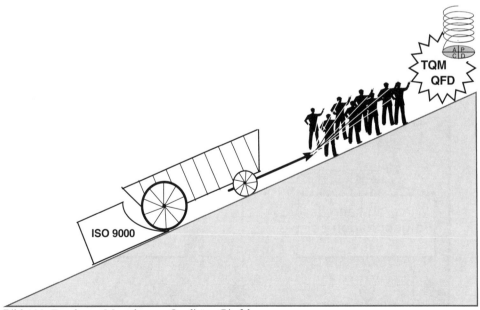

Bild 130: Der lange Marsch zum Qualitäts-Gipfel

6   QFD und Fehlermöglichkeits- und Einfluß-Analyse (FMEA)

Die FMEA ist ein weiteres Werkzeug zur Verkürzung von Entwicklungszeiten, sie hilft durch präventive Planung Fehler zu vermeiden. Fehler im Entwicklungsprozeß führen immer zu Nachentwicklungen, insofern ergänzt die FMEA den QFD-Prozeß in idealer Weise. Mittels FMEA können in den QFD-Phasen II und III die Komponenten, die Teile, sowie die Prozesse untersucht werden. Die FMEA ist ein „Werkzeug", das dazu beiträgt, Murphy's Gesetz „was schief geh'n kann, geht schief - und immer im falschen Moment", außer Kraft zu setzen. Alle eventuell auftretenden Risiken sollen vorbeugend durchdacht, systematisch analysiert und bewertet werden, um daraus präventive Maßnahmen abzuleiten. Die FMEA ist ein unterstützender Leitfaden, auch für die „gedankliche Prävention". Mittels FMEA werden untersucht:

- Welche Fehler können auftreten, welches sind die Ursachen?
- Wie groß ist die Wahrscheinlichkeit des Fehlerauftretens?
- Wie groß ist die Wahrscheinlichkeit der Entdeckung des Fehlers?
- Wie groß kann der daraus resultierende Folgeschaden sein?
- Was muß getan werden, um das Risiko zu vermeiden?

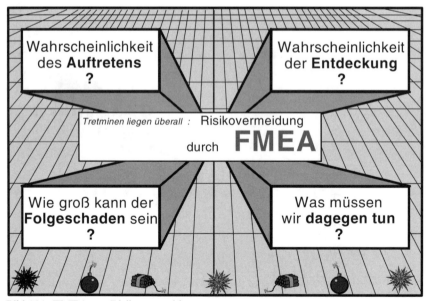

Bild 131: FMEA zur Risikovermeidung

Der Erfolg einer FMEA setzt voraus, daß die zum Thema kompetenten Fachleute offen und unvoreingenommen im Team das Ziel der Arbeit verfolgen. Sie entwickeln und diskutieren neue Ideen, Konstruktionen, Systeme und die Prozesse, in denen die Produkte herzustellen sind.

6.1   Herkunft und Nutzen der FMEA

Die Fragen im ersten Abschnitt zeigen das Hauptanliegen der FMEA: Durch gezielte Fragen die möglichen Risiken zu erkennen, bevor Arbeit und Material für die Konstruktion und die Herstellung eines neuen Produktes oder einer neuen Dienstleistung investiert werden. Die FMEA weist den Weg zu einer systematischen Risikoabschätzung und Risikobewertung durch präventives Planen.

Die NASA entwickelte das Verfahren der FMEA (Failure Mode and Effects Analysis) und schrieb deren Anwendung allen Zulieferbetrieben der Raumfahrtindustrie vor. Die Schnittstellenproblematik zwischen und in Prozessen veranlaßte die NASA zwischenzeitlich, das Verfahren der FMEA auch zur systematischen Untersuchung von Systemen und den damit verbundenen Schnittstellenproblemen einzusetzen.

Von der Automobilindustrie und der Kernenergietechnik (Kernkraftwerkshersteller und Betreiber) wurde die bewährte FMEA-Methodik aufgegriffen. Auch die Automobilindustrie fordert in der QS 9000 und VDA 6.1 heute von ihren Zulieferanten die Untersuchung der Zulieferteile und der Herstellprozesse nach dem FMEA-Verfahren als vorbeugende Maßnahme.

6.2   Vorteile der FMEA

Der Zweck der FMEA ist die präventive Vermeidung von potentiellen Fehlern, ihren Folgeschäden und Folgekosten bereits in den frühen Phasen der Entwicklung durch Eliminierung ihrer Ursachen. Das Team kann durch ein einfaches Bewertungsverfahren (vgl. Abb. 135) die Prioritäten für das weitere Vorgehen festlegen.

Der *Vorteil* der FMEA liegt in den verhältnismäßig geringen Kosten für vorbeugende Maßnahmen im Vergleich zu den hohen Kosten für Nachentwicklungen, Nacharbeit, Gewährleistung oder für Produkthaftungskosten infolge von Personen- oder Sachschäden.

Das Ziel der FMEA ist es:

- Fehlerfreiheit und damit
- Kostenvorteile durch Vermeidung von teuren Rückrufaktionen zu erreichen.

Rückrufaktionen (z.B. die spektakuläre Rückrufaktion des Opel Astra wegen der Gefahr des Brandes beim Tanken kostete ca. 80 Millionen DM, nicht gerechnet die „Kosten" für den Imageverlust).

**Vorteile der FMEA
für Kunde und Lieferant**

- **Technisch:**   Produktverbesserung
                          Prozeßoptimierung
- **Organisatorisch:**   verbesserte Abstimmung im Team,
                          präventiver statt korrigierender Ansatz,
                          Systematik
- **Psychologisch:**   Kommunikation und Zusammenarbeit
                          werden verbessert.
                          Gemeinsames Verantwortungsgefühl
                          wird gestärkt.

Kunde und Lieferant vertrauen einander, denn sie schaffen gemeinsam die optimalen Voraussetzungen für qualitativ hochwertige und zuverlässige Produkte und Dienstleistungen.

Bild 132: Vorteile der FMEA

6.3 Die FMEA im QM-System (DIN EN ISO 9001)

Die Norm DIN EN ISO 9001/2 (Ausgabe Aug. 1994) fordert über die Korrekturmaßnahmen hinaus den Nachweis von praktizierten Vorbeugungsmaßnahmen. Eine Firma, die ein Zertifikat zu ihrem Qualitätsmanagementsystem anstrebt oder dies erhalten will, kann sich nicht mehr mit dem Nachweis von Nachbesserungen (Korrekturmaßnahmen: Normelement 14) begnügen, sie muß die Praxis einer geeigneten Systematik zur Vorbeugung nachweisen und durch Aufzeichnungen belegen.

Auszug aus DIN EN ISO 9001, 4.14 Korrektur- und Vorbeugungsmaßnahmen:

4.14.1 Allgemeines
Der Lieferant muß zur Verwirklichung von Korrektur- und Vorbeugungsmaßnahmen Verfahrensanweisungen erstellen und aufrechterhalten. Eine Korrektur- oder Vorbeugungsmaßnahme zur Beseitigung der Ursachen von tatsächlichen oder potentiellen Fehlern muß ein Ausmaß haben, das dem Problemumfang angemessen ist und den angetroffenen Risiken entspricht.

Die regelmäßige Anwendung der FMEA unterstützt das Ziel der Vorbeugung in nachhaltiger Weise. Die Dokumentationen zur FMEA erbringt im Audit den Nachweis ihrer Durchführung.
Der Ablauf einer FMEA und die einzelnen Phasen sind in der folgenden Abbildung zusammengefaßt.

Bild 133: Die 7 FMEA-Phasen

In Abb. 134 werden am Beispiel eines Entwicklungsprozesses die Ansatzpunkte für die FMEA gezeigt. Die FMEA-Phasen 1 und 2 werden heute nur selten angewendet, das Hauptaugenmerk richtet sich auf die Phasen 3 und 4, die sich mit dem Herstellungsprozeß befassen, bevor die Spezifikationen definiert werden.

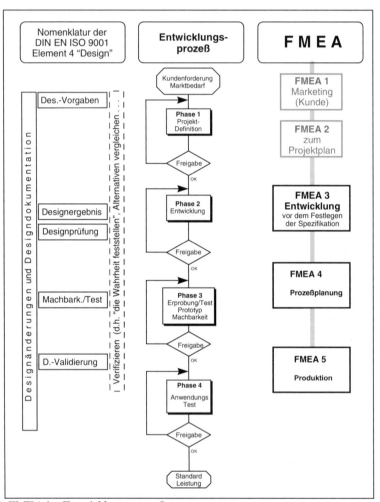

Bild 134: FMEA im Entwicklungsprozeß

Es ist selbstverständliche Pflicht jeder planenden Tätigkeit, durch eine fundierte und dokumentierte Risikoabschätzung entsprechend dem Stand der Technik nach möglichen Fehlern und Folgefehlern zu forschen, um Maßnahmen zur Eliminierung der Ursachen durchführen zu können. Im folgenden Kapitel 6.4 wird aufgezeigt, wie diese Dokumentation erfolgt und wie systematisch vorgegangen wird.

6.4   Das FMEA-Formblatt und die FMEA-Schritte

Das FMEA-Arbeitsblatt (Abb. 135) entspricht der eingeführten Form, es wird auch von den Verbänden VDMA und VDA empfohlen. Durch die Dokumentation auf Arbeitsblättern ist jederzeit eine Rückverfolgbarkeit gegeben, dies wird auch von der bis Ende 1997 von den Automobilzulieferern einzuführende QS 9000 bzw. VDA 6.1 verlangt.

Das Formblatt im DINA4-Format ist auf der beiliegenden Diskette gespeichert (für die Arbeit im eigenen Unternehmen).
Im nachfolgenden Abschnitt wird das typische Vorgehen an Hand des Formblattes mit den vier Hauptschritten gezeigt.

6.4.1 Das Vorgehen bei der Risikoanalyse

In die Spalte 2 der FMEA-Tabelle (Abb. 135) ist der Fehlerort, d.h. der Ort des Auftretens oder der Prozeß des möglichen Auftretens einzutragen. In den Feldern 3, 4 und 5 wird dann die *Risikoanalyse* durchgeführt:
1. Risikoanalyse
Zunächst sind zu ermitteln und in die Spalten einzutragen:
Der potentielle Fehler (Spalte 3),
die potentielle Fehlerfolge (Spalte 4),
die potentielle Fehlerursache (Spalte 5).

Anschließend erfolgt die Risikobewertung in folgenden Schritten:
2. Risikobewertung
Zu jedem möglichen Fehler werden 3 Kriterien bewertet:
A - Auftretenswahrscheinlichkeit;
B - Bedeutung der Auswirkung (mit Personenschaden?);
E - Entdeckungswahrscheinlichkeit (groß oder klein?);
Die Bewertung erfolgt nach einer Einstufungsskala 1-10, die das Team anhand der Bewertungstabelle in Bild 136, 137 und 138 vornimmt.
Das *gleiche Team* muß auch die spätere Bewertung des verbesserten Zustandes (in den Spalten 11-17) durchführen.

Anhand der eingetragenen Werte wird die *Risikoprioritätszahl* (RPZ) errechnet: RPZ = A x B x E.

1	2	3	4	5	6	7	8	9	10	11	12	13	14	15	16	17
					Derzeitiger Zustand						Ausführung durch	Verbesserter Zustand				
Nr	Fehlerort Prozeßablauf	Potentielle Fehler	Potentielle Fehlerfolgen	Potentielle Fehlerursache	Prüfmaß-nahmen	A	B	E	RPZ	Empfohlene Abstellmaß-nahmen	Name / Dat. bis:	Getroffene Maßnahme	A	B	E	RPZ
		Risikoanalyse Analyse der möglichen Fehler			**Risiko-bewertung**					**Konzeptoptimie-rung, Maßnahmen und Lösungen**		**Restrisiko-Beurteilung**				

FMEA Fehler-Möglichkeits- und Einfluß-Analyse	☐ System-FMEA ☐ Teile-FMEA ☐ Prozeß-FMEA	Bezeichnung:	Ersteller: Datum: ____ Rev.Nr.: Blatt ___ von ___	A = Auftretenswahrscheinlichkeit B = Bedeutung der Auswirkung E = Entdeckungswahrscheinlichkeit RPZ = AxBxE (Risiko-Priorität)	FMEA-Tabelle

Bild 135: FMEA-Formblatt und FMEA-Schritte

6.4.2 Die Bewertungsskalen für RPZ - Risikoprioritätszahl

Das Team bewertet jedes Kriterium nach einer Skala 1-10, hierin bedeuten die Extremwerte:

Für A: 1   Auftretenswahrscheinlichkeit extrem niedrig, kommt nicht vor;

10   der Fehler tritt immer auf.

Für B: 1   Bedeutung ist für den Kunden nicht vorhanden, Fehler hat keinerlei Auswirkungen;

10   Personen sind in Gefahr, hoher Schaden zu befürchten.

Für E: 1   Entdeckung ist sofort am Entstehungsort gegeben;

10   Der Fehler kann vor Lieferung an den Kunden nicht entdeckt werden.

Hinweis: Eine „hohe" Entdeckungswahrscheinlichkeit (E) ist mit einer niedrigen Bewertungsziffer verknüpft, eine „niedrige" Entdeckungswahrscheinlichkeit dagegen mit einer hohen Bewertungsziffer (vgl. Abb. 135).

Die Risikoprioritätszahl errechnet sich aus RPZ = A x B x E
Extremwerte, die die RPZ erreichen kann, sind:
$RPZ_{(min)}$ = 1   (wenn A=B=C= 1 ist)
$RPZ_{(max)}$ = 1000   (wenn A=B=C= 10 ist)

Die numerische Bewertung zeigt vordergründig die Prioritäten bei der Problembearbeitung. Von ausschlaggebender Wichtigkeit für die Priorität ist die Bewertung der Bedeutung in Spalte 8 der Tabelle, die Auswirkung auf den Kunden (Wert B). Ist B mit 5 oder höher bewertet, so ist Gefahr im Verzug. Sind Personenschäden oder Verletzungen gesetzlicher Vorgaben zu befürchten, so sind sofort geeignete Maßnahmen zu ergreifen.
Für die zwingende Auslösung von Maßnahmen wird ein RPZ-Wert von > 100 oder > 125 genannt. Diesen Wert sollte man als Orientierung in seine Entscheidungen einbeziehen, ihn aber immer hinterfragen, denn bei allen Multiplikationsergebnissen ist zu fragen, wie hoch der Wert „B-Bedeutung" für den Kunden war. Man sollte sich auch nicht darüber hinweg täuschen, daß die absolute Zahl des RPZ das Ergebnis meist subjektiver Einschätzungen mit hoher Streubreite ist.
Die folgenden Bewertungszahlen sind bei der Berechnung der Risikoprioritätszahl (RPZ) zu berücksichtigen.

Auftretens - Wahrscheinlichkeit (A)		
Konstruktions - FMEA		
Kriterium: Fehler	**Häufigkeit**	**Bewertung**
Unwahrscheinlich: Es ist nicht anzunehmen, daß ein Fehler auftritt.	0	1
Sehr gering: Die Konstruktion entspricht früheren Entwürfen, die für sehr geringe Fehlerzahlen bekannt sind.	1/20000 1/10000	2 3
Gering: Die Konstruktion entspricht bewährten Entwürfen, bei denen gelegentlich. aber nicht in größerer Zahl Fehler auftraten.	1/2000 1/1000 1/200	4 5 6
Mäßig: Die Konstruktion entspricht früheren Entwürfen, die in der Vergangenheit immer wieder Schwierigkeiten verursachten.	1/100 1/20	7 8
Hoch: Es ist nahezu sicher, daß Fehler in größerem Umfang auftreten werden.	1/10 1/2	9 10

Bild 136: Bewertungstabelle A, Auftretenswahrscheinlichkeit

Bedeutung der Auswirkung (B)

Kriterium: Auswirkung der Fehler	Bewertung
Sehr niedrig: Unwahrscheinlich, daß dieser Fehler irgendwelche Auswirkungen mit Schadensfolge hervorruft.	1
Niedrig: Der Fehler wird geringe Auswirkungen auf den nachfolgenden Prozeß oder auf den Kunden zeigen.	2-3
Mittel: Der Fehler führt zu spürbarer Kundenunzufriedenheit bzw. zu einer Störung des nachfolgenden Prozesses.	4-6
Hoch: Der Fehler führt zu großer Kundenunzufriedenheit. Es ist mit erheblicher Störung des nachfolgenden Prozesses zu rechnen.	7-8
Sehr hoch: Der Fehler verursacht massive Störungen und mögliche Sicherheitsprobleme im Betrieb des Kunden oder im nachfolgenden Prozeß. Verletzung gesetzlicher oder betrieblicher Vorschriften	9-10

Bild 137: Bedeutungstabelle B, Bedeutung der Auswirkung

Entdeckungs - Wahrscheinlichkeit (E)

Kriterium: Fehler-Entdeckung	Wahrschein-lichkeit	Bewertung
Sehr hoch: Der Fehler ist offensichtlich, er wird sofort oder spätestens im Folgeprozeß erkannt.	99,9 %	1
Hoch: Der Fehler wird meist erkannt. Automatisierte Kontrollen zu den Parametern sind vorhanden.	99,7 %	2-5
Mittel: Der Fehler wird häufig erkannt, er ist leicht zu identifizieren z.B. durch Kontrollmechanismen.	98 %	6-8
Gering: Der Fehler wird selten erkannt, da er nicht sofort zu erkennen ist. Sicht- oder Handprüfung.	> 80 %	9
Sehr niedrig: Der Fehler ist kaum wahrzunehmen. Der Fehlerbereich wird nicht geprüft oder er ist nicht kontrollierbar. Der Fehler tritt meist außerhalb des Prozesses auf.	< 80 %	10

Bild 138: Fehlerbewertungstabelle E

QFD kann als Leitplanungssystem gesehen werden, das Informationen für andere Verfahren liefert. Die FMEA bietet Teillösungen für den QFD-Prozeß (Phase II). An dieser Stelle sollte nicht vorrangig die FMEA mit allen Phasen und Arten (Produkt-, Konstruktions-, Prozeß-FMEA) erläutert werden, das würde ein eigenständiges Buch ergeben, sondern nur in ihrem Zusammenwirken mit QFD.

Zusammenhang von QFD und FMEA

Der Zusammenhang von QFD und FMEA wird in Abbildung 139 deutlich. Die FMEA hat sich als präventives Planungsverfahren bei der Komponenten- und Teileplanung in der QFD-Phase II bewährt.

QFD und FMEA fördern die durchgängige Qualitätsplanung. Mit QFD wird die Zukunft des Unternehmens gestaltet und mit FMEA werden die Pläne abgesichert.

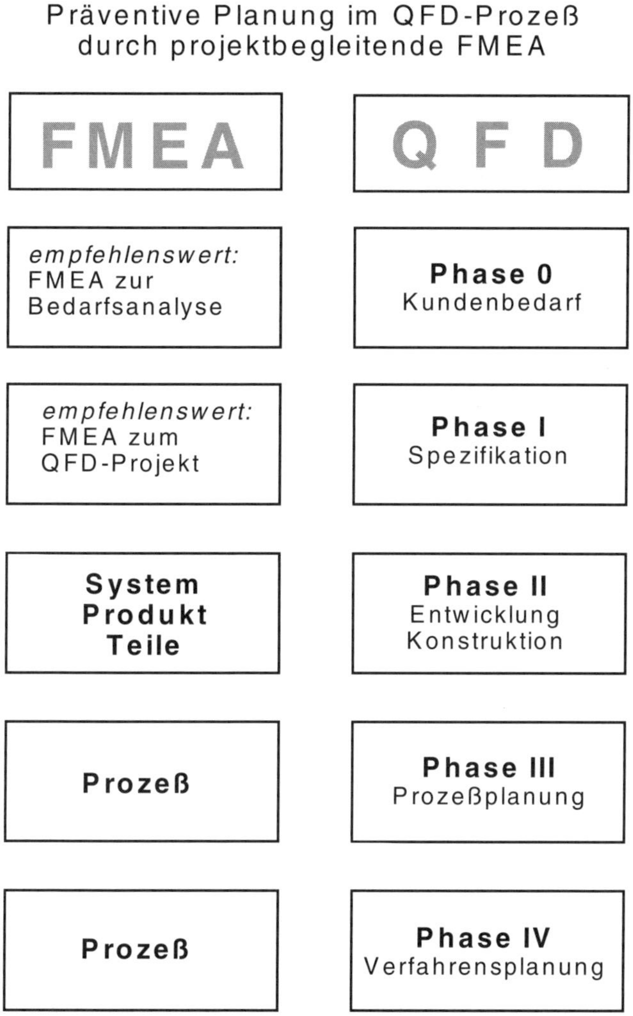

Präventive Planung im QFD-Prozeß
durch projektbegleitende FMEA

FMEA	QFD
empfehlenswert: FMEA zur Bedarfsanalyse	**Phase 0** Kundenbedarf
empfehlenswert: FMEA zum QFD-Projekt	**Phase I** Spezifikation
System Produkt Teile	**Phase II** Entwicklung Konstruktion
Prozeß	**Phase III** Prozeßplanung
Prozeß	**Phase IV** Verfahrensplanung

Bild 139: Zusammenhang von QFD und FMEA

Zusammenfassung

Das Ziel der FMEA ist die Reduzierung des Risikos von Fehlern, die Schadensvermeidung und letztlich die drastische Senkung der Verlustkosten. Den Weg dorthin weist die FMEA durch geordnete Fragestellungen, die ein systematisches Bearbeiten der Antworten ermöglichen. Die aus Bewertungen abgeleiteten Maßnahmen können Schritt für Schritt in der Reihenfolge ihrer Wichtigkeit ergriffen werden. Die sinnvollste Anwendung der FMEA beginnt in frühen Phasen der Entwicklung neuer Produkte oder der Modifizierung bzw. Verbesserung bestehender Produkte zur Feststellung denkbarer Risiken.

Das Neue in einem Produkt baut meist auf Erfahrungen mit bisherigen Produkten und Herstellverfahren auf. Das Erfahrungswissen muß bei der FMEA zu den Änderungen und Neuerungen einbezogen werden, insbesondere ist hier die Verträglichkeit der bisherigen und weiter benutzten Konstruktionen mit den neuen Bauteilen zu überprüfen. Wird dies nicht beachtet, können unangenehme Wirkungen und Folgekosten entstehen. Daher sollte für die präventive Planung im QFD-Prozeß die FMEA projektbegleitend eingesetzt werden.

7   Hilfsverfahren: Pugh-Diagramm und der paarweise Vergleich

In Kapitel 7.1 und 7.2 werden zwei ganz unterschiedliche Bewertungs- und Auswahlverfahren vorgestellt, die sich in QFD-Projekten als nützliche „Hilfswerkzeuge" erwiesen haben. Dabei kann das *Pugh-Verfahren* als Optimierungs-Tool angesehen werden, das zur Untersuchung verschiedener Varianten eingesetzt wird. Der *paarweise Vergleich* hat sich sowohl bei der Gewichtung von Kundenanforderungen als auch bei systematischen Auswahlentscheidungen als hilfreich erwiesen.

7.1   Pugh-Verfahren - Variantenvergleich

Der englische Professor für Konstruktionslehre Stuart Pugh entwickelte ein Verfahren zum Vergleich verschiedener Varianten. Er ist der Ansicht, daß es nicht ausreicht, sich allein auf hervorragendes Ingenieurwissen oder die nachfolgende Produktion zu verlassen. Seiner Meinung nach ist es unprofessionell, eindimensionale Entwicklungsansätze unter Ausschluß anderer Ideen zu verfolgen, denn die Wahrscheinlichkeit von Fehlentwicklungen wird hierdurch wesentlich erhöht. Unabhängig von der Qualität der Entwicklungsidee wird das fertige Produkt, sofern es nicht die realen und imaginären Markterwartungen trifft, zum Scheitern verurteilt sein. Um erfolgreiche Produktentwicklung zu betreiben, muß dementsprechend eine Vielzahl an Entwicklungsvorschlägen berücksichtigt werden. Hieraus ergibt sich unmittelbar eine Größenordnungsproblematik hinsichtlich der Handhabbarkeit, die von der Anzahl der Vorschläge und deren Varianten abhängig ist.

Laut Pugh vertraten die „Kreativitätspäpste" und „Stuhllehnen-Designexperten" über viele Jahre hinweg den Standpunkt, daß die Mobilisierung von Kreativitätspotentialen zur Problemlösung die Hauptschwäche des Designarsenals darstelle. Diese Ansicht revidierte Pugh nach zehnjähriger Tätigkeit. Er kam zu einer Neuordnung der Entwicklungsansätze. „Die Entwicklung kreativer Methoden um ihrer selbst willen stellt einen Großteil dessen dar, was ich als Mythologie der Methodik bezeichnen möchte."[26]

Die wichtigsten Faktoren bei der Erzeugung vielfältiger Ideen zur Lösung eines Entwicklungsproblems sind lt. Pugh:

- die Arbeitsumgebung der Entwickler;
- ihre Einstellung und Haltung bezüglich der Problemlösungen;
- ihr Umgang miteinander.

Seiner Meinung nach fließen bei entsprechender Stimulans, Einstellung und Umgebung Ideen und Lösungsvorschläge von alleine ohne künstliche Hilfen und „Mätzchen".

Diese Erkenntnis hatten auch in Deutschland ansässige Firmen, die ihre „Denkfabriken" in landschaftlich „inspirierende" Gegenden oder Gebäude verlegten. So schaffte das patentstarke Unternehmen IBM Freiraum zum kreativen Denken im Entwicklungszentrum „Rauher Kapf" bei Böblingen. Die deutschen Autokonzerne BMW und Daimler Benz beherbergen ihre Forscher in inspirierenden Gebäuden. Das BMW-FIZ-Entwicklungszentrum in der Münchens Knorrstraße ist ein Beweis dafür, sowie auch das Kreativitätslabor der Daimler Benz Forschungsgruppe F4G, die im sechsten Stock eines spreenahen Berliner Gebäudes residiert. In hellen und offenen Räumen forscht das F4G-Team „Forschung und Gesellschaft" nach zukünftigen Trends. Ihr Zukunftsszenario ist eine kreative Vorausschau, die zum Teil auf empirischen Erhebungen, Statistiken und Prognosen basiert. „Wissen ist der einzige Rohstoff, der sich bei Gebrauch vermehrt", sagen sie und handeln auch danach.
Diese Erkenntnis gehört auch zu Kaos geistigem Gut: „Kreativität ist das einzige Werkzeug, das vom Gebrauch schärfer wird." Pughs Gedanken werden heute durch den Havard-Kreativitätsforscher Kao wiederbelebt. Auch er stellte bei seinen Besuchen in kreativen Unternehmen fest, daß die Umgebung inspirieren kann. Zu dieser Erkenntnis kamen offenbar auch die Unternehmen selbst, denn das Softwarehaus Lotus läßt seine Programmierer in einem kleinen Bauernhaus entspannen, der Filmhersteller Kodak richtete seinen Kreativen einen sogenannten Humorraum ein und die japanischen Mitarbeiter der Firma Shiseido lassen ihren kreativen Gedanken in Zen-Gärten freien Lauf. [30]

7.1.1 Das Pugh-Diagramm zur Konzeptauswahl

Die beste Lösung enthält im Idealfall die Vorteile aus den verschiedenen Alternativen. Daher wird das Vorgehen bei der Konzeptauswahl anhand des Formblattes in Abb. 140 empfohlen.

Pugh - Diagramm zur Konzept-Auswahl		Muster	1	2	3	4	5
Kriterium	Rang / Maß mit Grenzwert						
1							
2							
3							
4							
5							
6							
7							
8							
9							
10 **Kosten**							
Bewertung im Vergleich zum Muster	+ = besser - = schlechter G = gleich	Anzahl +					
		Anzahl -					
		Anzahl G					
		Hinweise					

Bild 140: Pugh-Diagramm zur Konzeptauswahl

Das Pugh-Diagramm erleichtert den Vergleich von Alternativlösungen mit dem Muster. Die beste Lösung enthält im Idealfall die Vorteile aus den verschiedenen Alternativen. Dabei werden die verschiedenen Kriterien (hier 1-10) jeder Alternative mit dem Muster verglichen. Gefragt wird dabei:

Ist die Alternative (1, 2, 3,.....10)	Bewertung im Vergleich zum Muster:
• besser als das Muster?	+
• schlechter als das Muster?	-
• gleich?	G

Nach der gemeinsamen Bewertung durch das Team sind die einzelnen Spalten in der Pugh-Tabelle (Abb. 140) zu addieren, dann wird das vorliegende Ergebnis im Team diskutiert.

Dabei sind weitere Fragen zu stellen, z.B.:

- Ist eine Mischung aus +/- möglich?
- Werden mit dieser Ausführung/Konstruktion die zukünftigen Anforderungen erfüllt?
- Ist das neue Konzept empfindlich gegen Verhaltensänderungen der Käufer und des Marktes?
- Ist die neue Variante anfällig gegen wirtschaftliche Veränderungen (gesamtökonomisch gesehen)?

Nach all diesen Überlegungen entscheidet sich das Team für die beste Alternative oder für das bestehende Muster.

Beispiel: Weinflasche

Pugh - Diagramm zur Konzept-Auswahl			Muster	1	2	3	4	5
Beispiel: **Weinflaschen**								
Kriterium	Rang	Maß mit Grenzwert						
1 Ausgießbarkeit								
2 Standfestigkeit								
3 Aussehen								
4 Handlichkeit								
5 Lagerbarkeit								
6 Festigkeit								
7 Schutz f. Inhalt								
8 Herstellbarkeit								
9 Etikettierbar								
10 **Kosten**								
Bewertung im Vergleich zum Muster	+ = besser - = schlechter G = gleich	Anzahl +						
		Anzahl -						
		Anzahl G						
		Hinweise						
Fragen:	• Ist eine Mischung aus +/- möglich ? • Erfüllung zukünftiger Anforderungen ? • Empfindlich gegen Verhaltensänderung ? • Empfindlich gegen wirtschaftl. Änderung ?							

Bild 141: Pugh-Diagramm zur Auswahl einer Weinflasche

Am simplifizierten Beispiel der Weinflasche läßt sich das Prinzip von Pugh erklären. Die abgebildeten Flaschenformen 1-5 sind mit dem Muster auf zehn Kriterien zu vergleichen: Ausgießbarkeit, Standfestigkeit, Aussehen, Handlichkeit, Lagerbarkeit, Festigkeit, Schutz des Inhaltes, Herstellbarkeit der Flasche, Etikettierbarkeit und Kosten. Dabei wird die Bewertung jedes einzelnen Kriteriums gegenüber dem Muster vorgenommen. Z.B.: „Ist die Ausgießbarkeit der Flasche 1 besser als die Ausgießbarkeit des Musters"? „Ist die Standfestigkeit der Flasche 2 besser als die des Musters"? Gefragt wird auch nach der Erfüllung *zukünftiger Anforderungen*, das können modische Trends sein (z.B. die dunkelblaue Muranoglas-Flasche) oder ökologische Konzepte (z.B. Wiederverwertbarkeit oder kein Einsatz von Stanniol).

Untersuchungen nach alternativen Lösungen können auf diese Weise in allen Bereichen, von der Leichtbauweise im Fahrzeugbau bis zur optimalen Formgebung einer Seifenschale, vorgenommen werden.

So lassen sich z.B. auch die Komponenten von Fahrzeugrädern (Radfeder, Radfelge), insbesondere die gestalterischen Variationen im Bereich der Radkappen (Scheibenräder, Speichenräder) untersuchen. Forscher des Instituts für Leichtbau der RWTH Aachen [27] untersuchten z.B. die Erhöhung der spezifischen Tragfähigkeit am Beispiel des Scheibenrades. Die Radscheibe wurde in unterschiedlichen Bauweisen zur Versteifung des Felgenrades konzipiert: Z.B. als Sandwich-, Rippen-, Waffelblech-Variante.

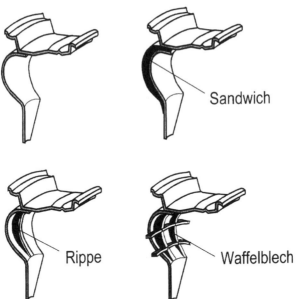

Bild 142: Radscheiben in unterschiedlicher Bauweise

Die konstruktive Gestaltung hat wesentlichen Einfluß auf das Tragverhalten eines Rades. Eine Sandwichbauweise kann beispielsweise das Gewicht bei gleicher Tragfähigkeit um bis zu 30% reduzieren. Die Untersuchung unterschiedlicher Materialien und unterschiedlicher Varianten dienten dem Ziel, das Radgewicht zu reduzieren.

7.2   Der paarweise Vergleich

Als Bewertungsverfahren zur Gewichtung der Kundenanforderungen wird häufig der paarweise Vergleich benutzt. Er kann bei QFD-Projekten z.B. während oder nach der Erfassung der Kundenforderungen eingesetzt werden, um die relative Wichtigkeit der einzelnen Anforderungen zu ermitteln. Die befragten Kunden werden gebeten, die einzelnen Anforderungen jeweils mit *allen anderen Anforderungen* zu vergleichen. Dazu wird eine Matrix (vgl. Abb. 143) ausgefüllt, in die die einzelnen Forderungen eingetragen und bewertet werden. Dieses einfache, intuitive Bewertungsverfahren führt zu einer systematischen Auswahlentscheidung und erfordert keine höhere Mathematik.

Eine sorgfältige Gewichtung der Kundenanforderungen ist entscheidend für die Vergabe von Prioritäten im QFD-Prozeß, weil der absolute Bedeutungswert (B) mit dem Unterstützungsgrad (9, 3, oder 1) multipliziert und dann spaltenweise addiert wird (siehe Kapitel 2.4, Schritt 5).

Beim paarweisen Vergleich werden die einzelnen Anforderungen gegeneinander bewertet. Dabei wird gefragt:
Ist Anforderung 1 wichtiger als Anforderung 2 ?
Ist Anforderung 2 wichtiger als Anforderung 3 ?
Ist Anforderung 2 gleich wichtig wie die Anforderung 3 ?

Die *Bewertung* der einzelnen Anforderungen wird durch das Team vorgenommen. Dabei werden die Aussagen gewichtet, wobei für:
„ist wichtiger als"   2 Punkte vergeben werden,
„ist gleich wichtig"   1 Punkt vergeben wird,
„ist unwichtiger als"   0 Punkte, d.h. keine Bewertung erfolgt.

In der Matrix Abb. 143 wird der paarweise Vergleich zum Praxisbeispiel „Heiztherme" durchgeführt. Hierbei sind sukzessive, d.h. Paar für Paar die Kundenanforderungen miteinander zu vergleichen.

Die Kundenforderung nach *„Gasverbrauch niedrig"* (Zeile D) ist in diesem Beispiel bei zeilenweisem Vorgehen wichtiger als die Forderungen nach *„weniger Platzbedarf"* (Spalte E) und *„Gehäusefarbe wählbar"* (Spalte F) und erhält somit die Wertung 2 im direkten paarweisen Vergleich.

wichtiger? (= 2)
gleich wichtig? (= 1)
unwichtiger? (= 0)

	Ist	A leise	B wenig Wartung	C sieht gut aus	D Gasverbrauch niedrig	E wenig Platzbedarf	F Gehäusefarbe wählbar	G lange Lebensdauer	H	Ergebnis: Summe jedes Buchstabens	Priorität Rang
A	leise		0	1	0	1	1	0		A = 3	4
B	wenig Wartung	2		2	0	2	2	1		B = 9	3
C	sieht gut aus	1	0		0	1	1	0		C = 3	4
D	Gasverbrauch niedrig	2	2	2		2	2	1		D = 11	1
E	wenig Platzbedarf	1	0	1	0		1	0		E = 3	4
F	Gehäusefarbe wählbar	1	0	1	0	1		0		F = 3	4
G	lange Lebensdauer	2	1	2	1	2	2			G = 10	2

Bild 143: Paarweiser Vergleich, bzw. Gewichtung von Kundenforderungen

Der paarweise Vergleich der in der Matrix aufgeführten Eigenschaften kann sich auf den Bereich oberhalb (oder unterhalb) der Hauptdiagonalen beschränken, weil immer zwei Vergleichszahlen *spiegelbildlich* zu der Hauptdiagonalen liegen und in der Summe 2 ergeben, denn

2 spiegelt 0
1 spiegelt 1
0 spiegelt 2.

Das zeilenweise Aufsummieren der Werte pro Merkmal ergibt die Gesamtpunktzahl des Merkmals. Daraus ergibt sich eine Rangfolge, die in die Matrix in Abb. 143 eingetragen wurde. So lassen sich Prioritäten feststellen und, falls erforderlich, die relative Bedeutung errechnen (vgl. Bild 144).

Durch das Summieren der Zahlenwerte ergeben sich die Gewichtungen der einzelnen Kundenanforderungen. Wenn auf relative Punkte umgerechnet werden soll, kann dies nach dem Beispiel erfolgen:

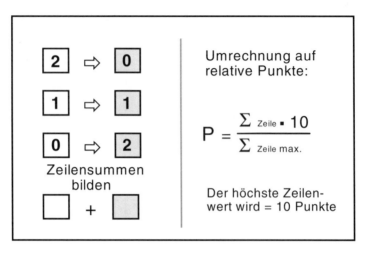

Bild 144: Umrechnung auf relative Punkte

Bei der Umrechnung wird der höchste Zeilenwert mit 10 Punkten bewertet. Der relative Wert ergibt sich dann aus der jeweiligen Zeilensumme, die mit 10 multipliziert und dann durch die maximale Zeilensumme dividiert wird.

In der Abb. 143 wird auf diese Umrechnung verzichtet, weil die Prioritäten der Zeilen D und G eindeutig erkennbar sind.

Dieses einfache Gewichtungsverfahren bewirkt eine Verbesserung der Entscheidungssicherheit. Die Bedeutungswerte jeder einzelnen Kundenforderung können so auf einfache Weise ermittelt werden.

Die Eintragung des ermittelten Bedeutungswertes bildet mit der jeweiligen Kundenforderung die Eingangsgröße im ersten QFD-Haus der Phase I.

8   Kostenbetrachtungen im QFD-Prozeß

In einer empirischen Untersuchung der TU Berlin im Jahre 1995 wurde die Kosten-Nutzen-Wirkung der Qualitätstechniken untersucht. Die Befragung richtete sich an deutsche Unternehmen unterschiedlicher Branchen, die bereits Erfahrungen mit dem Einsatz von Qualitätstechniken sammeln konnten. Die Einsatzhäufigkeit der Qualitätstechniken ist bei den 93 befragten Unternehmen hoch, 33% von ihnen setzen QFD ein und 77% arbeiten mit der FMEA. Von diesen Unternehmen wurde QFD *als besonders kostensparend* bezeichnet, denn für alle abgefragten Kostenarten (Fehler-, Material-, Personal- und Anlaufkosten) stellten die Unternehmen insgesamt eine Reduzierung fest. Obwohl durch den Einsatz der neuen Methode anfangs höhere Personalkosten auftraten, haben die Unternehmen eine Kostensenkung erkannt, da die Einsparung bei den Fehler- und Anlaufkosten besonders deutlich ausfällt.

Ein Ergebnis der Untersuchung: „Aufgrund der vorliegenden Ergebnisse kann QFD insgesamt das größte Potential zur Kostensenkung eingeräumt werden". [13]

Im QFD-Projekt ist neben der Bearbeitung und Auswahl der technischen Merkmale, der Funktionen, der Baugruppen und der Teile die Betrachtung der Kosten für die Herstellung und Vermarktung insbesondere bei Massenprodukten, die von verschiedenen Herstellern fast gleichartig angeboten werden, von hoher Bedeutung für den Erfolg des Produktes. In diesem Bereich ist der Preis oft kaufentscheidend. Anders ist die Situation bei technisch führenden Produkten, wenn der Käufer die Innovation versteht und nutzen kann. In diesem Fall spielt der Preis eher eine untergeordnete Rolle, was die innovationsfreudigen Firmen nutzen, um als erste die höheren Gewinne erwirtschaften zu können, die sie dann erneut für die ständige Weiterentwicklung einsetzen.

Die meisten Produktinnovationen sind heute nur noch von kurzer Dauer, denn die Imitatoren versuchen, mit ihren Me-too-Produkten ebenfalls in den Markt zu kommen. Die Innovation wird dann schnell zum technischen Standard (siehe die Zeitachse im Kano-Modell Kapitel 2.3.1.2) und der Preiswettbewerb setzt ein. Modernes Kostenmanagement muß deshalb seinen Ursprung in den Bedürfnissen der Kunden haben und die Kostenstruktur ist konsequent an den Erfordernissen des Marktes auszurichten. Kostenmanagement basiert heute auf der Erkenntnis, daß nicht die Kosten den Preis bestimmen, sondern der im Markt durchsetzbare Preis dem Unternehmen die Kosten vorgibt.

Die bisherige traditionelle Kostenrechnung befaßte sich mit Kosteninformationen für die Kontrolle der Wirtschaftlichkeit im Unternehmen. Die neuen Aspekte des Kostenmanagements ändern hingegen die Blickrichtung von der Vergangenheit in die Zukunft, nämlich in die Erfüllung der Kundenwünsche und der Zielkosten-Vorstellungen des Kunden. Heute wird gefragt: „Was darf das Produkt aus Kundensicht kosten"? Der Kunde diktiert den Preis, dadurch sind die Unternehmen gezwungen, bereits in der Entwicklungsphase eines neuen Produktes bzw. einer Dienstleistung auf die maximal erlaubten Herstellkosten hinzuarbeiten. Möglich wird dies durch Target Costing (TC), denn das Target Costing ist zur Fokussierung der kundenorientierten Zielkosten bis auf die Teile- bzw. Komponentenebene geeignet.

Die Zielkosten - Target Costing (TC)

Das Konzept des Target Costing beruht auf vorgegebenen Kostenzielen und legt den Schwerpunkt der Kostenbeeinflussung auf die frühen Phasen der Produktentwicklung, insbesondere auf die Konstruktion. Die in Japan entstandene Methode des Target Costing stellt hierzu eine strukturierte Vorgehensweise bereit [36]. Ausgehend vom Marktpreis und den Erwartungen der Kunden, werden systematisch die erlaubten Kosten für das Gesamtprodukt auf die einzelnen Baugruppen, bis zu den Komponenten und Teilen heruntergebrochen.
Der Vorteil des Target Costing ist die gute Kontrolle der Resultate aufgrund vorliegender Kostenvergleichsdaten.
„QFD ist geradezu in idealer Weise geeignet, auf Target Costing aufzubauen, da eine Ähnlichkeit beider Systeme besteht" [28].

QFD und Kostenermittlungen

In der Vergangenheit wurde zum Beginn eines neuen Projektes eine Kostenschätzung vorgenommen, die meistens mit Unsicherheiten behaftet war. Heute hat der Kunde hingegen ganz bestimmte Vorstellungen zu dem Preis des neuen Produktes bzw. der Dienstleistung, die bei einer Kundenumfrage oder beim Besuch des Außendienstes erfragt werden können: „Was bist du bereit zu zahlen, wieviel ist dir diese Sonderausführung oder Zusatzausstattung wert?" So läßt sich ermitteln, welchen Preis der Kunde für das neue Produkt akzeptiert. Diese *Kostenvorgabe* könnte z.B. im House of Quality unter Kundenforderungen eingetragen werden.

In der Praxis kommt es vor, daß alle Produktmerkmale nach den vom Kunden vorgegebenen Kosten ausgelegt werden müssen, weil dem Kunden die „abgespeckte" Variante des Produktes völlig ausreicht. Die geforderten Kosten können dann im Eingang des ersten QFD-Haus als Kundenanforderung-„Was" eingetragen werden. Sie sind die unter Beachtung des Kundenwunsches und der gegebenen Marktbedingungen ermittelten, d.h., es sind die vom Kunden *akzeptierten Preise*.

Auf diese Weise können unter Einsatz kostengünstiger Materialien und rationalisierter Produktionsverfahren dem Kunden andere Varianten ohne Qualitätseinbußen verkauft werden. Der Kunde braucht in diesem Fall nicht die „Superausführung", er erhält das Produkt, das dem von ihm gewünschten Verwendungszweck und seiner Preisvorstellung entspricht. Kunden sind heute nicht mehr bereit, die Technikverliebtheit der Entwickler und das daraus resultierende Over-Engineering zu bezahlen. Deshalb muß Kostenmanagement bereits in der frühen Phase der Produktentwicklung einsetzen und sich an der Vorstellung des Kunden orientieren

In der QFD-Matrix läßt sich neben den Spalten für technische Information eine Parallelspalte für Kostendarstellungen vorsehen.

Das Ziel der Kostenbetrachtung ist die Auswahl der günstigsten Variante. Hierbei ist zu fragen:

- Sind die Kundenforderungen richtig verstanden?
- Ist deren Bedeutung durch richtige Bewertung erkannt?
- Sind die Funktionen notwendig? Welche sind überflüssig, welche fehlen?
- Welche Verbesserungen und Vereinfachungen lassen sich erreichen, die eine Kostenreduzierung beeinflussen?

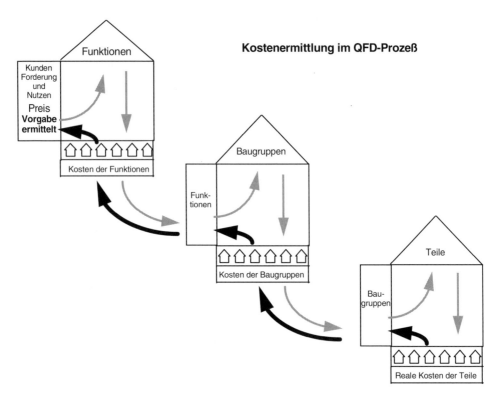

Bild 145: Kostenermittlung im QFD-Prozeß

Der Vorteil der QFD-Matrizen liegt hier in der synoptischen Darstellungsmöglichkeit der Kosten mit den technischen Bewertungen. Die Kostenermittlung läßt sich am besten zwischen Phase I und II integrieren (siehe Abb. 146, 147), wenn die kritischen und wichtigen Teile und Komponenten betrachtet werden.
Die Art der Darstellung muß sich stets an den Aufgaben des jeweiligen Projektes orientieren, auch hierfür gibt es kein „Kochrezept".

In Bild 145 wird der Ablauf der Kostenbetrachtungen über die verschiedenen QFD-Phasen gezeigt. Die Kosten einer Funktion lassen sich rückwärts errechnen, d.h. von den Teilekosten zu den Baugruppen und zu den Kosten der Funktionen, wenn die Konstruktion der Teile festgelegt ist.

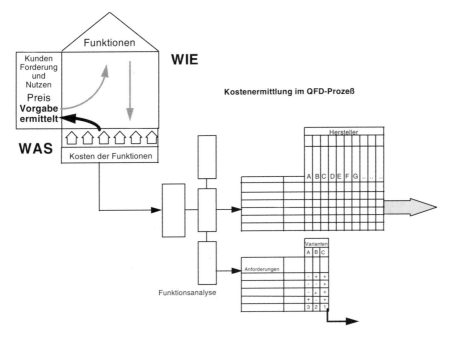

Bild 146: Kostenermittlung der Funktionen, der Teile und Varianten

In den Matrizen können die Komponenten und Bauteile für jedes Wettbewerbsprodukt den Produktfunktionen gegenüber gestellt werden. Der Kostenvergleich der Funktionen kann zu gezielten Entwicklungen alternativer Lösungen führen. Diese Lösungsalternativen sind mit den bekannten Qualitätsmethoden (z.B. FMEA) auf ihre Tauglichkeit zu prüfen.

Der *Herstellervergleich* für Teile und Komponenten läßt sich, wie in der Matrix in Bild 147 dargestellt, durchführen. Eine Kostenbetrachtung zu den Funktionen und Teilen verschiedener Hersteller im Vergleich zum eigenen Konzept ist zwar aufwendig, aber nützlich. Das Ziel der Vergleichsbetrachtung ist die Auswahl der günstigsten Variante.

Der technische Vergleich mit verschiedenen Herstellern in der Phase I zu den Produkten kann über die Funktionen und Baugruppen bis hin zu den Teilen aufgefächert werden. Aus dem Kostenvergleich mit dem Wettbewerb (Hersteller A, B, C, D) sowie aus dem Vergleich der Plan- mit den Zielkosten gewinnt man Erkenntnisse für gezielte Kosteneinsparpotentiale. Erforderlich ist auch die Betrachtung alternativer Lösungen. In gleicher Weise kann ein Vergleich der Zulieferer durchgeführt werden, um den günstigsten Anbieter zu ermitteln.

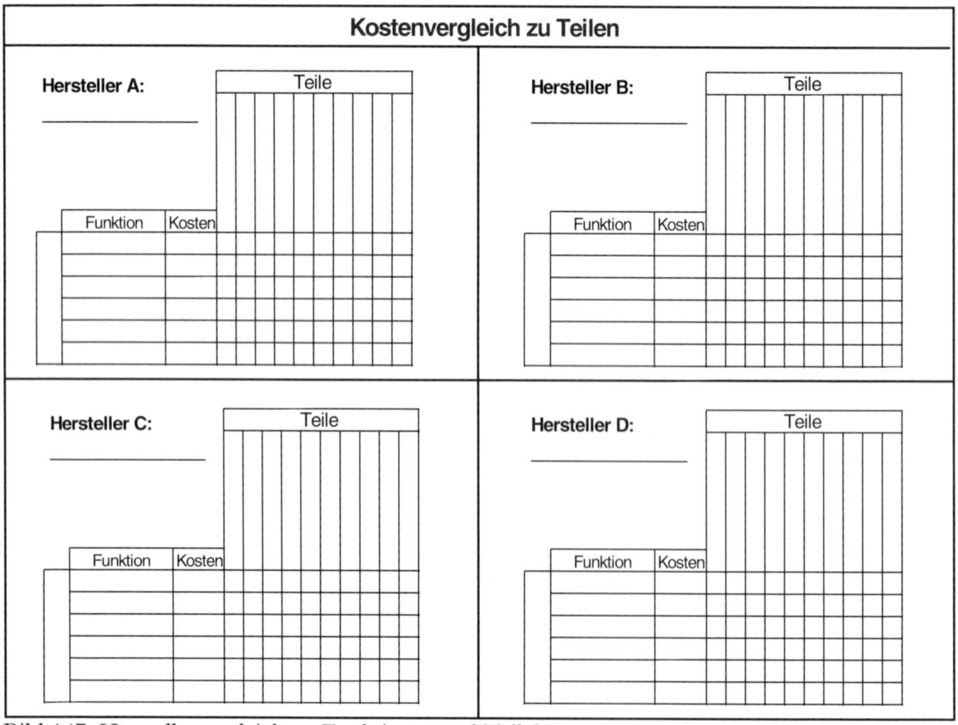

Bild 147: Herstellervergleich zu Funktions- und Teilekosten

Bei den Betrachtungen der Kosten sollten auch die unnötigen Kosten, die durch Verluste und Verschwendung in der Produktion und insbesondere in administrativen Bereichen entstehen, untersucht werden. In den administrativen Bereichen liegen diese Verlustkosten heute bei durchschnittlich 20-40%. Nicht nur falsche Angebote, Auftragsbestätigungen Rechnungen oder Fehlbuchungen sind die Verursacher dieser Kosten, sondern auch die zahllosen unproduktiven und schlecht vorbereiteten Sitzungen und Meetings führen zu diesem traurigen Ergebnis. Eine erhebliche Kostensenkung läßt sich durch eine schnelle Realisierung der Projekte durch das Vorgehen nach QFD erreichen (vgl. Kap. 1.8, zeitliche Aspekte).

Gerade die Phase II bietet eine Grundlage zur Einsparung. Die wichtigsten Parameter zum Erreichen der Kundenzufriedenheit sind festgelegt und es können die unterschiedlichsten Wege bei der Realisierung beschritten werden.

Die Verluste in der Produktion sind zwar erheblich geringer als in den Verwaltungsbereichen, aber auch hier entstehen unnötige Kosten durch:

- falsche Produkte, ca. 60-70% aller Neuentwicklungen sind ein „Flop";
- Produkte mit fehlerhaften oder falschen Funktionen;
- Produkte mit störempfindlichen Funktionen;
- zu aufwendige Konstruktion (Over-Engineering);
- fehlerhafte Produktion durch falsche betriebliche Abläufe.

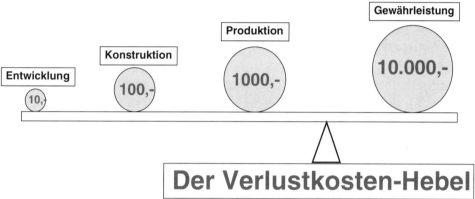

Bild 148: Verlustkostenhebel

Der Verlustkostenhebel in Abb. 148 veranschaulicht, daß ein in der Entwicklung und Konstruktion erkannter Fehler dem Unternehmen erhebliche Kosten für Änderungen, Nacharbeiten und Gewährleistungsansprüche erspart, ganz zu schweigen von dem Imageverlust bei einer Rückrufaktion. Opel kostete die Rückrufaktion (1995) wegen einer fehlenden Schelle (Kosten ca. 0,25 DM/Stück) am Tank ca. 80 Millionen DM. Ein anderer renommierter Automobilbauer im Süden der Republik mußte 5 Millionen DM für eine Rückrufaktion ausgeben, weil die Spiegel am neuen Fahrzeug in der Waschstraße „abrasiert" wurden.
Der Verlustkostenhebel zeigt, daß die Kosten für die Produktmodifikation im Laufe des Lebenszyklus über die einzelnen Phasen um den Faktor 10 (geschätzt) steigen.
Eine intensive Diskussion des QFD-Teams bei der Umsetzung der Kundenanforderungen in die Produkt- bzw. Dienstleistungsmerkmale führt zur frühzeitigen Fehlererkennung und damit zur Eliminierung der Fehler. Durch die systematische Vorgehensweise der Qualitätstechniken und die starke Ausrichtung auf Fehlervermeidung in frühen Phasen des Produktentstehungsprozesses können spätere Änderungen verhindert werden.

Das Erreichen der Kostenziele hängt in erheblichem Maße von dem Engagement der Mitarbeiter ab, von deren Motivation und Einsicht, eine *kostengünstige Konstruktion* zu unterstützen und zu fördern.

In der frühen Phase der Konstruktion ist die Kostenbeeinflussungsmöglichkeit noch am größten, allerdings sind zu diesem Zeitpunkt nur sehr ungenaue Kostenaussagen möglich. Hierin besteht die Schwierigkeit, daß sich die konstruktionsbegleitende Kalkulation in der Praxis bislang erst in geringem Maße durchgesetzt hat. Die Kostendifferenz zwischen Konstruktionsalternativen (siehe Pugh, Kap. 7) kann ebenfalls mittels QFD-Matrix durchgeführt werden.

Kostenbetrachtungen im QFD-Prozeß können auch unter wertanalytischen Gesichtspunkten erfolgen. Die *Wertanalyse* bzw. das *Value Engineering* ist eine systematische Methode zur Wertoptimierung von Produkten und Prozessen. Bei der Reduzierung der Kosten, steht die *Funktion* des vom Kunden gewünschten Produktes im Vordergrund. Die hierbei durchgeführte *Funktionsanalyse* stellt fest, wie der Materialeinsatz und die Verfahren zu gestalten sind, damit das Produkt bei niedrigsten Kosten die gewünschte Funktion erfüllt. Die Funktionen müssen den Kundenerwartungen entsprechen, das können Anforderungen an die Handhabung, an das Aussehen oder die Lebensdauer sein.

Die Wertanalyse wurde vor ca. 30 Jahren durch Heinz Hoffmann aus den USA nach Deutschland gebracht. Der „Erfinder" des Value Engineering, Larry Miles, definierte vor 40 Jahren die Wertanalyse wie folgt: „Die Wertanalyse ist eine organisierte Anstrengung, die Funktionen eines Produktes zu den niedrigsten Kosten zu erstellen, ohne daß die (erforderliche) Qualität, Zuverlässigkeit und Marktfähigkeit des Produktes negativ beeinflußt wird". [29]

Der Unterschied zwischen QFD und Wertanalyse

liegt in der Betrachtungsweise der Kosten. Die Wertanalyse (nach VDI-Richtlinie 2801, 1981) betrachtet die Lösungen bezüglich Kosten-relevanz, während QFD die Kundenanforderungen im Visier hat. Die Wertanalyse verfolgt das Ziel, die Funktionen eines bestehenden Produktes bezüglich des Aufwand-Nutzen-Verhältnisses zu verbessern und aus Kundensicht wertsteigernd zu gestalten.

Man unterscheidet den Einsatz der Wertanalyse bei der Anwendung für neue Produkte (Wertgestaltung/Value Engineering) oder bei beste-henden Produkten (Wertverbesserung/Value Analysis). Das Ziel der WA ist es, die vom Kunden gewünschte Soll-Funktion eines Produktes mit alternativen Lösungen zu erzielen. Diese Lösungen sind streng auf ihre Kostenrelevanz zu prüfen. Dabei ist im Sinne des Qualitätsmanagement-systems zu fragen:

- Können bestimmte Komponenten von Lieferanten bezogen werden, die Fehlerfreiheit garantieren?
- Lassen sich Teilfunktionen durch andere Produktkomponenten ver-wirklichen, die stabiler sind?
- Können Funktionen so gestaltet werden, daß Nacharbeiten vermieden werden?

Zusammenfassung:

QFD, ein am Kundenwunsch orientiertes Planungsverfahren, bietet aufgrund der frühen Einbindung in die Entwicklung und Konstruktion neuer Produkte ein erhebliches Kostensenkungspotential. Die Festlegung der Zielkosten in der ersten QFD-Phase bewirkt ein verstärktes Kostenbewußtsein bei den Konstrukteuren und Entwicklern, die nicht mehr erst nach der Fertigungsplanung eine Rückmeldung zu der Kostenentwicklung erhalten.

Mit Hilfe von QFD werden Kundenforderungen an ein Produkt oder eine Dienstleistung in quantitative Vorgaben für alle Unternehmens-bereiche umgesetzt, die am Entstehungsprozeß beteiligt sind. Deshalb unterstützt es ebenso wie Value Engineering das Target Costing im Hin-blick auf eine frühzeitige kundenorientierte Produktgestaltung sowie beim Erreichen von Kostenzielen und Kostentransparenz.

QFD reduziert die Entwicklungskosten, weil nur die vom Kunden gewünschten Produkte entwickelt und produziert werden und QFD reduziert auch deshalb die Kosten, weil nicht mehr sequentiell sondern simultan entwickelt wird. QFD verhindert durch die Analyse in der frühen Produktentwicklungsphase nachträgliche, kostenintensive Korrekturen von Fehlleistungen (siehe Verlustkostenhebel, Abb. 148).

Im Sinne von TQM sollten nicht nur die Kosten, sondern auch die Human-Faktoren berücksichtigt werden. QFD leistet dazu durch die Verbesserung der Kommunikation im Unternehmen einen ganz erheblichen Beitrag, der sich nicht in Mark und Pfennig errechnen läßt.

Eine Untersuchung der TU Berlin bestätigt die getroffenen Annahmen: Unternehmen die QFD und FMEA einsetzen reduzieren die Anzahl der Änderungen vor Serienanlauf

- um 22 bis 25% bei Anwendung von FMEA und Versuchsplanung,
- um 33% durch die Anwendung von QFD. [13]

QFD reduziert auch deshalb Kosten, weil durch eine Verkürzung des gesamten Time to market-Prozesses die bisher schleppenden Entwicklungsdurchläufe vermieden werden. Die sonst üblichen Mehrfach-Korrekturen der Entwürfe, die die Einführung neuer Produkte verzögern und den Produktionsfluß unterbrechen, lassen sich durch QFD vermeiden.

Kostenmanagement muß sich heute der Dynamik des Marktes anpassen. Eine permanente Verbesserung der Produkte und der bestehenden Standards verlangt kreative Mitarbeiter zur Optimierung aller betrieblichen Prozesse mit dem Ziel der *Reduzierung aller Kosten*.

9   Praxisbeispiel Metabowerke GmbH

von Dr. Manfred Mack, Geschäftsführer
und Wolfgang Bührle, Produktmanager

9.1   Vorstellung des Unternehmens

Metabo ist ein deutscher Hersteller von Elektrowerkzeugen. Mehr als 2500 Mitarbeiter sind weltweit für Metabo tätig. Produziert wird im Hauptwerk Nürtingen und im Zweigwerk Laichingen sowie in West Chester PA in den USA. Metabo ist vor 125 Jahren als schwäbisches Familienunternehmen gegründet worden. Die Produkte von Metabo, werden heute weltweit in über 100 Länder exportiert. Jahrzehntelange Erfahrung, umgesetzt in innovative Produktentwicklungen, begründen den Erfolg der Marke Metabo.

9.2   Warum QFD?

Schon frühzeitig hatte METABO erkannt, daß kundenorientierte und effiziente Produktentwicklung eines der wichtigsten Instrumente zur Absicherung der Wettbewerbsfähigkeit im Kampf um die enger werdenden internationalen Märkte ist.
Fundamentale Neudefinition der Organisations- und Ablaufstrukturen zur Gewährleistung einer gesamtheitlichen, integrierten („simultanen") Produktentwicklung und der Einsatz moderner Methoden und Hilfsmittel (CAE, FMEA, DFMA etc.*) hatten erste Bewährungsproben bestanden, als die Geschäftsführung aufgrund der in den USA vorliegenden Erfahrungen vorschlug, zur strukturierten Verknüpfung der Markt-(Kunden-) und konstruktionsspezifischen Merkmale eines neuen Produktes das Instrument *Quality Function Deployment* einzusetzen. Als Vorgehensweise wurde „Training on the job" über drei gleichzeitig gestartete Pilotprojekte und die fachliche bzw. moderierende Begleitung einer externen Beraterin mit einschlägigen Erfahrungen gewählt.

*) CAE-Computer Aided Engineering
  DFMA-Design for Manufacture and Assembly

9.3   Projektbeschreibung

QFD wurde erstmals bei drei Produktneuentwicklungen eingesetzt: die neue Metabo-Heckenscherengeneration, eine Stichsäge für gewerbliche Anwender sowie die Konzeption eines neuen Einhand-Winkelschleifer-Programms. Alle Entwicklungen wurden im Zeitraum Juli bis September 1995 gestartet und im Rahmen der vorhandenen Projektentwicklungs-organisation durchgeführt. Dazu wurden Projektteams mit Beteiligung jeder an der Entwicklung permanent beteiligten Fachabteilung eingesetzt. Jedes Team arbeitete gesamtverantwortlich, d.h. von der Informations-beschaffung, über QFD und Produktkonzept bis zur Serieneinführung.

Schon die Auflistung der drei Projektgegenstände zeigt, daß sich für Metabo sehr differenzierte Erfahrungen mit QFD ergeben mußten. Zwar handelt es sich bei allen drei Produkten um Elektrowerkzeuge, also Produkte aus dem absoluten Kerngeschäft der Marke Metabo. Die produktspezifischen Zielgruppen unterscheiden sich jedoch so fundamental, daß für jedes verantwortliche Projektteam praktisch komplett unterschiedliche Rahmenbedingungen galten.

Für Heckenscheren können beispielsweise die Anwender-Zielgruppen deutlich enger gefaßt werden als bei einem Einhand-Winkelschleifer. Zwar kommen Heckenscheren bei den unterschiedlichsten Ausprägungen von Hobby- und Profigärtnern zum Einsatz, diese stellen jedoch grundsätzlich eher homogene Anforderungen an die Produktfunktionen. Verglichen mit der Situation bei Einhand-Winkelschleifern hatte

Bild 149: Projektgegenstände für QFD: Metabo-Heckenschere, gewerbliche Stichsäge und Einhand-Winkelschleifer

das Projektteam „Heckenscheren" leichter überschaubare Anwender-
gruppen und Anforderungsprofile. Das Produkt Einhand-Winkelschleifer kommt nicht nur bei deutlich mehr Zielgruppen zum Einsatz,
diese sind hinsichtlich ihrer Erwartungen gegenüber Basis- und
Leistungsfaktoren auch noch deutlich zu differenzieren. Ein gewerblicher
Nutzer im Metallbau (z. B. ein Schlosser) hat völlig andere Anforderungen an sein Schleifwerkzeug als ein Karosseriebauer. Ein Steinmetz
definiert wiederum gänzlich unterschiedliche Produktanforderungen als
die bereits erwähnten Zielgruppen im Metallhandwerk.

Durch die unterschiedlichen Zielgruppenprofile ergeben sich auch unterschiedliche Vorgehensweisen in der Projektorganisation. Im Rahmen der
für QFD so wichtigen Informationsbeschaffung nahm das Projektteam
„Heckenschere" beispielsweise eine Anwenderbefragung bei praktisch
allen Metabo-Mitarbeitern vor. Kerngedanke dieses Vorgehens ist die
Aussage: „Hinter jedem Metabo-Mitarbeiter steckt ein potentieller
Hobby- oder sogar Profigärtner". Mit der Gehaltsabrechnung des
Monats August wurden Fragebögen für die Ermittlung der Produktanforderungen („Was") und deren Gewichtung verteilt. Um die Rücklaufquote zu steigern wurden unter allen Teilnehmern diverse Elektrowerkzeuge aus dem Metabo-Programm verlost.

Von den Teams „Stichsäge" und „Einhand-Winkelschleifer" mußten im
ersten Schritt dagegen relativ detaillierte Zielgruppenanalysen und Defini-
tionen vorgenommen werden. Das Team „Stichsäge" konzentrierte sich
auf 3 Hauptzielgruppen: Schreiner, Zimmereien und Innenausbau,
wohingegen das Projektteam „Einhand-Winkelschleifer" ca. 20 Zielgruppen definierte, diese aber unterschiedlich stark gewichtete. Die
wichtigen A-Zielgruppen (z. B. Schlosser, Kfz-Werkstätten, Gießereien,
Heimwerker) wurden in der folgenden Anwenderbefragung häufiger befragt als die schwächer gewichteten B- und C-Zielgruppen (z. B. Elektro-
installation, allgemeiner Maschinenbau).

In einer konzentrierten Aktion wurden von diesen beiden Teams dann
im Oktober 1995 Befragungen bei Endanwendern im In- und Ausland
durchgeführt und ausgewertet. Mit strukturierten Fragebögen wurden
von jeweils zwei Teammitgliedern insgesamt ca. 250 Interviews mit maximal 30 Minuten Dauer durchgeführt (vgl. Abb. 150).

Fragebogen Einhandwinkelschleifer	Seite 1

Frage 1:   Benützen Sie Einhandwinkelschleifer persönlich/in Ihrem Unternehmen?

☐ **Ja**   ☐ **Nein**

Sind Sie Anwender von Einhand-   Könnten Sie sich vorstellen, daß Sie in Zukunft
Winkelschleifer?   Einhand-Winkelschleifer benützen ?
☐   Ja   ☐   Nein
Sind Sie Beschaffer?
☐   Ja   ☐   Nein   ☐   Ja   ☐ Nein

Für welche Anwendungen verwenden Sie   Für welche Zwecke werden Sie
Ihren Einhandwinkelschleifer ?   dieses Gerät verwenden ?
_____   _____
_____   _____

Sind Sie   **gewerblicher**   ☐
oder   **privater**   ☐   Haben Sie für eine Nutzung bzw.
Anwender von Einhand-Winkelschleifern ?   Anschaffung bereits ein bevorzugtes
                                             Gerät ?
Welches Gerät benützen Sie heute   ☐ ja   ☐ nein
überwiegend ?
                                             Wenn ja, welches ?
Hersteller: Typ: Anzahl: (Hersteller)   (Typ)
_____ _____ _____   _____   _____

Bild 150: Ausschnitt aus einem Interview-Leitfaden des Teams Einhand-Winkelschleifer

Die ca. acht Wochen nach Befragungsbeginn vorliegenden zielgruppen-spezifischen Auswertungen der Befragungen wurden von den jeweiligen Projektleitern dem vollständigen Projektteam vorgestellt. Im ersten QFD-Schritt wurde damit das Ziel erreicht, die bei den direkten Befragungen gewonnenen Einzelerfahrungen auf eine einheitliche Informationsbasis zu kanalisieren. Entsprechend der lehrbuchmäßigen Empfehlung erarbeitete jedes Team anschließend relativ rasch die Was-Anforderungen und nahm deren Gewichtung vor. Die Ergebnisse wurden dabei EDV-unterstützt sofort in die HoQ-Matrix eingetragen. Bis zu diesem Projektstatus benötigten die jeweiligen Teams zwischen einem halben und einem ganzen Tag. Deutlich größer war dann der Zeit-bedarf für die Aufstellung der Wie-Merkmale bzw. deren Unterstüt-zungsgrade der Was-Anforderungen. In der dabei geführten Diskussion zeigte sich, wie wichtig die heterogene Zusammensetzung des Projekt-teams ist, weil andieser Stelle des QFD-Prozesses erstmalig tiefgreifende konstruktive, produktionstechnische oder marketingrelevante Sachver-halte besprochen werden. Nicht zu unterschätzen ist dabei das Vorhan-densein eines kreativitätsfördernden Umfeldes und einer kompetenten Moderation.

Nach der Fertigstellung der jeweiligen HoQ's wurden die sich erge-benden Aussagen von den jeweiligen Teams als Produktkonzepte formuliert und der eigentliche Produktentwicklungsprozeß gestartet.

9.4   Projekterfahrungen

Wie bereits oben beschrieben wurden in den drei Teams aufgrund der unterschiedlichen Vorgehensweisen sehr differenzierte Erfahrungen gemacht. Aus Sicht von Metabo erweist sich QFD vor allem dann als erfolgreich, wenn es von den Teammitgliedern als Methode zur Systematisierung komplexer Produktmerkmalsbeziehungen angewendet wird. Dazu sollte nach unserer Erfahrung die Zielgruppe eines Produkts so eng wie möglich eingegrenzt werden. Ein HoQ wird um so umfangreicher und komplizierter, je mehr unterschiedliche Anforderungen gleichzeitig eingearbeitet werden müssen. Beispielsweise erarbeitete das Team Einhand-Winkelschleifer ein HoQ mit 15 Was- und über 40 Wie-Anforderungen. Eine unmittelbare Folge der bereits oben aufgezeigten Zielgruppenvielfalt bei dem untersuchten Produkt. Besser erscheint uns die Vorgehensweise, mehrere HoQ's jeweils zielgruppenspezifisch zu erarbeiten und daraus alternative Produktkonzepte abzuleiten. Diese könnten beispielsweise kurzfristig in Prototypen umgesetzt und direkt von Endanwendern bewertet werden.

In diesem Zusammenhang soll kurz auf die für QFD erforderliche Moderationstechnik eingegangen werden. Von der Qualität der Moderation hängt ab, wie gut strukturiert das HoQ letztendlich ist. Wie soeben beschrieben, sollte eine möglichst geringe Anzahl von Wie-Merkmalen angestrebt werden. Mit deren steigender Anzahl sinkt neben der jederzeitigen Nachvollziehbarkeit von Anforderungsprofilen vor allem auch die Motivation der Teammitglieder bei der Diskussion der verschiedenen Merkmalsbeziehungen. Dies wiederum bedeutet die gravierende Verschlechterung der kreativen Beiträge. Ein Zwischenschritt, bei dem in einer Art Brainstorming die vorgeschlagenen Wie-Merkmale zunächst gesammelt und vorstrukturiert werden, erscheint uns angebracht.

Eine der größten Herausforderungen im QFD-Prozeß ist eindeutig die richtige Organisation der Informationsbeschaffung. QFD bzw. das HoQ setzt voraus, daß die Teammitglieder in der Lage sind, Was-Anforderungen des Anwenders zu definieren und entsprechend Ihrer Bedeutung richtig zu gewichten. Trotz aufwendiger Befragungsaktionen konnten diese Informationen nicht immer problemlos zur Verfügung gestellt werden. Teilweise wurde von den Teams bei der Konzeption der Fragebögen der Fehler begangen, daß schwerpunktmäßig Wie-Merkmale abgefragt wurden, anstatt echte Was-Produktanforderungen. Beispielsweise wurden die Kunden in der Befragung „Einhand-Winkelschleifer" beauftragt, die Wichtigkeit eines eingebauten Überlastschutzes zu bewerten. Dieses Wie-Merkmal ist letztendlich aber nur eines von vielen, welches z. B. die Was-Kundenanforderungen „lange Lebenszeit" und „Reparatur-Unanfälligkeit" bei Einhand-Winkelschleifern unterstützt.

Der Schwierigkeitsgrad bei der Bewertung des Erfüllungsgrades einer Was-Anforderung durch Wettbewerber-Produkte ist meist enorm. Befragte Endanwender nehmen die Bewertung eines Produktes häufig nicht anhand von Einzelmerkmalen vor, sondern meist ganzheitlich. Der Eintrag im HoQ ist für die beteiligten Teammitglieder somit allenfalls subjektiv herleitbar. Aus unserer Sicht stellt dies jedoch keine Gefahr für die Gesamtaussagefähigkeit von QFD dar. Es bedeutet lediglich, daß u.U. vorhandene Lücken in der Kommunikation zwischen Anbieter und Nachfrager nicht im HoQ aufgedeckt werden können.

Bei der Informationsbeschaffung an sich stellt sich grundsätzlich die Frage, ob nicht tendenziell nur Basis- und Leistungsfaktoren durch die Befragten geäußert werden. Die meisten Primärerhebungsmethoden unterstützen diesen für QFD und jede andere Entwicklungsmethodik an sich negativen Sachverhalt. Das HoQ stellte sich aus unserer Erfahrung dabei als erfolgreiches Gegengewicht dar.
Begeisterungsfaktoren können beispielsweise problemlos als Wie-Anforderungen darin Eingang finden und werden dann hinsichtlich ihres Unterstützungsgrads gegenüber den Was-Anforderungen bewertet. Somit ist eine ganzheitliche Bewertung einer begeisternden Idee möglich und damit die Festlegung der Priorität bei der Komponentenentwicklung.
Beispielhaft für diesen Vorgang ist die Konzeption und Realisierung des neuen Sicherheits-Schaltsystems bei der neuen Metabo-Heckenscherengeneration. Ausgangspunkt für diese Innovation waren zunächst die hoch gewichteten Was-Anforderungen „gute Handhabung" und „Sicherheit des Bedieners vor den gefährlichen Messerbewegungen". Zur Erläuterung sei gesagt, daß Heckenscheren nur dann eingeschaltet werden können, wenn der Bediener beide Hände verwendet um damit zwei voneinander getrennte Schalter gleichzeitig zu betätigen („Sicherheitsschalter"). Ein Begeisterungsfaktor könnte für den Bediener nun darin bestehen, daß er deutlich größere Schnittweiten beim Schneiden von hohen und breiten Hecken mit der Heckenschere erreicht (= „gute Handhabung") ohne dabei Gefahr zu laufen, mit den gefährlichen

Messern in Berührung zu kommen (= „Sicherheit"). In der Praxis ist er dabei stark eingeschränkt, weil die Sicherheitsvorschriften zur Zweihand-Bedienung von Heckenscheren zwingen.

Um die Reichweite der Messer zu erhöhen, werden von den Anwendern bisweilen raffinierte, aber leider sehr gefährliche „Hilfskonstruktionen" an den Maschinen vorgenommen. Beispielsweise kann durch das Fixieren eines der beiden Sicherheitsschalter mit Klebeband der Zwang zur Zweihand-Bedienung umgangen werden. Dem Bediener wird damit ermöglicht, die Schere am hintersten Ende anzufassen und mit großer Reichweite ohne Zweihand-Bedienung zu arbeiten.

Das Projektteam Heckenschere stellte in den Wie-Produktanforderungen eine Schalterlösung zur Diskussion, die beide Was-Anforderungen (Handhabung und Sicherheit) sehr stark unterstützen. Neben den beiden für die Zweihand-Bedienung erforderlichen Sicherheitsschaltern ist an den neuen Heckenscheren ein dritter Schalter an dem nach hinten verlängerten Handgriff angebracht (siehe Bild 151). Damit sind dem Bediener bei Schneidevorgängen, die große Reichweiten voraussetzen gleichzeitig größtmögliche Sicherheit und Handhabungsfreundlichkeit garantiert.

QFD war in der Bewertung der vorgesehenen konstruktiven Lösungen (Wie-Anforderungen) in der bereits oben erwähnten Form für das Team Heckenschere besonders erfolgreich. Das innovative Schaltersystem sorgte nicht zuletzt bei Endanwendern, sondern auch bei Absatzmittlern für Gesprächsstoff und Begeisterung.

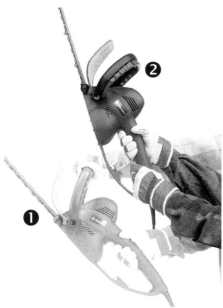

Bild 151: ❶ Konventionelle und ❷ neue Haltetechnik bei Metabo-Heckenscheren

Insgesamt arbeiteten die Projektteams am erfolgreichsten, die mit ca. 5-6 Mitgliedern nicht „überbesetzt" waren. Es erscheint uns empfehlenswert, die Motivation der Beteiligten nicht dadurch zu schwächen, daß aufgrund von Meinungsverschiedenheiten zu lange über einzelne Sachverhalte diskutiert werden muß. Ziel sollte es wiederum sein, alternative Produktszenarien aus QFD abzuleiten und z.B. durch eine Prototypenbewertung seitens des Kunden über diese zu entscheiden.

9.5 Integration von QFD bei zukünftigen Entwicklungsprojekten

Insgesamt hat sich QFD als Entwicklungsinstrument bei Metabo spätestens dann durchgesetzt, als im September 1996 die Markteinführung der neuen Heckenscherengeneration mit großem Erfolg durchgeführt werden konnte. Nicht nur den Projektbeteiligten ist seither bewußt, daß damit ein Instrument zur Verfügung steht, welches nicht nur systematisierend Einfluß nimmt, sondern auch die Entdeckung und Umsetzung von „echten" Innovationen unterstützt. Metabo fördert die Anwendung von QFD durch die Anpassung der Entwicklungsdokumente an das Informationsspektrum von QFD. Produktkonzepte werden beispielsweise von den Produktmanagern anhand von Was- und Wie-Produktanforderungen beschrieben und argumentiert.

A) PRODUKTBESCHREIBUNG
B) PRODUKTKONZEPT / PFLICHTENHEFT

Seite: _3_/__
Auftragsnummer:

BESCHREIBUNG DER KUNDENANFORDERUNGEN

K — K=1: Grundanforderungen (z.B. an Geräusch, Gewicht) K=2: Ausgesprochene Kundenanforderungen = MUSS K=3: Unausgesprochene, unerwartete Eigenschaften
B — Bedeutung der Kundenanforderung aus Kundensicht: 3 = hoch ; 2 = mittel ; 1 = gering

Lfd Nr.	K	B	MD, VE: Kundenanforderungen / Anwendungsfälle Was möchte der Kunde?	TB, VF: Konstruktionsmerkmale / Zubehör Wie erfolgt die Umsetzung der Anforderungen?	MD, VE, VF: Konst.merkmale beim Wettbewerb

TB04021D - S3

Bild 152: Entwicklungsdokumentation nach QFD beim Produktkonzept-Formular

Das Management schafft somit die Voraussetzung für eine bewährte Systematik, für die Projektteams besteht jedoch kein Zwang, QFD auch anzuwenden. Wie bereits mehrfach aufgezeigt, hängt der Erfolg des Instrumentes direkt von einer guten Motivation und Unterstützung der Prozeßbeteiligten ab.

10   Literatur- und QFD-Software

10.1   Quellenangaben

[1]   Matsushita, Konsuke, Zitat aus der Technischen Rundschau,
       April 1990, Seite 38

[2]   Akao, Yoji: QFD, Quality Function Deployment, Wie die Japaner
       Kunden wünsche in Qualität umsetzen: Moderne Industrie,
       Japan Service, Landsberg, 1992

[3]   ASI: Quality Function Deployment, Three Day Workshop Version
       3.1, American Supplier Institute, Inc., Dearborn, Michigan, 1989

[4]   Clausing, Don (MIT) and John R. Hauser (MIT), The House of
       Quality" in Harvard Business Review, Mai/Juni 1988

[5]   King, Bob, Better Designs In Half the Time, Goal/QPC, Methuen
       MA, USA 1989, Deutsche Übersetzung: Doppelt so schnell wie die
       Konkurrenz: gfmt - Verlagsgesellschaft, München, 1994

[6]   Steinbeis Transfer Zentrum Ulm, README.TQU,
       Informationsheft des Steinbeiss Transfer Zentrums TQU, Ulm

[7]   G. Sieber, Tagungsunterlagen zum 1. QFD-Symposium, Gfmt -
       Gesellschaft für Management und Technologie, München, 7/1993.

[8]   Ludwig Prüß, Tagungsunterlagen zum 1. QFD-Symposium, Gfmt -
       Gesellschaft für Management und Technologie, München, 7/1993.

[9]   QFD-ID, QFD Institut Deutschland, Pohligstraße 1,
       50969 Köln-Zollstock

[10]   Saatweber, Jürgen in: Masing, Walter (Hrsg.): Handbuch
       Qualitätsmanagement, 3. Aufl., Carl Hanser Verlag,
       München/Wien 1994

[11]   Womack, James P., Jones, Daniel T., Roos, Daniel, Die zweite
       Revolution in der Autoindustrie: Campus,
       Frankfurt/New York, 1992

[12]   PRMT in Produktion Nr. 16, 18.4.1996, Seite 6

[13]   VDInachrichten, Düsseldorf, Juni 1996, S. 61 und Nr. 42, 18.10.96

[14]   WHU-Wirtschaftshochschule, Vallendar

[15]   Deutscher Fachverlag, planung & analyse:
       Deutscher Fachverlag GmbH, Frankfurt, 3/1996

[16]   Thiele, Albert: Rhetorik: Gabler-Sekretariat, Wiesbaden, 1991

[17]   Walther, G., Phone Power, Düsseldorf, Wien, New York, 1990

[18] Frankfurter Allgemeine Zeitung und FAZ-Magazin, Frankfurt a.M.,
      W. Tunze, 14.8.96

[19] Hentschel, Bert, „Multiattributive Messung von
      Dienstleistungsqualität" in: Bruhn, Manfred und Stauss, Bernd,
      Dienstleistungsqualität: Gabler, Wiesbaden, 1991

[20] Suzaki, Kiyoshi, Die ungenutzten Potentiale- Neues Management
      im Produktionsbetrieb: Carl Hanser Verlag, München, Wien, 1996

[21] Popcorn, Faith, Clicking: Wilhelm Heyne Verlag, München, 1996

[22] psychonomics, Kundenmonitoring: Assekuranz, Wiesbaden,1996

[23] Saatweber, Jutta : Kundenbefragungen - Wie erhalte ich die
      Kundenforderungen vollständig und unverfälscht?
      Tagungsunterlagen Kongreß Kundenzufriedenheit,
      Euroforum GmbH, Düsseldorf, München, 1995

[24] Daimler-Benz, HighTec-Report, Daimler-Benz AG,
      Kommunikation, Stuttgart, 3/1996

[25] Schulz von Thun, Friedemann, Miteinander Reden 1, Allgemeine
      Psychologie der Kommunikation: rororo, Reinbeck, 1992

[26] Pugh, S. and Smith, D.G.: Design Teaching 10 years on,
      „Engineering" Design Education Supplement no. 2, 1978, S.20-22
      (Deutsche Übersetzung: Ingo Saatweber)

[27] Menking, Michael, Technische Mitteilungen 88, Heft 3/95,
      Haus der Technik, Essen (Außenstelle der RWTH Aachen)

[28] Buggert/Wielpütz, Target Costing: Carl Hanser Verlag,
      München, 1995

[29] Hoffmann, Heinz J., Wertanalyse, Die westliche Antwort auf
      KAIZEN: Ullstein, Berlin, 1994

[30] Wirtschaftswoche I/97, Seite 43

Weiterführender Literatur

[31] Stauss/Seidel, Beschwerdemanagement, Carl Hanser Verlag, München, 1996

[32] Bronstein, Semendjajew, Taschenbuch der Mathematik (21. Auflage), B.G. Teubner, Leipzig und Nanka, Moskau, 1979

[33] Meffert, Heribert, Marktforschung: Gabler Lehrbuch, Wiesbaden, 1986

[34] Unger, Fritz, Marktforschung: I. H. Sauer-Verlag GmbH, Heidelberg, 1989

[35] Camp, Robert, Benchmarking: Carl Hanser Verlag, München, Wien, 1996

[36] Hovart, P., Target Costing, Schäffel-Poeschel, Stuttgart, 1993

[37] Seidenschwarz,W., Zulieferintegration im marktorientierten Zuliefermanagement, Controlling, 1994

10.2 Anschriften von QFD Softwarelieferanten

1. QFD/Capture™ ITI
ITI- International*), Techne Group Incorporeted
5303 Du Pont Circle, Milfort, Ohio 45150
Tel. (513) 576-3900
Fax: (513) 576-3994

2. IBM Deutschland**)
60528 Frankfurt/Main, Lyoner Straße
T. 069-6645-3235

3. Hyper QFD
Qualica Software GmbH
Frankfurter Ring 193a, 80807 München
T. 089-323 6960-3

*) ITI   Die Deutschlandvertretung von ITI hat ihren Sitz in
            Idstein/Taunus, Tel. 06126-53-999
**)IBM-Software benötigt das Betriebssystem OS 2

10.3   Datenbanken (Stand Dezember 1996)

Die folgenden Angaben sind aus einer Vielzahl von Anbietern ausge-
wählt. Weitere Auskünfte über alle Informationsvermittlungsstellen in
Deutschland sind beim Hoppenstedt Verlag in Darmstadt erhältlich. Die
Datenbanken werden permanent erweitert.

10.3.1 Provider

Lokal treten unter Umständen weitere Anbieter auf - beziehungsweise ist
nur ein Teil der Anbieter vertreten:
Compuserve, Deutschland, Unterhaching
T-Online, Deutsche Telekom, Bonn
America Online, AOL/Bertelsmann online, Hamburg
MSN, Microsoft Unterschleißheim
Eunet Deutschland, Dortmund
Xling, NTG/Xlink, Karlsruhe

10.3.2 Patentdatenbanken

Data-Star/Dialog, Frankfurt:
Datenbanken (mehr als 300) aller Fachgebiete mit Schwerpunkten bei
Patenten Chemie- und amerikanische Wirtschaftsinformationen.

PATE-Patentdatenbank:
Patentanmeldungen und erteilte Patente des Europäischen Patentamts
sowie Weltpatentanmeldungen gemäß Patent Cooperation Treaty.

US Patents Fulltext:
Die komplette US-Patentschrift seit 1971, 48 Stunden nach
Veröffentlichung verfügbar.

Europäisches Patentamt:
Die Adresse des Wiener Institutes ist:
http://www.austia.EU.net:81/epo/ Der Zugang ist nur über ein
Paßwort möglich.

FIZ Technik Frankfurt/Main:
FIZ wurde 1979 in Frankfurt gegründet, es ist ein Datenbankanbieter der
deutschen Industrie. FIZ ist ein nationales Zentrum für technisch-
wissenschaftliche Information und Dokumentation zur Förderung von
Forschung und Entwicklung. Kern der Datenbank sind 120 Technik-

Datenbanken mit Informationen aus Maschinen- und Anlagenbau, Computer, Elektrotechnik, Kunststoffe, Metallurgie, Physik, Verfahrenstechnik u.a. und **Patente**. FIZ ist auch über T-Online zu erreichen. Adresse: http://www.fiz-technik.de.

10.3.3 Wirtschafts- und Marktinformationen

GBI (München):
Betriebswirtschaftliche Informationen und Marktinformationen aus Europa, über 120 Datenbanken.
Adresse: http://www.gbi.de

Genios
ist eine Datenbank der Handelsblattgruppe mit Volltextrecherchen. Die Datenbank ist auch über T-Online erreichbar.
Adresse: http://www.genios.de

Lexis-Nexis
enthält u.a. Hochschulveröffentlichungen namhafter amerikanischer Universitäten (Havard und Stanford).
Adresse: http://www.lexis-nexis.com

10.3.4 Internet-Suchmaschinen

Yahoo
Die Internet-Suchmaschine gibt es seit 1.10.96 auch in deutscher Version; ca. 20.000 Websites aus Deutschland, Österreich und der Schweiz sind erfaßt. Die Startseite ist unter folgender Internetadresse erreichbar: http:/www.yahoo.de erreichbar.
Eine Auswahl weiterer Internet-Suchmaschinen (Stand Dez. 1996):

Name	Adresse	Sprache
Aladin	http://www.aladin.de	deutsch
Web.de	http://www.web.de	deutsch
AltaVista	http://www.altavista.digital.com	englisch
Excite	http://excite.com	englisch
WebCrawler	http://www.webcrawler.com	englisch
Yahoo (US)	http://www.yahoo.com	englisch

11   Abkürzungen und Begriffe

Qualitätsmanagement

Q
Qualität

Beschaffenheit einer Einheit bezüglich ihrer Eignung, festgelegte und vorausgesetzte Erfordernisse zu erfüllen.
(DIN 55 350, Teil 11, Mai 1987)

TQC
Total Quality Control

umfassende Qualitätsregelung und Bewertung, „Nährboden" für TQM

TQM
Total Quality Management

Das umfassende Qualitätsmanagement durch Beteiligung aller Mitarbeiter.
Die von allen gelebte Unternehmenskultur und von allen praktizierte Verantwortung gegenüber den Kunden.

QM
Qualitätsmanagement

Alle geplanten und systematischen Tätigkeiten, die notwendig sind, um ein (früher QS) angemessenes Vertrauen zu schaffen, daß ein Erzeugnis oder ein Prozeß die gegebenen Qualitätsforderungen erfüllen wird.

QS 9000

Kurzform von: Quality Systems Requirements 9000 - neue US-Automobilnorm der „Big Three" (Chrysler, Ford und General Motors)

APQP

Produktvorausplanung, Advanced Product Quality Planning, Teil der QS 9000

MBO

Management by Objectives
Management durch Zielvereinbarungen

SPP

Strukturierter Planungsprozeß(Hoshin Kanri)

PDCA

Ständige Verbesserung (Plan-Do-Check-Act)

FMEA	Failure mode and effects analysis Fehlermöglichkeits- und Einflußanalyse, präventive Q-Methode
DOE (Taguchi)	Design of Experiments - Statistische Versuchsplanung zur dynamischen Prozeßoptimierung, nach Taguchi
SPC	Statistical Process Control - Statistische Prozeßsteuerung: Überwachung der Qualitätsfähigkeit durch Stichprobenentnahmen und Kontrolle
POKA YOKE	Problemursachenbeseitigung (insbesondere in der Automobilfertigung), Maßnahmen zur Verhinderung eines Fehlerauftretens
QC / QZ	Quality Circle, Qualitätszirkel Team/Gruppe von Mitarbeitern, die an einem Qualitätsverbesserungsprojekt arbeitet
Shainin	Shainin, oder *„dem roten X auf der Spur".* Aus einem großen Kreis von „Verdächtigen" (möglichen Ursachen) werden die „Hauptschuldigen" (die wichtigsten Parameter) dingfest gemacht.
Wertanalyse (WA)	Analyse des Kosten-Nutzen-Verhältnisses von Funktionen
CAQ	Computer Aided Quality - Computer gestützte Qualitätssoftware
Malcolm Baldrige National Award	Verfahren zur Bewertung von amerikanischenUnternehmen und Auszeichnung nach vorgegebenen Kriterien (USA).

Begriffe zur Norm

DIN EN ISO 9000	Leitfaden zur Auswahl und Anwendung der Qualitätsmanagementnorm.
DIN EN ISO 9001	Qualitätsmanagementnorm-Modell zur Darlegung der Qualitätssicherung in Entwicklung (Design), Produktion, Montage und Kundendienst (neu: Wartung).
DIN EN ISO 9002	Qualitätsmanagementnorm-Modell zur Darlegung der Qualitätssicherung in Produktion und Montage.
DIN EN ISO 9003	Qualitätsmanagementnorm-Modell zur Darlegung der Qualitätssicherung bei der Endprüfung.
DIN	Deutsches Institut für Normung, Sitz in Berlin
ISO	International Standard Organisation
QMH	Qualitätsmanagement-Handbuch
Audit	Überprüfung des Qualitätsmanagementsystems: Eine systematische und unabhängige Untersuchung, um festzustellen, ob die qualitätsbezogenen Tätigkeiten den geplanten Anordnungen entsprechen.
Validierung	Validieren (lat.): etwas für rechtsgültig erklären oder bekräftigen. In der Praxis erfolgt die Validierung durch Tests unter Betriebsbedingungen. Typische Validierungsphasen: „Alpha-Test" und „Beta-Test" (unter den Bedingungen der Anwendung des Kunden.
Verifizierung	Bestätigung aufgrund einer Prüfung und der Führung eines Nachweises, daß die festgelegte Qualitätsforderung erfüllt worden ist. Verifizieren (lat.) = „als wahr bestätigen".
Zertifizierung	Freie vertragliche Vereinbarung zwischen Auftraggeber und Lieferant über einen Nachweis, daß das QMS (Qualitätsmanagementsystem) des Lieferanten bestimmte Forderungen eines Regelwerkes (z.B. DIN EN ISO 9001) erfüllt.

12   Abbildungsverzeichnis

Bild 1:   Führungsverhalten - GEVA-Studie, Wirtschaftswoche 1995 4
Bild 2:   Chancen und Risiken der „alten" Industrienationen (nach Prof. Masing).. 5
Bild 3:   „Japanische Version von QFD" 8
Bild 4:   QFD-Ursprung und Verbreitung 11
Bild 5:   Die 7 Segmente des TQM und der Reifegrad des Unternehmens 15
Bild 6:   Das QFD-Planungsprinzip SPP - Strukturierter Planungsprozeß
            oder „Hoshin Kanri" 16
Bild 7:   Die Ausrichtung auf das Ziel, Hoshin Kanri und QFD 17
Bild 8:   Einstellungen Westen - Osten 18
Bild 9:   Die hierarchische Organisation 19
Bild 10:   Die kundenorientierte Aufbauorganisation nach Tom Peters 20
Bild 11:   Kundenverluste - Unzufriedenheitsmultiplikatoren 22
Bild 12:   Anwendungsfelder für QFD 23
Bild 13:   Die vier Chancenfelder, der Mensch im Mittelpunkt 24
Bild 14:   Zeitliche Aspekte: Entscheidungen im Team 30
Bild 15:   Die Vorteile kreativer und präventiver Planung 31
Bild 16:   Querschnitt des ersten QFD-Hauses 35
Bild 17:   Das House of Quality, HoQ-Matrix 37
Bild 18:   Symbole für die Bewertung 37
Bild 19:   Die vier QFD-Phasen (nach Macabe) 38
Bild 20:   Der QFD-Prozeß und seine Phasen 40
Bild 21:   Qualitätsdefinition nach DIN 55350, 1987 44
Bild 22:   Das Sphärenmodell 45
Bild 23:   Kano-Modell 48
Bild 24:   Anwendung Kano-Modell, Beispiel Briefpost und Leuchtröhre 52
Bild 25:   Die sieben Fragen auf dem Weg zur besseren Leistung 56
Bild 26:   Welche Kunden sind gemeint ? 57
Bild 27:   Wer ist der Kunde? 58
Bild 28:   Situationsfeld-/Portfolioanalyse, wer ist der Kunde auf dem
            Kühlschrankmarkt? 60
Bild 29:   Situationsfeld am Beispiel Tourismus 61
Bild 30:   Berechnung der Stichprobengröße 62
Bild 31:   Stichprobengröße bei Kundenumfragen [18] 63
Bild 32:   Erforderliche Stichprobengröße bei d=0,3 (nach Formel in Bild 30) 64
Bild 33:   Wie und Wo erhalte ich Kundeninformationen ? 66
Bild 34:   Erfassen interner Informationen 69
Bild 35:   Befragungsbeispiel, Quelle: Bert Hentschel, in:
            „Multiattributive Messung von Dienstleistungsqualität"[19] 76
Bild 36:   Benchmarking bei Rank Xerox; Wie erreicht man Business Excellent? 85
Bild 37:   Benchmarking-Vergleichshorizont 87
Bild 38:   Benchmarking Halbleiter, Quelle: Suzaki [20] 89
Bild 39:   Benchmarking-Arten 90

Bild 40:   Analyse der BM-Ergebnisse: Wer sind die Verursacher der Lücke? 92
Bild 41:   Lifestyle Planning, Vorgehen bei der Entwicklung eines neuen Produktes,
            Untersuchen der Lebensstile 99
Bild 42:   Die 6 W-Fragen: Kundenbedürfnisse erfragen, Lösungen finden 103
Bild 43:   Auszug aus einem Fragebogenbeispiel bei Einkomponentenbefragung . 104
Bild 44:   Durchschnittswerte/Zehner-Skala gruppiert in 5 Klassen 105
Bild 45:   Berechnung des „Gap" 106
Bild 46:   Auszug aus einem Fragebogenbeispiel bei Zweikomponentenbefragung 106
Bild 47:   Gap-Analyse - Wichtigkeit minus Zufriedenheit 107
Bild 48:   Situationsfeldanalyse, der Handlungsbedarf für das Unternehmen 108
Bild 49:   Auswertung der Kundenbefragung, Frage E - Vollständigkeit der
            Lieferung 110
Bild 50:   Interpretation der Bewertung von Wichtigkeit und Zufriedenheit 111
Bild 51:   Aufbereitung der Kundenanforderungen nach Y. Akao 115
Bild 52:   KJ-Methode, Vorgehen bei der Strukturierung der Kundenwünsche 116
Bild 53:   KJ-Methode zur Darstellung der verschiedenen Ebenen
            (Quelle: Y. Akao) 117
Bild 54:   Baumstruktur in drei Ebenen 118
Bild 55:   Die 4 Ebenen der Baumstruktur 119
Bild 56:   Baumdiagramm zur Struktur der Kundenforderungen 120
Bild 57:   Erfassungsblatt zur Struktur der Kundenwünsche 121
Bild 58:   Kundenaussagen zum Heizkessel 122
Bild 59:   Struktur der Kundenforderungen am Beispiel Heiztherme 123
Bild 60:   Übersetzen der Kundenforderung am Beispiel Heiztherme 124
Bild 61:   Die tertiären Kundenanforderungen in QFD-Phase I 125
Bild 62:   Die 10 Schritte in Phase I 127
Bild 63:   Der 1. Schritt im 1. Haus, Phase I 128
Bild 64:   Das Feld 1 für Kundenanforderungen 129
Bild 65:   Errechnen des Bedeutungswertes anhand der Punktebewertung der
            Rangfolge durch die Kunden 130
Bild 66:   Der 2. Schritt im 1. Haus: Wie sieht uns der Kunde im Vergleich zum
            Wettbewerb? 131
Bild 67:   Schritt 2 und 3: Vergleich zum Wettbewerb aus Sicht der Kunden 132
Bild 68:   Der 4. Schritt im 1. Haus: Technischer Vergleich 134
Bild 69:   Produktmerkmale zu den Kundenforderungen festlegen 136
Bild 70:   Die Schritte 4a, und 4b: Übersetzung der Kundenforderungen in die
            Produkt- merkmale und festlegen der Zielwerte 138
Bild 71:   Schritt 4c in Phase I: Festlegen der Änderungsrichtung der
            Wie-Merkmale 139
Bild 72:   Schritt 5a in Phase I, Bewertung/Korrelation des Unterstützungsgrades 140
Bild 73:   Schritt 5a und 5b, Bewertung der Designcharakteristika 141
Bild 74:   Numerische Bewertung, Multiplikation und Addition der einzelnen
            Spaltenwerte 143
Bild 75:   Schritt 6 in Phase I, Korrelation der Produktmerkmale 144
Bild 76:   Korrelation der Designcharakteristiken 145

Bild 77:   Schritt7 der Phase I, technischer Vergleich (7a) und Verifikation
            der Kundenangaben (2) durch Datenabgleich (7b).................................147
Bild 78:   Schritt 7 der Phase I, technischer Vergleich......................................148
Bild 79:   QFD-Matrix für eine Gastherme kleiner Leistung, die Schritte 1-10......152
Bild 80:   Bestimmen der Durchbruchziele...154
Bild 81:   Zusammenfassung Phase I...157
Bild 82:   Funktionsbaum „Verbesserter Fahrkomfort"......................................160
Bild 83:   Teile Matrix, QFD-Phase II..162
Bild 84:   Prozeßmatrix, QFD-Phase III...166
Bild 85:   Verfahrensmatrix..168
Bild 86:   Der Ablauf der QFD-Phasen 0-I-II-III-IV-V..172
Bild 87:   Portfolioanalyse für Fotokameras..176
Bild 88:   Wachstumsanalyse Fotomarkt..177
Bild 89:   „Die Stimme der Kunden" - unsortiert...178
Bild 90:   Gruppierung und Bewertung der Kundenforderungen.........................179
Bild 91:   Strukturierung der Kundenforderungen...180
Bild 92:   Struktur der Kundenforderungen - Randbedingungen.........................181
Bild 93:   Struktur der Kundenanforderung „leicht bedienbar".............................181
Bild 94:   Struktur der Kundenforderungen...182
Bild 95:   Die Übersetzung in die Sprache der Technik (Was-Wie?).......................183
Bild 96:   Vergleich zum Wettbewerb..184
Bild 97:   Produktmerkmale zu den Kundenforderungen....................................185
Bild 98:   Bewertungsmatrix, Schritt 5a-5b...186
Bild 99:   Die Schritte 7-8-9...187
Bild 100:   Das 1. House of Quality..188
Bild 101:   Das "komplette" Haus...189
Bild 102:   Ergebnis der Kundenumfrage...193
Bild 103:   QFD-Kommunikation, 1. Haus..194
Bild 104:   Kommunikationsprozeß, QFD-Phase II...195
Bild 105:   Kommunikation Kunde - Lieferant, Unternehmensplanung....................196
Bild 106:   Kommunikationsprozeß mit Rückkopplung...197
Bild 107:   Die QFD-Phasen I-IV bei Dienstleistungen..198
Bild 108:   Prozeß für Kunden-Feedback-System (CFS)..199
Bild 109:   Leuchtdiode (LED)...200
Bild 110:   Praxisbeispiel Leuchtdiode..201
Bild 111:   Leuchtdiode, QFD-Phase II..202
Bild 112:   Leuchtdiode Phase III...203
Bild 113:   Einführung von QFD im Unternehmen..204
Bild 114:   Voraussetzungen für die QFD-Anwendung...205
Bild 115:   Die Team-Auswahl und die Projektarbeit...213
Bild 116:   Die empfohlene Zusammensetzung der QFD - Arbeitsgruppen..............213
Bild 117:   Menschen im Unternehmen...214
Bild 118:   Anforderungen an QFD-Moderatoren...215
Bild 119:   Bevorzugte Fähigkeiten von Moderatoren...216
Bild 120:   Anforderungen an Moderatoren, bevorzugte Eigenschaften..................217

Bild 121:   Kommunikation im Kunden-Lieferanten-Prozeß, der Kunde als
             Komparator 218
Bild 122:   Meetings - vertane Zeit? 220
Bild 123:   Die 4 Aspekte einer Nachricht 221
Bild 124:   Der vierohrige Empfang, welches Ohr empfängt? 222
Bild 125:   Hören, Jaspers „Schuldfrage" 223
Bild 126:   QFD und ISO 9000, Ablaufdiagramm zum Entwicklungsprozeß..........227
Bild 127:   Phasenplan zum Entwicklungsprozeß (Beispiel)............................228
Bild 128:   Designphase 1, Vorschlag für ein Formblatt 229
Bild 129:   Design einer Dienstleistung 230
Bild 130:   Der lange Marsch zum Qualitäts-Gipfel...231
Bild 131:   FMEA zur Risikovermeidung...232
Bild 132:   Vorteile der FMEA..234
Bild 133:   Die 7 FMEA-Phasen...235
Bild 134:   FMEA im Entwicklungsprozeß 236
Bild 135:   FMEA-Formblatt und FMEA-Schritte...238
Bild 136:   Bewertungstabelle A, Auftretenswahrscheinlichkeit.....................239
Bild 137:   Bedeutungstabelle B, Bedeutung der Auswirkung 240
Bild 138:   Fehlerbewertungstabelle E 240
Bild 139:   Zusammenhang von QFD und FMEA 241
Bild 140:   Pugh-Diagramm zur Konzeptauswahl...245
Bild 141:   Pugh-Diagramm zur Auswahl einer Weinflasche...........................246
Bild 142:   Radscheiben in unterschiedlicher Bauweise 247
Bild 143:   Paarweiser Vergleich, bzw. Gewichtung von Kundenforderungen 249
Bild 144:   Umrechnung auf relative Punkte..250
Bild 145:   Kostenermittlung im QFD-Prozeß 254
Bild 146:   Kostenermittlung der Funktionen, der Teile und Varianten...................255
Bild 147:   Herstellervergleich zu Funktions- und Teilekosten 256
Bild 148:   Verlustkostenhebel 257
Bild 149:   Projektgegenstände für QFD: Metabo-Heckenschere, gewerbliche
             Stichsäge und Einhand-Winkelschleifer..262
Bild 150:   Ausschnitt aus einem Interview-Leitfaden des Teams
             Einhand-Winkelschleifer 264
Bild 151:   ❶ Konventionelle und ❷ neue Haltetechnik bei
             Metabo-Heckenscheren 267
Bild 152:   Entwicklungsdokumentation nach QFD beim
             Produktkonzept-Formular 268
Bild 153:   Folie 1, QFD-Phase I..283
Bild 154:   Folie 2, QFD-Phase II, Teile-Matrix
             (Qualitätsentwicklung der Konstruktion) 284
Bild 155:   Folie 3, QFD-Phase III, Prozeß-Matrix
             (Qualitätsentwicklung in der Produktion) 285
Bild 156:   Folie 4, QFD-Phase IV, Verfahrensmatrix
             (Qualitätsentwicklung für die Verfahren) 286
Bild 157:   Folie 5, Funktionenbaum 287

Bild 158:   Folie 6, paarweiser Vergleich (Gewichtung)...288
Bild 159:   Folie 7, FMEA-Bewertungstabelle..289
Bild 160:   Folie 8, FMEA-Tabelle 290
Bild 161:   Folie 9, Projektplan 1 291
Bild 162:   Folie 10, Projektplan 2..292
Bild 163:   Folie 11, Projektplan 3..293
Bild 164:   Folie 12, Projektplan 4..294

13   Anhang

Bild 153: Folie 1,   QFD-Phase I

Bild 154: Folie 2,   QFD-Phase II

Bild 155: Folie 3:   QFD-Phase III

Bild 156: Folie 4,   QFD-Phase IV

Bild 157: Folie 5,   Funktionenbaum

Bild 158: Folie 6:   Paarweiser Vergleich/Gewichtung

Bild 159: Folie 7,   FMEA-Bewertungstabelle

Bild 160: Folie 8,   FMEA-Arbeitsblatt

Bild 161: Folie 9,   Projektplan 1

Bild 162: Folie 10,   Projektplan 2

Bild 163: Folie 11,   Projektplan 3

Bild 164: Folie 12,   Projektplan 4

Alle Formblätter und Tabellen werden (im DIN A4-Format) auf Diskette
mitgeliefert.

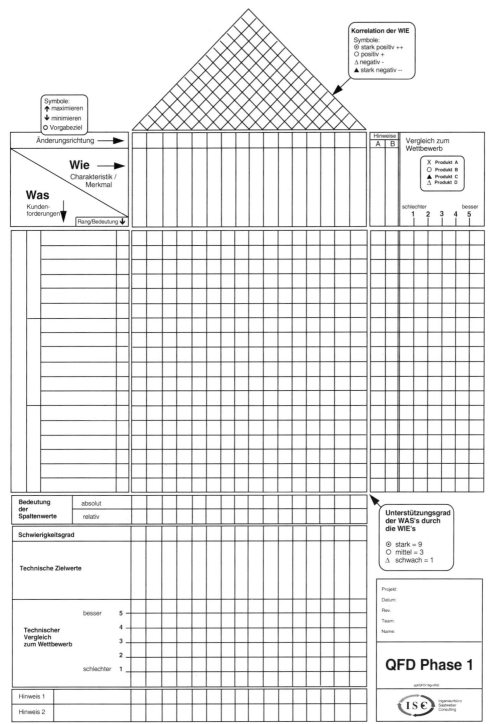

Bild 153: Folie 1, QFD-Phase I

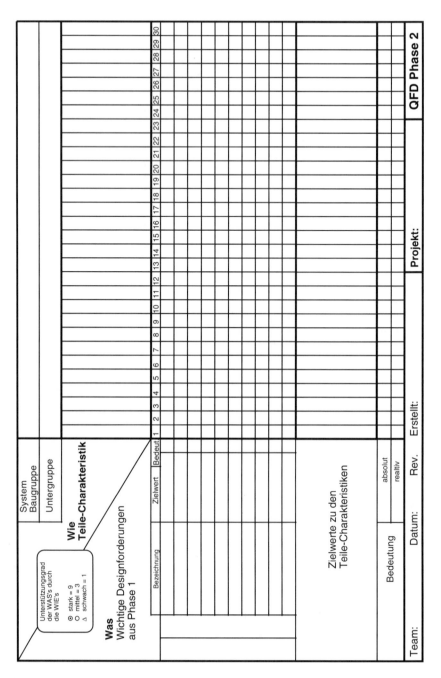

Bild 154: Folie 2, QFD-Phase II, Teile-Matrix (Qualitätsentwicklung der Konstruktion)

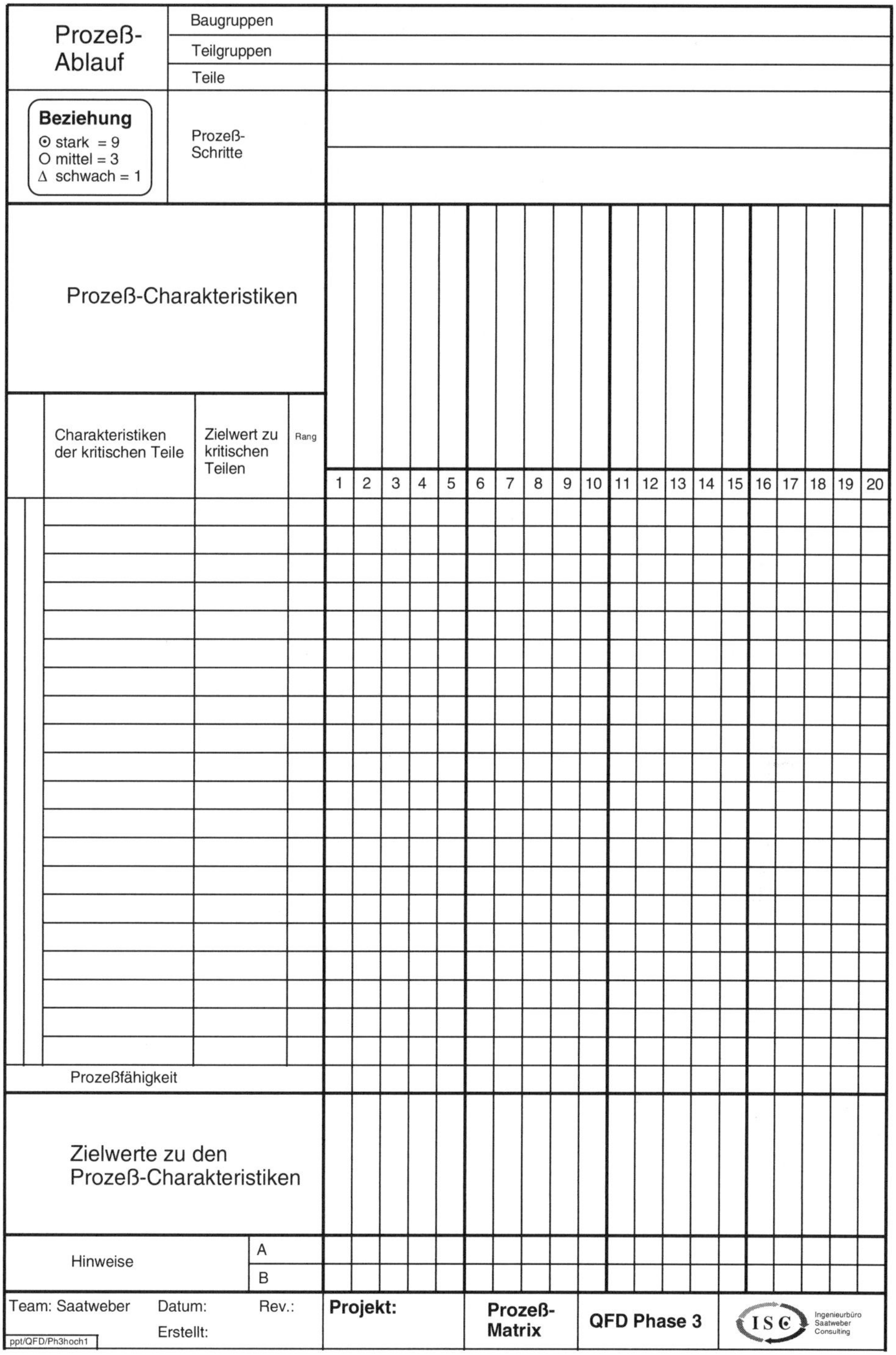

Prozeß-Ablauf	Baugruppen	
	Teilgruppen	
	Teile	

| **Beziehung**
⊙ stark = 9
O mittel = 3
△ schwach = 1 | Prozeß-Schritte | |

| Prozeß-Charakteristiken | | | | |

Charakteristiken der kritischen Teile	Zielwert zu kritischen Teilen	Rang	1	2	3	4	5	6	7	8	9	10	11	12	13	14	15	16	17	18	19	20

Prozeßfähigkeit

Zielwerte zu den Prozeß-Charakteristiken

| Hinweise | A |
| | B |

| Team: Saatweber | Datum: | Rev.: | **Projekt:** | **Prozeß-Matrix** | **QFD Phase 3** | **I S C** Ingenieurbüro Saatweber Consulting |
| ppt/QFD/Ph3hoch1 | Erstellt: | | | | | |

Bild 155: Folie 3, QFD-Phase III, Prozeß-Matrix (Qualitätsentwicklung in der Produktion)

Ablauf	Baugruppen																								
	Teilgruppen																								
	Teile																								

| Prozeßschritte | | | | | | | | | | | | | | | | | | | | | | | | | | |

| Kritische / Wichtige Prozeß-Parameter (aus Prozeß-Matrix) | | | | | | | | | | | | | | | | | | | | | | | |

| Werte zu den kritischen Prozeß-Parametern (aus Prozeß-Matrix) | | | | | | | | | | | | | | | | | | | | | | | |

| Prozeßfähigkeit | | | | | | | | | | | | | | | | | | | | | | | |
| Wichtigkeit / Bedeutung | | | | | | | | | | | | | | | | | | | | | | | |

Arbeits-Merkmale und Risiko-bewertung	A	Schwierigkeitsgrad der Parameter-Kontrolle																								
	B	Auftretenshäufigkeit der zu erwartenden Probleme																								
	C	Auswirkung der zu erwartenden Probleme																								
	D	Entdeckungs-wahrscheinlichkeit																								
Punktebewertung wie FMEA	Σ	Bewertung: Summe oder Produkt aus A-B-C-D																								

Planung	Anlagenwartung																								
	Ersatzteile																								
	Serviceverträge																								
	Prüfungen																								
	Prüfmittel u. Kalibrierung																								
	SPC / Regelkarten																								
	Schulung / Erfahrung																								

| Qualitäts-Management-System | Verfahrensanweisung | | | | | | | | | | | | | | | | | | | | | | | | |
| | Arbeitsanweisung | | | | | | | | | | | | | | | | | | | | | | | | |

Zeiten	Durchlaufzeit																								
	Taktzeiten																								
	Arbeitszeit direkt																								
	Arbeitszeit indirekt																								

| Sonstiges | | | | | | | | | | | | | | | | | | | | | | | | | | |

| Team: | Datum: Rev.: | Projekt: | Planung der Verfahren | QFD Phase 4 | ISC Ingenieurbüro Saatweber Consulting |
| ppt/QFD/Ph4hoch1 | Erstellt: | | | | |

Bild 156: Folie 4, QFD-Phase IV, Verfahrensmatrix (Qualitätsentwicklung für die Verfahren)

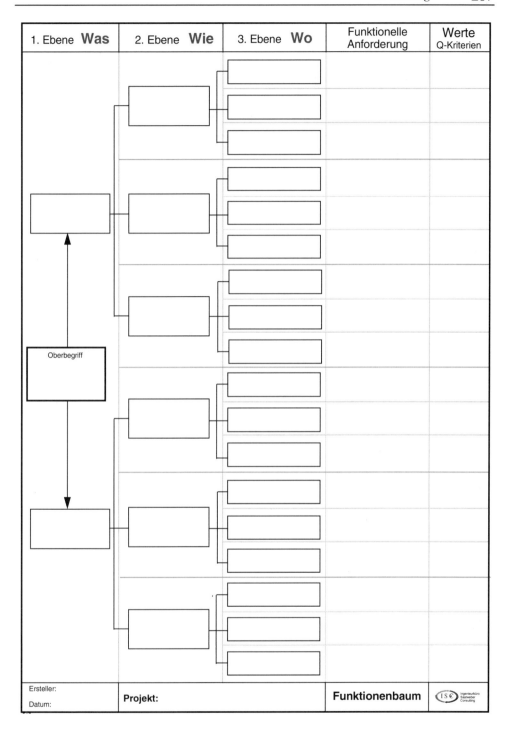

Bild 157: Folie 5, Funktionenbaum

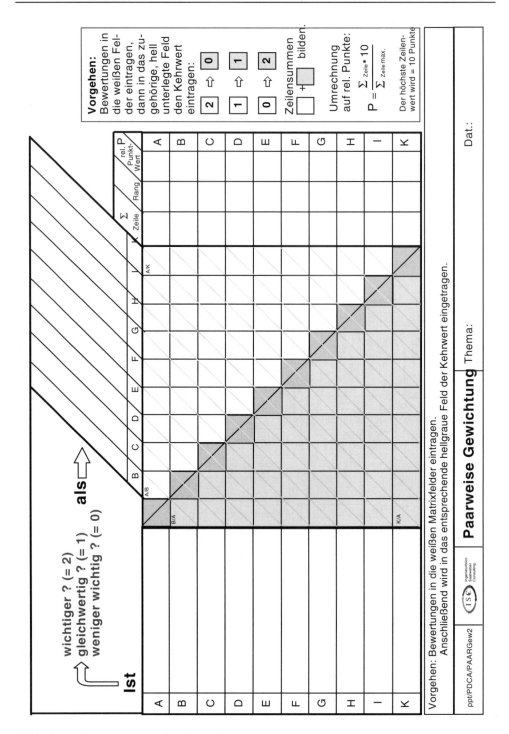

Bild 158: Folie 6, paarweiser Vergleich (Gewichtung)

Auftretens - Wahrscheinlichkeit (A)

Konstruktions - FMEA

Kriterium: Fehler	Häufigkeit	Bewertung
Unwahrscheinlich: Es ist nicht anzunehmen, daß ein Fehler auftritt.	0	1
Sehr gering: Die Konstruktion entspricht früheren Entwürfen, die für sehr geringe Fehlerzahlen bekannt sind.	1/20000 1/10000	2 3
Gering: Die Konstruktion entspricht bewährten Entwürfen, bei denen gelegentlich. aber nicht in größerer Zahl Fehler auftreten.	1/2000 1/1000 1/200	4 5 6
Mäßig: Die Konstruktion entspricht früheren Entwürfen, die in der Vergangenheit immer wieder Schwierigkeiten verursachten.	1/100 1/20	7 8
Hoch: Es ist nahezu sicher, daß Fehler in größerem Umfang auftreten werden.	1/10 1/2	9 10

Prozeß - FMEA

Kriterium: Prozeßfähigkeit (Mögl. Fehlerrate)	Fähigkeit	Bewertung
Sehr gering: Der Prozeß ist unter statistischer Kontrolle Seine Fähigkeit liegt innerhalb der spezifizierten Grenzen.	$\bar{x} \pm 4\ \sigma$ (1/10000)	1
Gering: Wie oben, die Fähigkeit liegt innerhalb der Grenzen. Prozeßfehler sind wenig wahrscheinlich.	$\bar{x} \pm 3\ \sigma$ (1/5000 - 1/500)	2-5
Mäßig: Prozeß unter statistischer Kontrolle, Fähigkeit jedoch nicht voll gegeben. Vergleichbare frühere Verfahren zeigten gelegentlich Fehler.	$\bar{x} \pm 2{,}5\ \sigma$ (1/200)	6
Hoch: Prozeß liegt in statistischer Kontrolle, die Fähigkeit aber unter:	$\bar{x} \pm 2{,}5\ \sigma$ (1/100 - 1/50)	7-8
Sehr hoch: Der Fehler wird voraussichtlich auftreten	(1/20 - 1/10 - 1)	9-10

Bedeutung der Auswirkung (B)

Kriterium: Auswirkung der Fehler	Bewertung
Sehr niedrig: Unwahrscheinlich, daß dieser Fehler irgendwelche Auswirkungen mit Schadensfolge hervorruft.	1
Niedrig: Der Fehler wird geringe Auswirkungen auf den nachfolgenden Prozeß oder auf den Kunden zeigen.	2-3
Mittel: Der Fehler führt zu spürbarer Kundenunzufriedenheit bzw. zu einer Störung des nachfolgenden Prozesses.	4-6
Hoch: Der Fehler führt zu großer Kundenunzufriedenheit. Es ist mit erheblicher Störung des nachfolgenden Prozesses zu rechnen.	7-8
Sehr hoch: Der Fehler verursacht massive Störungen und mögliche Sicherheitsprobleme im Betrieb des Kunden oder im nachfolgenden Prozeß. Verletzung gesetzlicher oder betrieblicher Vorschriften.	9-10

Entdeckungs - Wahrscheinlichkeit (E)

Kriterium: Fehler-Entdeckung	Wahrscheinlichkeit	Bewertung
Sehr hoch: Der Fehler ist offensichtlich, er wird sofort oder spätestens im Folgeprozeß erkannt.	99,9 %	1
Hoch: Der Fehler wird meist erkannt. Automatisierte Kontrollen zu den Parametern sind vorhanden.	99,7 %	2-5
Mittel: Der Fehler wird häufig erkannt, er ist leicht zu identifizieren z.B. durch Kontrollmechanismen.	98 %	6-8
Gering: Der Fehler wird selten erkannt, da er nicht sofort zu erkennen ist. Sicht- oder Handprüfung.	> 80 %	9
Sehr niedrig: Der Fehler ist kaum wahrzunehmen. Der Fehlerbereich wird nicht geprüft, oder er ist nicht kontrollierbar. Der Fehler tritt meist außerhalb des Prozesses auf.	< 80 %	10

FMEA - Bewertung

Risikoprioritätszahl RPZ = A x B x E

ISC Ingenieurbüro Saalweber Consulting

Bild 159: Folie 7, FMEA-Bewertungstabelle

1	2	3	4	5	6	7	8	9	10	11	12		13	14	15	16	17
					Derzeitiger Zustand						Ausführung durch		Verbesserter Zustand				
Nr	Fehlerort Prozeßablauf	Potentielle Fehler	Potentielle Fehlerfolgen	Potentielle Fehlerursache	Prüfmaß-nahmen	A	B	E	RPZ	Empfohlene Abstellmaß-nahmen	Name	Dat. bis:	Getroffene Maßnahme	A	B	E	RPZ

FMEA Fehler-Möglichkeits- und Einfluß-Analyse	☐ System-FMEA ☐ Teile-FMEA ☐ Prozeß-FMEA	**Bezeichnung:**	Ersteller: Datum: Rev.Nr.: Blatt von	A =Auftretenswahrscheinlichkeit B =Bedeutung der Auswirkung E =Entdeckungswahrscheinlichkeit RPZ = AxBxE(Risiko-Priorität)	FMEA-Tabelle Ingenieurbüro Saatweber Consulting

Bild 160: Folie 8, FMEA-Tabelle

Neu-Entwicklung Weiter-Entwicklung	Kunden-Projekt
Vorschlag zur Entwicklung von Abt.: _____	Kunde: _____

"Vision" der neuen Leistung

Kundennutzen: _____

Nutzen für uns:
(z.B. Unterstützung von
Geschäftsstrategien) _____

Zeitbedarf bis zur
Verfügbarkeit ca: _____

Aufwand ca: Manntage _____   DM _____

Konkurrenzsituation: _____

Weiter Information _____

Kundenforderungen / Bedarf

Weiter Information _____

Projektleiter _____

Projektteam _____

Hinweise _____

Genehmigung für Phase 2

Datum   Unterschrift

I S C Ingenieurbüro Sastweber Consulting	Erstellt: _____	Entwicklung / Projekte **Phase 1**	
	Datum: Rev. Blatt von	**Projekt:**	

Bild 161: Folie 9, Projektplan 1

Vorentwicklung **Phase 2**

Beginn _____   Ende _____

Zeitaufwand _____   (Manntage)   Kostenaufwand DM _____

Ergebnisse der Untersuchungen (Details s. Anlagen)

1. Weiterer Aufwand bis zur Pilotphase   **Kosten:** _____   **Manntage:** _____

2. Ergebnis der Machbarkeitsprüfung: _____

3. Vorläufiges Pflichtenheft /
   Spezifikation

4. Qualitätsmerkmale der Leistung
   und des Prozesses der Leistungserbringung

5. Konkurrenzsituation
   Marktpotential

6. Vorteile für uns

7. Nachteile für uns

8. Hinweise

Genehmigung für Phase 3

Datum   Unterschrift

ISC Ingenieurbüro Saalweber Consulting	Erstellt:	Entwicklung / Projekte **Phase 2**
	Datum: Rev. Blatt von	**Projekt:** _____

Bild 162: Folie 10, Projektplan 2

Untersuchungsergebnisse aus Phase 2 und Pflichtenheft **Phase 3**

Pflichtenheft (endgültig)

Details s. Anlage Nr.

Ergebnisse der vertiefenden Untersuchungen (Details s. Anlagen)

1. Machbarkeit

2. Eigenleistungen
   zur Erbringung der
   neuen Leistung

Abteilungen	Manntage	andere Kosten	Σ Kosten	Umsatz
Verkauf				
Kundendienst				
Support				
Verwaltung				
Logistik				
Management				
Summe				

3. Fremdleistung

4. Fremdprodukte

5. Potentielle
   Kunden / Branchen

   Anwendergruppe(n)

6. Auftragswert / Auftragskosten / Gewinn

   Ø DM/Auftrag _____ Ø DM Kosten/Auftrag _____ Ø DM Gewinn/Auftrag _____ % Gewinn _____

7. Anzahl erwarteter Aufträge   1. Jahr: _____ ± _____ Stück

                                 2. Jahr: _____ ± _____ Stück

                                 3. Jahr: _____ ± _____ Stück

Genehmigung für Phase 4

Datum   Unterschrift

ISC Ingenieurbüro Saatweber Consulting	Erstellt:	Entwicklung / Projekte **Phase 3**	
	Datum: Rev. Blatt von	**Projekt:**	

Bild 163: Folie 11, Projektplan 3

Nr.	Aktivität	Eigner	Hinweis	1. Quartal			2. Quartal			3. Quartal			4. Quartal		
				Januar	Februar	März	April	Mai	Juni	Juli	August	September	Oktober	November	Dezember

Zeit-Plan Status	Hinweise zum Ablauf	Im Plan Warnung Gefahr	Genehmigung Datum ______ Untzerschrift ______	Projekt:	Projektplan Phase 4

Bild 164: Folie 12, Projektplan 4

14   Sachregister

A

Adam Opel AG 171; 234; 257
Advanced Product Quality Planning vgl. APQP
Akao, Yoji 8; 10; 11; 38; **114**; 117; 141; 225; 269
American Supplier Institute 8; 10; 40; 269
APQP 171; 274
Auswerteverfahren 104

B

Basisanforderung 48; **49**; 51
Basisfaktoren 47; **48**
Baumdiagramm 118; 119; 159; 160; 161
begeisternde Faktoren 47
Begeisterungsfaktor **49**; 52; 53; 143; 266
Benchmarking **83**; 93; 271
    -Arten 87; 89
Beschwerdemanagement **67**; 271
Beuth Verlag 226
Black & Decker 26
Bührle, Wolfgang 261

C

Camp, Robert 94; 271
Chancenfeld 46; 47
Chrysler 171; 274
Clausing, Don 11; 269
Customer Feedback System 197; 198; 199

D

Daimler Benz 101; 154; 219; 244; 270
Database Marketing 69
Daten
    soziodemographische 56
Datenbank 66; 68; 94; 95; 96; 272; 273
Datenbankanbieter 95; 96; 272
De Simone, L.D. 33
Delta-Report 101
Demingpreis 10
Deployment 7; 17; 159; 173
Dienstleistung 49
    Entwicklung von 230
    -Praxisbeispiel 192
Dienstleistungs-Design 230
Dienstleistungseigenschaften 42

Dienstleistungs-Entstehungsprozeß 35
Dienstleistungsentwicklung 197
Dienstleistungsgestaltung 81
Dienstleistungsmerkmal 136; 197
Dienstleistungsplanung 41; 128
Dienstleistungsplanungsprozeß 172
Dienstleistungsprozessen 197
Dienstleistungs-QFD 197
Dienstleistungsqualität 76; 270
Digital Equipment 10; 86
DIN EN ISO 9000 19; 225; 227; 231; 276
DIN EN ISO 9001 225; 226; 235; 276
DIN EN ISO 9002 276
DIN EN ISO 9003 276

E
Einkomponentenbefragung 75; **104**
Entwicklungszeit 26; 29; 31; 32; 34; 191; 232
Erwartungsfeld 46; 47; 71

F
Failure mode and effects analysis vgl. FMEA
Fehlermöglichkeits- und Einflußanalyse vgl. FMEA
FMEA 163; 191; **232**; 234; 237; 241; 260; 275; 289; 290
   -im QM-System 235
   -Vorteile 234
FMEA-Formblatt 237
FMEA-Phasen 235
FMEA-Schritte 237
Ford Motor Company 10; 32; 171; 274
Fragebogen 104; 106
Fragebogengestaltung 71; 74
Fraunhofer Gesellschaft 87
Fraunhofer Informationszentrum 86
Fraunhofer Institut 29
Führungsstil 4

G
General Motors Corp. 32; 171; 274
Geschäftsprozeß 24; 91
Gesellschaft für Management und Technologie vgl. GfMT
GfMT 12
GM vgl. General Motors Corp.
Grundgesamtheit 64; 65
Grundig Security Home Systems GmbH 31

H

Henry Ford 82
Hewlett Packard 5; 10; 20; 31; 63; 72; 81; 84; 88; 192; 199
Hoffmann, Heinz 258; 270
Hoshin Kanri 17
House of Quality 34; 35; 37; 103; 188; 266; 269

I

Informationsbeschaffung 7; 43; 95; 103; 224; 266
    Kundenbefragung 102
    Methoden **55**
    QFD-Phase 0 39; 43
Informationsquelle
    interne **66**; 67
Informationsquelle 70
Innovation 3; 27; 53; 71; 72; 109; 219; 251; 266; 268
Internet 95; 273
Ishikawa 10
Ishikawa-Diagramm 92

J

JUSE 10

K

Kano, Noriaki 47; 49; 50
Kano-Faktor 52
Kano-Faktoren 47; 113
Kano-Modell 47; 48; 51; 52; 176
Kawakita, Jiro 115
Kayaba 10
Kearns, David 93
Kernkompetenzen 102
Kienbaum 84
King, Bob 11; 32; 269
KJ-Methode 115; 116; 117
Kodak 10; 244
Kommunikation 29; 79; 192; 215; 217; 218; 219; 220
Kommunikationsentwicklung 219
Kommunikationsinstrument 13
Kommunikationskultur 217; 218
Kommunikationsmittel 78; 222
Kommunikationsmodell 217
Kommunikationsproblem 218; 219
Kommunikationsprozeß 78; 196; 217; 218
Kommunikationsstil 217
Kommunikationsstörung 220

Kommunikationsverhalten 98
Kommunikationswissenschaftler 219
Kommunikationszeitalter 223
Konkurrenzanalyse 26; 131
Korrelation 37; 106; 108; 140; 142; 144
    Bestimmen der Korrelationen 144
    der Produktmerkmale 145
Korrelationsmatrix 142; 145; 181
Kostensenkung 251; 256
Kostensenkungspotential 259
Kreativität 34; 244
    der Mitarbeiter 225
Kreativitätspotential 243
Kundenbefragung 32; 43; 55; 63; 70; 78; 102; 104; 111; 132; 192; 270
Kundenbesuche 70; 80; 82
Kundenbindung 34; 46; 53; 67; 69; 71; 72; 193
Kundenerwartung 26; 71; 156
Kundenforderung 41; **113**; 120; 122; 126; 134; 178; 179; 180; 183; 270
Kundenforen 80
Kundeninformation 37; **65**; 66; 114
Kundeninteresse 19
Kundenkommentar 41; 72; 78; 103; 111; 112; 193
Kundenorientierung 6; 18; 20; 27; 34; 56; 156; 194
Kundenverluste 22; 46
Kundenwünsche 26; 28; 42; 43; 55; 102; 113; 116; 128
Kundenzufriedenheit 9; 27; 47; 55; 56; 104; 111; 151; 199; 270
Kundenzufriedenheitsumfragen 62

L
Lastenheft 65; 175
Lebensstil 97; 98; 99
Leistungsanforderung 48; 49; 51; 52; 53
Leistungsfaktoren 47; **48**; 263
Lifestyle Planning 96; 99

M
Mack, Manfred 261
Marktanteil 51; 53; 100; 171; 176; 177
Markteinführung 30; 33; 98; 100; 268
Marktforschung 65; 70; 96; 271
Marktforschungsergebnis 96
Marktforschungsinstitute 96
Marktführer 52; 147
Marktführerschaft 27
Marktreife 33; 53
Matsushita 10

Matsushita, Konsuke 4; 269
Meffert 1
Mercedes Benz 5; 21; 97; 224
   -Erfolgsprogramm 21
Metabo GmbH 32; 82; 173; 261; 262; 268
Metaplantechnik 113; 115; 117; 211; 216
Mitsubishi Electronic Corporation 102
Mitsubishi Heavy Industries 10
Moderation 215; 216
Motivation 3; 258
Motivationsschub 84
multiattributive Verfahren 75; 76; 107 vgl. Zweikomponentenbefragung

O
Opel AG vgl. Adam Opel AG
Over-Engineering 27; 29; 253; 257

P
Paarweiser Vergleich 248; 249; 288
Patentdatenbank 272
Patente 94; 103; 272
Pflichtenheft 65; 175; 206; 228
Planungsprinzip 16
Planungsprozeß
   -gruppendynamischer 217
   -strukturierter 16; 199; 206; 274
Planungsverfahren 206
   -präventives 241
Planungswerkzeug 9
Popcorn, Faith 97; 270
Portfolioanalyse 175; 176
Primärdaten 66
Prüß, Ludwig 26; 27; 269
Pugh, Stuart 164; 243; 244; 270
Pugh-Diagramm 190; 243; 245; 246

Q
QFD
   -Anwendungsgebiete 23
QFD Institut Deutschland vgl. QFD-ID
QFD und TQM 15
QFD-Anwender **25**; 26
QFD-Einführung im Unternehmen 204; 205
   -Vorgehensweise 207
   -Zeitbedarf 208
QFD-ID 12; 269
QFD-Landkarte 151

QFD-Nachteil 28
QFD-Phase 0 **43**
QFD-Phase I **126**
QFD-Phase II **158**
QFD-Phase III **165**
QFD-Phase IV **167**
QFD-Prozeß 35; 40; 157; 227
    Kommunikation im QFD-Prozeß 218
    Kostenbetrachtung 251
    zur Dienstleistungsentwicklung 197
QFD-Software 211; 269; 271
QFD-Symposium 7; 12; 26
QFD-Vorteil 28
QS 9000 171; 233; 237; 274
Qualitätseigenschaft 8
Qualitätsentwicklung 7
Qualitätsmerkmale 7; 134; 136; 153
Qualitätswerkzeug 41
Quality Systems Requirements 9000 vgl. QS 9000

R

Rank Xerox 5; 11; 63; 84; 85; 93; 94
Rating-Skalen 74; 75
Research Institute of America 21
Risikoanalyse 237
Risikoprioritätszahl 237; 238
RPZ vgl. Risikoprioritätszahl
Rücklaufrate 62; 72
RWTH Aachen 247; 270

S

Saatweber, Jürgen 269
Saatweber, Jutta 2; 270
Sample vgl. Stichprobe
Schulungsbedarf 210
Schulz von Thun, Friedemann 219; 222; 270
Schumpeter, Joseph 224
Sharp Electronic 5; 82; 99
Shiseido 244
Situationsfeld 61
Situationsfeldanalyse **58; 108**
Software für QFD vgl.
Sony 100; 113
Sphärenmodell 44; 45; 47
    Kernleistungsfeld 44
SPP vgl. Strukturierter Planungsprozeß

Standardabweichung 62; 63
Steinbeis-Transferzentrum Ulm (TQU) 12; 141; 269
Stichprobe 61; 62; 64; 65
Stichprobegröße 63
Stichprobenentnahme 275
Stichprobengröße 62; 63; 64
Stichprobenverfahren 65
Stichprobeumfang 102
Stimme des Kunden 36; 39; 43; 80; 156; 171; 209
Strukturierung der Kundenforderungen **113**; 114; 116; 119; 178; 180

T

Target Costing 252; 259; 270; 271
Teambildung 204; 212
Teamzusammensetzung 28; 42; 212
Telefonumfrage 73; **77**; 80
Time compression 32; 33
time to market 32; 33
    -Prozeß 3; 51
Total Quality Management 15
Totalerhebung 65
Toyota 10; 101
TQM 19; 20; 38; 217; 274
TQM-Erfolge 93
TQM-Unternehmen 231
Trendforschung 82; 96; 100; 101

U

Umfrageergebnis 61; 64

V

Validierung 227; 229; 276
Value Engineering 84; 258; 259
VDA 6.1 84; 233
VDI-Nachrichten 55; 269
VDI-Richtlinie 259
Verbesserungsmöglichkeit 50; 80; 81; 83; 161
Verfahrensanweisung 215; 226; 235
Verifizierung 226; 229; 276
Verlustkosten 242; 256
Verlustkostenhebel 257
Volkswagen 27; 51
Volkswagen AG 26; 101
VW vgl. Volkswagen AG

W

WA vgl. Wertanalyse
Wertanalyse 258; 259; 270; 275
Wertschöpfungskette 6; 34
Wettbewerb 3; 6; 18; 32; 71; 131; 132; 147; 148; 151
Wettbewerbsdruck 3; 96
Wettbewerbsvorteil 3
Weule, Hartmut 219; 224
WHU - Wissenschaftlichen Hochschule für Unternehmensführung, Vallendar 55; 269

X

XEROX vgl. Rank Xerox

Y

Young, John 20

Z

Zeitfaktor 47; 51
Zertifizierung 84; 225; 231; 276
Zielgruppe 27; 55; **58**; 59; 98; 112; 262; 265
Zielgruppenanalysen 263
Zweikomponentenauswertung 110
Zweikomponentenbefragung 75; **105**; 106